广东省哲学社会科学规划项目"《国家学生体质健康标准》分析与修订研究"(立项编号：
GD13XTY08)与"以运动为核心的大学生'健康管理'研究"(立项编号：09GN－01)的阶段性成果
广东省普通高校人文社会科学重点研究基地"区域教育高质量发展与评价研究院"、广东省
社会科学研究基地"惠州学院粤港澳大湾区教育高质量发展研究中心"、惠州学院区域教育
发展与评价研究院系列研究成果之一
惠州学院学术出版专项资助

回顾与展望：
体质健康标准实施20年

张宗国　　刘晓辉　　著

中国矿业大学出版社

·徐 州·

图书在版编目(ＣＩＰ)数据

回顾与展望：体质健康标准实施 20 年 / 张宗国，刘
晓辉著. —徐州：中国矿业大学出版社，2022.11
　ISBN 978 - 7 - 5646 - 5663 - 8

　Ⅰ. ①回… Ⅱ. ①张… ②刘… Ⅲ. ①学生—身体素
质—健康教育—标准—中国 Ⅳ. ①G807-65

中国版本图书馆 CIP 数据核字(2022)第 222174 号

书　　　名	回顾与展望:体质健康标准实施 20 年
著　　　者	张宗国　刘晓辉
责任编辑	张海平　赵　雪　章　毅
出版发行	中国矿业大学出版社有限责任公司
	（江苏省徐州市解放南路　邮编 221008）
营销热线	(0516)83885370　83884103
出版服务	(0516)83995789　83884920
网　　　址	http://www.cumtp.com　E-mail:cumtpvip@cumtp.com
印　　　刷	湖南省众鑫印务有限公司
开　　　本	710 mm×1000 mm　1/16　**印张** 14.5　**字数** 284 千字
版次印次	2022 年 11 月第 1 版　2022 年 11 月第 1 次印刷
定　　　价	88.00 元

（图书出现印装质量问题,本社负责调换）

前　言

　　自 2002 年《学生体质健康标准(试行)》实施到 2014 年修订与完善的《国家学生体质健康标准》以来,在我国已经实施了 20 多年。这一标准的制定与推行,旨在提高我国学生的体质健康水平,促进学生全面发展。通过多年的实践,该标准已经成为我国学生体质健康评价的重要依据,对于提高学生的身体素质、促进学生身心健康具有重要意义。

　　自标准实施以来,我国各级各类学校积极响应,采取多种措施推进标准落地。通过定期开展学生体质健康测试、评价,加强体育课程设置,提高体育教学质量等方式,我国学生的体质健康水平得到了显著提高。标准的实施也促进了学校体育工作的规范化、科学化发展,提高了体育在学校教育中的地位和作用。

　　然而,在标准实施过程中也存在着一些问题和挑战。首先,教育部相关政策很难落实到位,例如,测试成绩达不到良好等级不能评优、低于 50 分不能毕业等要求很多高校未执行,导致一些学校和学生对于体质健康标准的重视程度不够。其次,体育设施和场地不足,难以满足学生体育锻炼的需求。此外,由于地域、经济等因素的影响,学生体质健康的差异仍然存在。

　　为了更好地促进学生体质健康的发展,未来需要进一步加强标准的实施和管理。首先,需要完善体育课程设置和评价机制,加强对学生体育锻炼的指导和监测。其次,需要加大投入,加强体育设施和场地的建设和管理。此外,还需要注重培养学生的体育兴趣和习惯,提高他们的自主锻炼意识和能力。再次,借鉴国际学生体质健康标准的有益经验,进一步完善我国学生体质健康标准体系。例如,美国、日本等国家在学生体质健康方面有着较为成熟的经验和做法,我们可以从其标准制定、实施方式、评价方法等方面进行比较和借鉴。

　　学生体质健康标准在教育评价中具有重要的作用。它不仅反映了学生身体健康状况,还体现了学校体育工作的成效和教育质量的高低。评价结果将作为改进教育工作的重要依据。

　　未来学生体质健康的关注度将逐步提高,全民健身已纳入国家战略层面,体质健康需要学校、家庭、社会、政府共同参与,逐步构建"学校、家庭、社区三位一体"的立体型的教育资源体系与体育教育理论模型。标准实施过程中各部门职责将会逐步明确,标准的实施需要各部门各尽其责、各司其职。测试过程管理更加严格、规范,根据教育部文件精神,学生体质健康测试视同国家级考试,对涉及违规作弊、替考等违纪处理将会逐步严格、规范。测试结果的评价功能逐步外延扩张,通过建立从小学到大学电子健康档案,使在校期间的每学段、每年的体质健康测试与档案成绩可作为本学段学业、评优评先、毕业的成绩参考,连贯的体质健康档案基本反映了个体在不同年龄体质健康水平,可作为将来就业、入职、人才培养与成长的依据。测试成绩与体育中考、体育高考成绩的关联更加紧密,目前,学生体质健康测试成绩已经作为体育中考成绩的过程考核平时成绩,对学生实施标准起到很大促进作用,随着高考加试体育的论证与政策落地,学生在校的体质健康测试成绩所占比例有望进一步扩大。

著　者

2022 年 9 月

目　录

第一章　体质健康标准演变历程

《国家学生体质健康标准》的发展过程

　　中华人民共和国成立以来,党和政府一直十分关心和重视青少年的体质健康状况,原国家教委、体委等有关部门从增强学生体质的目的出发,鼓励和推动学生积极参加体育锻炼,在不同时期先后推行了一系列政策和措施,制定并颁布了一系列学生体质健康的测量与评价制度,使学生体质健康测量与评价标准逐步发展并趋于完善。不同时期的标准基本符合当时的社会需求与历史背景,其演变的过程同样与社会的发展与国家需求表现出一定的同步性与规律性,也分别呈现出其价值优点与一些不足。

一、《劳卫制》:效仿(1950 年)

　　新中国的成立揭开了中国学校体育的新篇章。

　　1950 年 8 月,中国体育访问团远赴苏联,全面考察和学习了苏联体育(包括学校体育)的经验,引进了它的《准备劳动与卫国》体育制度(以下简称《劳卫制》)。在借鉴苏联《准备劳动与卫国》体育制度经验的基础上,为改善学生体质健康严重不良的状况,在锻炼身体、建设和保卫祖国的热潮推动下,我国的《劳卫制》产生并快速发展起来了。

　　1951—1963 年是我国全面实施《劳卫制》的时期,这一时期也是我国国民经济的恢复时期,建设任务繁重,财政经济困难,同时又面临着"抗美援朝,保家卫国"和三年自然灾害,广大学生营养状况不良,体质健康状况很差。如学校的伙食热量不足、各种营养素缺乏的现象普遍存在,总热量只能达到需要量的 80% 左右。按照中国医学科学院营养系提出的标准来计算,13～16 岁男生每人每日需要热量为 2 600 卡,16～19 岁男生为 3 000 卡,而当时学生伙食能产生的热量只能达到 2 100 卡[①]。

　　经济落后、学校卫生条件差、营养不良直接导致了学生体质健康水平的下降。1951 年 8 月 6 日,中央人民政府政务院在《关于改善各级学校学生健康状

---

　　① 中华人民共和国教育部. 教育部关于 2010 年全国学生体质与健康调研结果公告［EB/OL］.(2011-08-29)［2022-07-21］. http://baike.so.com/doc/2233520-2363291.html.

况的决定》中指出:"增进学生身体健康,乃是保证学生完成学习任务,并培养出有强健体魄的现代青年的重大任务之一。各级人民政府教育行政部门及各级学校教职员必须严肃注意这一问题,立即纠正忽视学生健康的思想和对学生健康不负责任的态度,切实改善各级学校的学生健康状况。"[1]

国家体育运动委员会(以下简称"国家体委")和教育部 1958 年 10 月在徐州联合召开会议,提出"四红"和"双红"标准,要求在年底完成。这种急于求成、强迫命令、违反客观规律的指导思想,导致学校群体活动步入了歧途。一时间,学校中大搞"四红""双红"运动,突击锻炼,体育课被占用,《劳卫制》工程反复测验,白天不合格,挑灯夜战进行复测,突击达标。1958 年以后,由于受"大跃进"、浮夸风、形式主义和连续三年自然灾害的影响,《劳卫制》的健康推行受到影响,严重地挫伤了学生锻炼的积极性,使蓬勃兴起的群众体育活动受到冲击和挫折。

二、《青少年体育锻炼标准》:试点(1964 年)

1963 年后,我国的学校体育运动得到了比较广泛的开展,学生的健康状况有了明显好转。据 17 个省市高中毕业生升学考试健康检查统计,身体不合格的总人数比重明显下降。但是,学生的健康状况仍然不够好,主要表现在以下三个方面:学生的身体发育一般未恢复到 1959 年以前的水平;广大农村中小学的学生体重,由于生活水平低于大城市,体重差距更大;学生患常见病的人较多,神经性头疼、失眠、头晕等现象比 1961 年有了发展,城市大部分学校近视的学生数量有上升趋势。学生健康状况不好的原因是多方面的,而学校的伙食较差、营养不良是其中的重要因素之一。

至 1964 年,国民经济开始好转,许多学校为了改善当时学生体质现状,试点性的开始推行"体育锻炼标准",有的学校试行自己订立的项目标准,还有少数学校又开始推行《劳卫制》的锻炼和测验工作。为了进一步开展此项工作,原国家体委在 1964 年召开全体体育工作会议,研究继续推行《劳卫制》的问题。根据周恩来总理"《劳卫制》这个名称是直译的,不符合我国习惯"的指示,会议决定将其名称改为《青少年体育锻炼标准(草案)》,将会议文件报经中央批准,于 1964 年颁发了更加符合我国习惯和面向全体学生的《青少年体育锻炼标准(草案)》。从 1966 年开始,由于"文化大革命",《青少年体育锻炼标准》被迫停止试行。

三、《国家体育锻炼标准》:确立(1975 年)

"文化大革命"结束后,国家又重新确立了体育在学校教育中的地位和

---

① 李娟.改革开放以来我国学生体质健康测试标准演进的研究[D].武汉:华中师范大学,2017.

作用。

1975 年 5 月,经国务院批准,国家体委公布《国家体育锻炼标准》条例,要求在学校广泛实施。该标准历经多次修改一直沿用至 2002 年。

1978 年,党的第十一届三中全会做出了把工作重心转移到社会主义现代化建设上来和实行改革开放的战略决策,学校的体育卫生工作也走上了健康发展的道路。这一时期我国国民经济和各项事业都进入了良性发展的轨道。国民经济的快速增长使人民群众的生活水平得到了稳步的改善与提高。科学技术转化为生产力,使人们从事体力劳动的机会大大减少,电视机、VCD、计算机等的普及又使学生原本不多的闲暇时间被静态的活动所占用,直接导致了学生运动量的减少,体质健康水平的下降,"文明病"的滋生、发展和蔓延。生活水平提高与生活质量下降的矛盾成为我国国民体质健康急需解决的主要问题。

1979 年,国家体委、教育部、卫生部共同组织的 16 省(直辖市)城乡青少年儿童体质调查,为开展全国性较大规模的学生体质健康调研进行了大胆地探索。这是我国近 30 年来,第一次有计划地进行这项全国性的科研工作,有利于促进学校体育、卫生工作及其科学地研制体质健康的评价标准工作的开展(表 1-1)。

表 1-1　我国六次大规模学生体质健康调研基本情况简介[①]

年份	范围(省、自治区、直辖市数量)	民族数/个	人数/万人	学校数/所	指标数/项
1979	16	1	20	1 210	23
1985	29	28	98	2 188	26
1991	30	17	24	400	26
1995	30	21	31	1 800	20
2000	31	21	34	1 947	22
2002	14	1	17		13

四、《学生体质健康标准(试行)》:推广(2002 年)

"学校教育要树立健康第一的指导思想,切实加强体育工作"明确了学校体

---

① 中华人民共和国教育部,国家体育总局,《国家学生体质健康标准解读》编委会.《国家学生体质健康标准》解读[M].北京:人民教育出版社,2007.

育工作的方向。进入21世纪,我国的综合国力有了极大提高,人民的生活水平发生了翻天覆地的变化,我国人民开始享受科学技术和现代文明给人类带来的现代化的生活方式。现代文明在带给人们充分物质享受的同时,也给人类的健康带来了新的威胁。由于精神紧张、营养过剩、运动不足、环境污染等因素所引发的非传染性疾病在全球的不断蔓延,处于"亚健康状态"的人群不断地扩大。社会的快速发展,物质生活的极大丰富,使影响人类健康的因素发生了很大的变化。社会环境的变化,对于任何一种生物来说未必都是好事。当前,社会上处于"亚健康"状态的人群剧增、非传染性疾病的快速增长都是这一变化的不良反应。社会上疾病发生的类型,足以反映出人们的生活习惯和生活方式存在的问题。随着社会生活节奏的加快,升学压力、社会竞争的加大,睡眠不足、精神紧张也是影响学生健康不可忽视的原因;生活水平的普遍改善,热量、脂肪等摄入过多及食物结构的不尽合理,加之营养科学知识的宣传普及滞后,导致了学生中肥胖人数增多。

为了解决这些社会问题,适应形势的发展,满足人们对健康的迫切需要以及对生活质量的不断追求,必须从儿童和学生的健康抓起。因此,《学生体质健康标准(试行)》的颁布与实施不仅是个人健康的需要,也是社会发展的需要,还是全面提高国民素质、振兴中华民族的需要。

五、《国家学生体质健康标准》:更名(2007年)

《学生体质健康标准(试行)》的试行,对于引导学生正确认识和了解自己的健康状况,有针对性地进行身体锻炼起到了一定的积极作用。但是,随着社会的发展使人们对自身健康的要求越来越高,标准也需要不断完善,同时这些标准在实施过程中也难免会出现一些这样或那样的问题。如,由于部分项目的评分标准较低,原本是想激发学生锻炼的兴趣和积极性,但有部分学生不需要过多的努力就能及格,锻炼的积极性反而下降;此外,为了较准确地对学生进行测试并减轻教师负担,《学生体质健康标准(试行)》没有过多选用可用于锻炼的项目和内容,而是提出通过体育课中丰富多彩的教学内容来促进学生积极锻炼,由于部分学校对体育课教学内容缺乏明确的要求,这些在一定程度上也影响了学生的体质健康水平。

2005年,全国学生体质与健康调研结果表明:学生形态发育水平继续提高,营养状况继续改善,低血红蛋白等常见病检出率继续下降,握力水平有所提高;但同时也存在一些不可忽略的问题,包括肺活量水平继续呈下降趋势,速度、爆发力、力量、耐力素质水平进一步下降,肥胖检出率继续上升,视力不良检出率仍然居高不下①。

2007 年,教育部、国家体育总局根据《学生体质健康标准(试行)》试行五年来的实际情况和调研中所发现的问题,对《学生体质健康标准(试行)》进行了修订和完善,并将其更名为《国家学生体质健康标准》,2014 年国家对《国家学生体质健康标准》进行了修订与完善。为方便描述,按照国家发布与修订的"标准"日期,在以下的论述中,将 2002 年发布的《学生体质健康标准(试行)》简称为《2002 标准》,2007 年更名的《国家学生体质健康标准》简称为《2007 标准》,2014年修订的《国家学生体质健康标准》简称为《2014 标准》。

六、《国家学生体质健康标准》:修订与完善(2014 年)

2014 年 7 月 18 日,教育部印发了《国家学生体质健康标准》修订方案。《国家学生体质健康标准》是学校教育工作的基础性指导文件和教育质量基本标准,是评价学生综合素质、评估学校工作和衡量各地教育发展的重要依据。本标准的修订坚持健康第一,落实《国家中长期教育改革和发展规划纲要(2010—2020 年)》《国务院办公厅转发教育部等部门关于进一步加强学校体育工作若干意见的通知》(国办发〔2012〕53 号)和《教育部关于印发〈学生体质健康监测评价办法〉等三个文件的通知》(教体艺〔2014〕3 号)有关要求,着重提高《国家学生体质健康标准》应用的信度、效度和区分度,着重强化其教育激励、反馈调整和引导锻炼的功能,着重提高其教育监测和绩效评价的支撑能力。本标准从身体形态、身体机能和身体素质等方面综合评定学生的体质健康水平,是促进学生体质健康发展、激励学生积极进行身体锻炼的教育手段,是国家学生发展核心素养体系和学业质量标准的重要组成部分,是学生体质健康的个体评价标准。

修订《国家学生体质健康标准》中进一步明确了以下内容与要求②:

(1) 本标准的学年总分标准分与附加分(新增)之和,满分为 120 分。标准分由各单项指标得分与权重乘积之和组成,满分为 100 分。附加分根据实测成绩确定,即对成绩超过 100 分的加分指标进行加分,满分为 20 分;小学的加分指标为 1 min 跳绳,加分幅度为 20 分;初中、高中和大学的加分指标为男生引体向上和 1 000 m 跑,女生 1 min 仰卧起坐和 800 m 跑,各指标加分幅度均为10 分。

(2) 每个学生每学年评定一次,记入《〈国家学生体质健康标准〉登记卡》。特殊学制的学校,在填写登记卡时可以按规定和需求相应地增减栏目。学生毕

---

① 学生体质健康标准研究课题组.学生体质健康标准研究[M].北京:人民教育出版社,2006.

② 于红妍.中国学生体质测试的演进历程及阶段特征[J].北京体育大学学报,2014(10):113-118.

业时的成绩和等级,按毕业当年学年总分的 50% 与其他学年总分平均得分的 50% 之和进行评定。

学生测试成绩评定达到良好及以上者,方可参加评优与评奖;成绩达到优秀者,方可获体育奖学分。测试成绩评定不及格者,在本学年度准予补测一次,补测仍不及格,则学年成绩评定为不及格。普通高中、中等职业学校和普通高等学校学生毕业时,《国家学生体质健康标准》测试的成绩达不到 50 分者按结业或肄业处理。

(3)学生因病或残疾可向学校提交暂缓或免予执行《国家学生体质健康标准》的申请,经医疗单位证明,体育教学部门核准,可暂缓或免予执行《国家学生体质健康标准》,并填写《免予执行〈国家学生体质健康标准〉申请表》,存入学生档案。确实丧失运动能力而被免予执行《国家学生体质健康标准》的残疾学生,仍可参加评优与评奖,毕业时《标准》成绩需注明免测。

(4)各学校每学年开展覆盖本校各年级学生的《国家学生体质健康标准》测试工作,《国家学生体质健康标准》测试数据经当地教育行政部门按要求审核后,通过"中国学生体质健康网"上传至"国家学生体质健康标准数据管理系统"。测试和数据上传时间由教育行政部门确定。

各标准测试项目比较分析

一、各标准测试项目的数量比较

《劳卫制》《青少年体育锻炼标准》和《国家体育锻炼标准》的测试项目各自不同:《劳卫制》的测试项目有 47 项(除各省市自行规定项目外),《青少年体育锻炼标准》的测试项目有 18 项(除各省市自行规定项目外),《国家体育锻炼标准》的测试项目有 23 项(除各省市自行规定项目外)[①]。而《学生体质健康标准》的测试项目有 11 项,《2007 标准》的测试项目有 16 项。《2014 标准》的测试项目有 7 项。《国家学生体质健康标准》测试项目数量是趋向于减少的。

二、各标准测试项目内容比较

《劳卫制》和《青少年体育锻炼标准》强调体能锻炼,通过体能锻炼来增强体质,以保证正常劳动和保卫祖国的需要。其测试项目主要侧重对身体素质和军事技能的评价;《国家体育锻炼标准》强调提高综合运动素质、运动竞技

---

① 《大学生体育合格标准锻炼指南》编写组.大学生体育合格标准锻炼指南[M].成都:西南交通大学出版社,1999.

水平,其测试项目主要侧重对身体素质的综合评价,主要通过运动能力来增强身体素质;《学生体质健康标准》除了对力量、速度、耐力、柔韧性以及爆发力等身体素质的评价外,还增加了对身体形态和身体机能方面的评价;《2007标准》除了从身体形态、身体机能、身体素质来评定学生的体质健康状况外,还增加了对运动技能的评价,目的在于培养学生养成终身进行体育锻炼的习惯,体现《国家学生体质健康标准》更加注重对学生的引导锻炼功能。《2014标准》项目最少,针对反映体质健康水平的最专业指标(身体形态、身体机能、身体素质)进行评价,取消选测项目有利于全国学生体质健康水平的横向比较。从《标准》测试项目的统一化、规范化程度看,《劳卫制》和《青少年体育锻炼标准》的测试项目由国家统一制定项目与各省市自定项目相结合;1975年颁布的《国家体育锻炼标准》的测试项目由国家统一制定项目与各省市自定项目相结合,而1982年以后修订的《国家体育锻炼标准》,其测试项目由国家统一制定项目,之后颁布的《学生体质健康标准》和《国家学生体质健康标准》的测试项目也均由国家统一制定。《国家学生体质健康标准》的测试项目趋于统一化、规范化(表1-2)。

表 1-2 各类体质健康评价项目、标准、领域比较

类别	测试内容	评价领域
劳卫制	① 劳卫操(男、女) ② 爬绳(女) ③ 俯卧撑(女) ④ 双杠双臂屈伸(男) ⑤ 单杠引体向上(男) ⑥ 1 500 m 跑(男) ⑦ 100 m 跑(男) ⑧ 400 m 跑(女) ⑨ 80 m 跳绳跑(女) ⑩ 200 m 超越障碍物赛跑(解放军)	力量素质 速度素质 耐力素质 柔韧素质 军事技能
青少年体育锻炼标准	第一类:100 m、60 m、25 m 计时往返跑,10 s 25 m 往返跑 第二类:400 m、800 m、1 500 m、3 000 m 跑 第三类:跳远或跳高 第四类:俯卧撑(女)、爬绳(竿)(男)、举重(男)、引体向上 第五类:射击运动、手榴弹掷远、垒球掷远、行军 第六类:省市规定的项目:如游泳、体操、滑冰等	速度素质 耐力素质 力量素质 柔韧素质 爆发力素质 军事技能

表 1-2(续)

类别	测试内容	评价领域
国家体育锻炼标准	第一类:60 m 跑(男女)、100 m 跑(男女)、200 m 跑(男女) 第二类:1 min 跳绳(男女)、400 m 跑(男女)、800 m 跑(男女)、1 500 m 跑(男女)、3 000 m 跑(男女) 第三类:跳高(男、女)、跳远(男、女) 第四类:手榴弹掷远(男、女)、垒球掷远(男、女)、铅球(男、女)、爬绳(竿)(男、女)、引体向上(男、女)、俯卧撑(女)、双臂屈伸(男) 第五类:体操(包括支撑跳跃、技巧、单杠、双杠) 第六类:省市自定项目,如背包行军拉练、游泳、滑冰等 22 项(各省市自定项目除外)	力量素质 速度素质 耐力素质 柔韧素质 爆发力素质 军事技能
学生体质健康标准（试行）	① 身高标准体重 ② 肺活量体重指数 ③ 台阶试验、耐久跑(男 1 000 m、女 800 m)、25 m×2 往返跑、50 m×8 往返跑、立定跳远(选测) ④ 坐位体前屈、握力体重指数、仰卧起坐(女)(选测)	身体形态 生理机能 力量素质 速度素质 耐力素质 柔韧素质 爆发力素质
国家学生体质健康标准(更名版)	① 身高标准体重 ② 台阶试验、男 1 000 m 跑、女 800 m 跑、50 m×8 往返跑(选测) ③ 肺活量体重指数 ④ 50 m 跑、立定跳远、跳绳、投沙包、掷实心球(选测) ⑤ 坐位体前屈、握力体重指数、仰卧起坐(女)(选测) ⑥ 篮球、足球、排球(选测)	身体形态 生理机能 速度素质 耐力素质 力量素质 柔韧素质 爆发力素质 运动技能
国家学生体质健康标准(修订版)	① 体重指数(BMI) ② 肺活量 ③ 50 m 跑 ④ 坐位体前屈 ⑤ 立定跳远 ⑥ 引体向上(男)/1 min 仰卧起坐(女) ⑦ 1 000 m 跑(男)/800 m 跑(女)	身体形态 身体机能 身体素质

三、各标准测试对象比较

由表 1-3 可以看出,《劳卫制》的测试对象为劳动人民(13 岁以上的男子和女子),其测试范围较大,这与中华人民共和国成立初期"为保卫国家和劳动服务"的目的相一致,但测试工作可操作性差[①]。从学生体质健康评价的角度看,缺少对小学生的测试与评价;《青少年体育锻炼标准》与 1958 年颁布的《劳卫制》相比,删除了男子 30～40 岁和 41 岁以上以及女子 26～35 岁和 36 岁以上的年龄组,但年龄组的分类仍比较烦琐,其测试对象主要针对青少年(13～30 岁的男子和 13～26 岁的女子),测试对象有所缩小;《国家体育锻炼标准》主要在学校中施行,测试对象的年龄分组进一步简化,"在中小学实行年级分组,大学不分组,其他单位实行按岁分组的办法",并注重了对 9～12 岁儿童的评价,《国家学生体质健康标准》的可操作性增强;而《学生体质健康标准(试行)》和《国家学生体质健康标准》的测试对象均为在校学生,测试对象包括从小学一年级到大学的所有学生,更加注重对年龄较小的小学生的评价。《2002 标准》与《2007 标准》按照学生所在的学段进行测试与评价,有利于掌握学生体质的总体状况以及学生个体的体质变化情况,《2014 标准》分组不仅考虑到学段,而且细化到年级,如初中与高中段分别细化到初一至初三三个组别,高一至高三三个组别,大学段细化到大一与大二、大三与大四两个组别,评价更为细致,更能体现同一学段不同年级与年龄体质健康水平的动态变化与纵向、横向比较,使学生对自己的体质健康状况有更清晰的了解,敦促其养成终身体育锻炼的习惯。

表 1-3　各类评价标准适用对象统计表

名称	级别	年龄分组
《劳卫制》	预备级	(男、女)13～14 岁
	一级	第一组:男 15～17 岁;女 14～15 岁 第二组:男 18～28 岁;女 16～23 岁 第三组:男 29 岁以上;女 24 岁以上
	二级	第二组:男 18～28 岁;女 16～23 岁 第三组:男 29 岁以上;女 24 岁以上
《青少年体育锻炼标准》	少年级	(男、女)13～15 岁
	第一级	男:16～18 岁;19～30 岁 女:16～18 岁;19～25 岁
	第二级	男:17～30 岁;女:17～25 岁

[①]　曾桓辉.新中国成立后推行"劳卫制"的历史研究[J].体育文化导刊,2005(2):74-76.

表 1-3(续)

名称	级别	年龄分组
《国家体育锻炼标准》	儿童组	9～12 岁
	少年一组	13～15 岁
	少年二组	16～17 岁
	青年组	18 岁以上
《学生体质健康标准(试行)》与《国家学生体质健康标准》(2007 年)		小学一、二年级
		小学三、四年级
		小学五、六年级
		初中、高中、大学各一组
《国家学生体质健康标准》(2014 年)		小学一、二年级
		小学三、四年级
		小学五、六年级
		初一、初二、初三三个组
		高一、高二、高三三个组
		大一、大二与大三、大四,两个组

第二章　起步:《学生体质健康标准(试行方案)》推广阶段

《学生体质健康标准(试行方案)》解析

我国学生体质健康测量与评价标准的演变和发展是与我国社会、经济、科技、文化和教育等在不同发展时期和发展水平相适应的;是与全面提高青少年的身体健康素质、满足国家对受教育者全面发展和培养人才战略基本要求相一致的。根据社会发展不同的历史阶段,我国先后制定并颁布了《劳卫制》《国家体育锻炼标准》和《学生体质健康标准》等一系列学生体质健康的测量与评价制度,使学生体质健康测量与评价标准逐步得到了发展和完善。

为了贯彻《中共中央国务院关于深化教育改革全面推进素质教育的决定》提出的"学校教育要树立健康第一的指导思想,切实加强体育工作"的精神,促进学生积极参加体育锻炼,养成经常锻炼身体的习惯,提高自我保健能力和体质健康水平,历经多方调研与论证,于 2002 年制定《学生体质健康标准(试行方案)》(以下简称《2002 标准》)并在部分高校实施推广。

一、《2002 标准》指导思想

制定《2002 标准》的指导思想,强调的是促进学生身体的正常生长和发育、形态机能的全面协调发展、身体健康素质的全面提高和激励学生主动、自觉地参加经常性的体育锻炼,淡化测试的甄别和选拔功能。设立测试选择工程旨在强调全面锻炼身体的过程,实现"教测分离",克服考什么教什么、测什么练什么的应试教育弊端。《2002 标准》的实施,有利于减轻学生、教师和学校测试工作的负担,避免教师不必要的重复劳动;有利于家长督促学生积极地参加体育锻炼;有利于保证体育课教案活动的正常进行;有利于全面实现体育课程的总目标;有利于教育行政部门的管理,把学生培养成为德、智、体、美全面发展的高素质人才。

二、《2002 标准》重要意义

增强学生体质、促进学生身心健康发展,是当前学校教育特别是学校体育工作的重要内容。认真学习和领会《2002 标准》的精神实质,做到先学习后实践、先培训后上岗的基本要求,认真组织好《学生体质健康标准》的实施工作,应该深刻地理解贯彻落实《2002标准》的积极意义,从全面提高中华民族素质的高度出发,在体育与健康课教案、课外体育活动等方面加强对学生进行《2002标准》的宣传和教育,提高学生对《2002标准》目的意义的理解和认识,激发学生锻炼身体的主动性和自觉性,不断提高他们的体质健康水平,使《2002标准》的贯彻落到实处、收到实效,为中华民族素质的全面提高做出应有的贡献。

三、《2002标准》目的

《2002标准》是《国家体育锻炼标准》的组成部分,是《国家体育锻炼标准》在学校的具体应用。《2002标准》测试是为了贯彻落实第三次全国教育工作会议提出的"学校教育要树立'健康第一'的指导思想"精神,促进学生积极参加体育锻炼,上好体育与健康课,增强学生的体质和提高健康水平,把学生培养成为德、智、体、美全面发展的高素质人才。

通过每年一次的《2002标准》测试,可以清楚地了解学生体质与健康的状况,还可帮助其监测一年来体质与健康状况发生的变化及变化的程度。这些都有助于学生在新的一年里有的放矢地设定自己的锻炼目标,有针对性地选择锻炼策略,制定切实可行的锻炼计划。

四、《2002标准》适用对象

《2002标准》是从身体形态、身体机能、身体素质等方面综合评定学生体质健康状况的评价体系。

该《2002标准》适用于全日制小学、初级中学、普通高中、中等职业学校和普通高等学校的在校学生。《2002标准》按百分制记分。测试项目包括身高、体重、肺活量、握力、坐位体前屈、立定跳远、仰卧起坐、台阶实验、50 m跑、50 m×8往返跑、800 m跑、1 000 m跑。按学生的年级组别有不同的必测和选测项目,根据测试结果给出评分和评价等级。

《2002标准》将代替《大学生体育合格标准》《中学生体育合格标准》《小学生体育合格标准》。与此同时,《2002标准》成绩作为《国家体育锻炼标准》达标成绩。相比原来的各种评测体系,学生体质健康标准贯彻了"健康第一"的主导思想,更加科学、合理、全面。

五、《2002标准》特点

"更科学的评估体系"是新标准的一大特点。科学研究发现,身体形态对人体健康具有很重要的意义。在新标准中,身体形态成为整体评价的一个方面,并在低年龄组评价体系中占有很大的比重。另一个方面,人体心血管系统和呼吸系统功能强弱也是反映一个人健康的重要标志,是决定人生命长短和最长工作年限的重要因素。在新标准中,机能的评价也被列为一个重要指标。

《2002标准》强调的是促进学生身体的正常生长和发育、形态机能的全面协调发展、身体健康素质的全面提高和激励学生自觉主动地参加经常性的体育锻炼的功能。这旨在有利于促进学生家长乃至全社会对"健康"概念的重新认识,有利于明确地帮助和督导学生实现体质健康目标;有利于促进学校体育课程的全面改革;有利于对学生的体质与健康状况进行监控和及时反馈,激发学生自觉参加体育锻炼,一生追求健康的生活方式;有利于减轻学校、教师和学生的负担,有利于行政部门和学校的管理。

(1)突出"健康第一"的指导思想。测试内容的选择考虑了与身体健康状况关系密切的身体健康素质要素。

(2)增强了《2002 标准》的适应性。测试工程设置了必测和选测项目,使用的范围既适用于城市学校,也适用于广大农村学校,测试的目的,旨在促进学生的全面发展,扩大《2002 标准》的可行范围。

(3)实现教考分离。注意测试工程与练习工程的分离,防止考什么教什么的应试教育倾向和对正常体育教案的影响和冲击,有利于促进学生综合素质的提高。

(4)反馈意义明确。评价量表除了定量指标外,还增加了定性等级,如:营养不良、较轻体重、正常体重、超重和肥胖;优秀、良好、及格和不及格。《2002 标准》虽然设置这些等级,但并不是为了甄别和选拔的功能,而是强调针对学生个体差别的激励和促进发展功能。重视学生个体差异,采用有针对性的个体评价方法,有利于针对每个学生的个体情况,进行科学的体育锻炼,促进学生体质健康的全面发展。

(5)评价更加合理。评价量表采用了 4 等级(优秀、良好、及格和不及格)7 段制(优秀、良好、及格等级中各分为两段),充分体现评价的公平和激励机制。

(6)增强学生强身健体的责任感。增加了《2002 标准》登记卡片并归档保存,与新课程标准的新理念一致,建立学生成长的记录袋,促进学生的发展,填补了学生档案中只有德育和智育材料而没有学生健康状况材料的空白,强化对学生自我健康意识和社会责任感的培养。

(7)加快学生体质健康状况监测工作科学化、现代化的步伐。学生体质健康标准智能服务系统软件、测试仪器的开发与应用,磁卡在测试成绩登记中的应用等都加速了学生体质健康状况监测工作科学化、现代化的步伐。

六、组别及项目设置

《2002 标准》根据学生的生长发育规律,将测试对象划分为以下组别:小学一、二年级为一组,小学三、四年级为一组,小学六年级为一组;初中及以上年级每年级为一组,大学为一组。

《2002 标准》的测试项目包括以下内容。

（1）小学一、二年级测试项目为身高、体重、坐位体前屈三项。

（2）小学三、四年级测试项目为身高、体重、50 m跑、立定跳远四项。

（3）小学五、六年级测试项目为六项,其中身高、体重、肺活量为必测项目。选测项目为三项:从台阶试验、50 m×8往返跑中选测一项;从50 m跑、立定跳远中选测一项;男生从坐位体前屈、握力中选测一项,女生从坐位体前屈、握力、仰卧起坐中选测一项。

（4）初中及以上各年级(含大学)测试项目为六项,其中身高、体重、肺活量为必测项目,选测项目为三项:从50 m跑、立定跳远中选测一项;男生从台阶实验、1 000 m跑中选测一项,女生从台阶实验、800 m跑中选测一项;男生从坐位体前屈、握力中选测一项,女生从坐位体前屈、仰卧起坐和握力中选测一项。

《2002 标准》问题分析

一、标准制定问题

万秀先[①]认为在《2002 标准》中规定从小学五六年级组以上就要有选测项目,但王林等人提出选测项目应为发展相同素质的项目,而不能把发展不同素质的项目放在一起进行选测或比较,有学者通过实践或调查认为按照新实施的《标准》进行二选一进行测试和评定成绩时,不同项目的相关度不高,造成项目之间评分标准差别较大,导致评定等级不一致,影响大学生的体质健康标准等级评定。在对选测项目进行分析后,建议将坐位体前屈项目调整为必测项目和身高体重指数调整的必测项目,同时将"坐位体前屈与握力项目"调整为"仰卧起坐与握力项目"的"二选一"选测项目。有的学者认为在制定测试项目时要更好地结合我国学生的实际情况,提出应该把耐力素质放在首位,要增加一些与身体形态相关的指标并设立一些相关系数来更加动态反映人体的比例结构,增加心率和最大吸氧量的测量,以及建议研究测试心理因素和适应能力的方法等。针对《2002 标准》中的评分标准,很多学者认为评分标准偏低,认为要把绝对评价标准与相对评价标准相结合,既要有单项最低及格标准,又要有总评及格标准,同时划分及格、良好、优秀等。《2002 标准》中的跳跃式评分标准和达标成绩对学生评优及能否毕业都有直接联系,与严谨成绩管理规定不协调,提出在多个项目组的评分标准应该细化,不能让其分数跳跃性过大。有专家认为身高标准体重评价指标和得分存在不尽合理之处,应视我国大学生总体的实际情况做适当调整。

---

① 万秀先.北京高校实施《学生体质健康标准》的现状调查分析[D].北京:北京体育大学,2007.

二、标准执行问题

张亚杰[①]认为北京市中学《2002标准》的实施工作受体育教师因子、制约态度因子、领导管理因子、理解与支持因子、学校组织管理因子和《2002标准》与仪器因子等六类因子的影响。调查显示:① 北京市中学到2005年9月除石景山区外,其他区县中学《2002标准》实施工作都已全面展开,有68.4%的学校在所有年级实施了《2002标准》,有31.6%的学校只在部分年级实施了《2002标准》。② 北京市各个县教委非常重视《2002标准》的实施工作,都投入了大量的人力、物力和财力,做了大量的工作,取得了不少成绩和经验,但也存在着检查、监督、管理不力等问题。③ 北京市中学《2002标准》实施工作总体上完成得比较好,取得了不少成绩,但是有部分学校的领导对《2002标准》的实施工作重视不够,只是走过场或不闻不问,没有把《2002标准》的实施工作作为学校体育工作的重要组成部分来抓。④ 北京市中学对《2002标准》实施进行了大量的宣传工作,负责宣传教育工作的主要是体育教师,绝大多数学校的团委、学生会、学生体育组织没有承担起他们在《2002标准》实施工作中应有的宣传任务。⑤ 北京市中学参加《2002标准》测试的人员主要是以体育教师为主,94.9%的体育教师都接受了不同层次的培训,但是也存在着少数没有经过培训就上岗的现象。体育考核课是北京市中学《2002标准》测试的主要形式,体育课是《2002标准》测试的主要时间,出现了测试挤占教学时间过多,冲击正常的体育教学工作的现象。⑥ 北京市中学有62.7%学校的测试仪器不能满足测试要求,其中测试仪器数量不足是最突出的问题。台阶试验测试占用的时间长,已经成为整个《2002标准》测试工作的瓶颈。

李苏[②]认为在现有的《2002标准》实施模式下,自基层单位汇总的上报测试数据存在效度和信度两方面的问题;其中信度方面的问题体现在上报的测试数据的数量和质量两个方面,涉及《2002标准》的测试项目、评价指标、测试硬件、测试软件、组织管理等诸多环节。通过对这些环节中问题的分析,认为以现有的实施模式不足以解决诸如农村地区学校、数据保障等问题。

杨广艳[③]调查发现新疆高校推行《2002标准》情况整体较好,但在实际工作中却遇到了一些突出的问题,其中最大的问题为"各部门之间的合作问题"。还发现体育教师作为《2002标准》实施的主测者,对《2002标准》与其他相关标准的关系掌握并不理想,对测试项目的测试目的认识含糊,对具体的仪器操作方

---

① 张亚杰.北京市中学《学生体质健康标准》实施现状研究[D].北京:北京体育大学,2006.
② 李苏.《学生体质健康标准》实施现状及策略研究[D].苏州:苏州大学,2006.
③ 杨广艳.新疆高校《学生体质健康标准》实施现状调查研究[D].乌鲁木齐:新疆师范大学,2007.

面掌握情况并不到位，与《2002 标准》要求有一定的差距，容易成为今后《2002 标准》进一步发展的瓶颈。学生作为《2002 标准》实施的受益者，对《2002 标准》的认识仅限于表面，如对《2002 标准》测试的意义、健康的内涵认识较好，而对影响健康的主要因素方面认识相对较差。

万秀先[①]认为北京高校在《2002 标准》实施中还存在组织管理薄弱、重视程度不够等较为突出的问题。大部分高校仅仅由体育部参与《2002 标准》的测试工作，体育部、学生处和校医院同时参加的学校仅占 10.3%，而且在实施过程中，能够真正严格按照测试规程来安排和组织的学校仅占 58.6%。北京各高校在《2002 标准》实施中，实现网络化管理的学校占比偏低，仅占 31.0%。测试仪器质量问题是目前在北京各高校实施《2002 标准》中亟待解决的问题。有 34.5%的高校经常发现仪器有误差，从调查结果来看，仪器的误差问题明显，而且仪器的稳定性等质量问题直接影响了测试工作的开展和进行。

张振虹[②]对济南市中学学校实施《2002 标准》的情况进行了较为全面的分析，阐述了济南市中学学校在实施《2002 标准》中，教育行政部门实施步骤、要求与实际落实还没有达到国家所下达的文件要求，已实施的学校仍然存在不完善的问题，学校器材配备还存在不足，管理部门和学校制定的实施方案还不够完善。管理部门领导还不够重视学校体育工作，思想观念淡薄；体育教学活动受到学校软硬件条件的制约，无法满足学生的体育锻炼，也不能保证学生的锻炼时间；新课程改革还没有真正落实到体育教学实践中去。体育教师改革进取意识滞后，没有很好地学习和深刻领会《2002 标准》的内涵，对《2002 标准》测试方法不熟练，对《2002 标准》评价理解不够，从而阻碍了《2002 标准》的顺利实施。

黄江涛[③]认为在管理组织方面，广西教育管理部门对《2002 标准》实施的任务布置不到位，监察制度不完善，学校领导对体育事业重视不够，体育教学活动受到如对体育重要性认知不够和体育硬件设施缺乏等因素的困扰，学生进行科学锻炼的机会不多，锻炼时间不足，体育健康课程改革滞后。在教师素质方面，多数广西中学体育教师要求进步，但在改革意识上具有滞后性，对《2002 标准》的内容理解不够全面，对测试方法掌握不够熟悉，对评分标准的运用也不精通。整体上看，其业务素质尚未达到《2002 标准》实施的要求。

① 万秀先.北京高校实施《学生体质健康标准》的现状调查分析[D].北京:北京体育大学,2007.

② 张振虹.济南市中学学校实施《学生体质健康标准》的现状调查研究[D].济南:山东师范大学,2007.

③ 黄江涛.广西中学实施《学生体质健康标准》现状分析与对策研究[D].桂林:广西师范大学,2005.

三、标准评价问题

杨广艳[①]调查显示新疆高校学生整体的体质健康状况良好,学生的体质健康测试成绩平均处于良好水平,与全国同期数据比较,整体评价呈现出两头小的趋势,即不及格率低于全国水平,优秀率也低于全国水平,同时也低于最初设计比例,这需要引起重视。因此,学校要认真贯彻全国学生体育工作会议精神,建立适合新疆高校学生体质健康评价的地方标准体系,进一步发展并完善学生体质健康评价系统。

万秀先[②]认为对测试结果的处理和利用是当前北京高校实施《2002标准》过程中的薄弱环节。能够网上查询测试结果的高校仅占20.7%,根本没有反馈的占13.8%,利用测试结果来指导学生体育锻炼与提高学生健康意识工作欠缺。

李艳江[③]研究发现,选测项目之间的可比性较差,选测不同的测试项目后,受试者会有差别明显的两个评价结果。同一个体用同一《2002标准》评价时,会有不同的结果,不利于发挥《2002标准》的作用。形态得分组别之间跨度过大,某种程度上可以说是形态得分直接影响大学生体质健康评定结果,不能真实反映学生体质状况,且直接关系到总分变化,相应地评价等级也会发生变化,由于受身高标准体重指标的影响,在实际评价过程中,可能造成身体机能好的学生,评价结果反而差。

四、实施效果分析

改革开放后,我国国民经济和各项事业都进入了良性发展的轨道。国民经济的快速增长使人民群众的生活水平得到了稳步的改善与提高。随着科学技术的不断发展,社会生产不再直接依附于人的体力因素,而转向智力因素,在很大程度上减少了人们从事体力劳动的机会,从交通工具的完善到现代通信手段的普及,从办公自动化到信息资源的无限扩充,将人们从繁重体力劳动中解脱出来的同时,也诱发了"文明病"的蔓延。此外,社会上处于"亚健康"状态的人群剧增、非传染性疾病的快速增长都是这一变化的不良反应。社会上疾病发生的类型,足以反映出人们的生活习惯和生活方式存在的问题。随着社会生活节奏的加快,升学压力、社会竞争的加大,睡眠不足、精神紧张也是影响学生健康的不可忽视的原因;生活水平的普遍改善,热量、脂肪等摄入过多及食物结构的

---

① 杨广艳.新疆高校《学生体质健康标准》实施现状调查研究[D].乌鲁木齐:新疆师范大学,2007.

② 万秀先.北京高校实施《学生体质健康标准》的现状调查分析[D].北京:北京体育大学,2007.

③ 李艳江.《学生体质健康标准》在高等专科学校推行的理论与实证研究[D].北京:北京体育大学,2007.

不尽合理,加之营养科学知识的宣传普及滞后,更加导致学生肥胖的发生。我国学生体质健康水平下降的现象引起了党中央、国务院、教育部和体育职能部门的高度关注。在近年来出台的《中国教育改革和发展纲要》和《中共中央国务院关于深化教育改革全面推进素质教育的决定》等纲要性文件中,都对学校体育工作提出了很高的要求。另外,1999 年,美国、英国、日本都在体育教育方面进行了适应个体发展和社会需要相结合的改革实践,出台了相关的法规文件。这些历史与现实、内部与外界的因素都对我国以往的《国家体育锻炼标准》和大、中、小学生体育合格标准提出了挑战。因此,进一步修订与完善这些政策和措施,建立一个比较全面、科学、简单、实用的学生体质健康评价标准,显得十分必要。在党和政府的关心下,在教育部和国家体育总局的高度重视下,在众多学者、专家、行政人员、科研人员、教师代表和部分社会人士的持续对话中,在总结历史、正视现实、展望未来的过程中,根据《中共中央国务院关于深化教育改革全面推进素质教育的决定》的精神,教育部和国家体育总局颁布了《2002标准》。

《2002 标准》的颁布与实施,对贯彻落实《学校体育工作条例》《全民健身计划》有着积极的作用,在促进体育课教学、学生积极地参加体育锻炼与健康行为等方面具有非常重要的现实意义。

与以前颁布的《标准》相比,《2002 标准》在测试项目中增加了与健康密切相关的身体形态、身体机能的评价指标,测试项目也更加简化,使得《2002 标准》的评价领域更加全面。但是《2002 标准》过度强调学生的兴趣与主体参与,身体素质类项目的评分标准大幅下降,忽略了对学生锻炼效果的考虑,虽然表面上减轻了学生的压力,有利于快乐体育的开展,但是无形中降低了学生学习体育、参与体育的积极性,不能满足学生锻炼身体的需要,同时也不利于终身体育锻炼习惯的养成,与《2002 标准》制定的初衷相背离。

第三章　更名:《国家学生体质健康标准(2007 版)》全面实施

《国家学生体质健康标准(2007 版)》解析

为了贯彻国家"学校教育要树立健康第一的指导思想"精神,科学综合地评价中国学生个体的体质健康状况,2002 年 7 月,由教育部、国家体育总局联合下发了《学生体质健康标准(试行方案)》(以下简称《2002 标准》)①,要求部分高校从 2003 年开始执行。2007 年 4 月,教育部、国家体育总局根据新形势对旧《标准》进行了修改和完善,正式将《学生体质健康标准(试行方案)》更名为《国家学生体质健康标准》(以下简称《2007 标准》)②。《2007 标准》对不同性质评价指标在整个评价体系中的权重、评分表中划分等级的百分位数、不同等级所占的比例均做了较大幅度的调整③。

一、测试指标的变化

《2007 标准》中每个年级都增加了测试项目,并分为必测和选测项目。而且选测项目每年由地(市)级教育行政部门、高等学校在测试前两个月确定并公布。并重新规定选测项目原则上每年不得重复测。两个《标准》在评价指标、分值和项目上存在较大区别(表 3-1、表 3-2),按年级还是分为 4 个组别,也是实行的百分制。但《2007 标准》更注重对不同年龄的学生区别对待运动技能的培养。如《2002 标准》小学一、二年级主要为形态测试,其占了 60％的分值,而且只有 2 项测试项目。但《2007 标准》的形态测试只占了 20％的分值,又增加 2 项选测项目,并增加了投沙包和踢毽子运动技能项目。从小学五、六年级到大学测试项目增加了掷实心球、跳绳、篮球运球、足球颠球(运球)和排球垫球等技术与技巧性较强的运动项目。在中学到大学组别中更是恢复了原《国家体育锻炼标准》中男生最怕的引体

---

①　中华人民共和国教育部,国家体育总局.学生体质健康标准(试行方案)[J].中国学校体育,2002(5):5.

②　中华人民共和国教育部,国家体育总局.关于实施《国家学生体质健康标准》的通知[J].中国学校体育,2007(4):5.

③　中华人民共和国教育部,国家体育总局.《国家学生体质健康标准解读》编委会.国家学生体质健康标准解读[M].北京:人民教育出版社,2007.

向上技巧与力量的项目,更注重运动能力的发展和培养。以大学生为例,《2007标准》某些项目等级分数提高了,男女生的肺活量指数、1 000 m、立定跳的优秀与及格率均有小幅度提高(表3-3)。《2007标准》鼓励学生从小注意自己身体形态、身体素质、身体机能和运动能力的发展,培养学生从小自觉锻炼身体的积极性,有利于学生身体全面协调发展,为学生的"终身体育"奠定了坚实的基础。

表 3-1 《2002 标准》和《2007 标准》测试项目、权重系数的对照一览表

	《2002 标准》			《2007 标准》		
	测试项目	权重系数	备注	测试项目	权重系数	备注
身体形态	身高标准体重	0.15	必测	身高标准体重	0.1	必测
身体机能	肺活量体重指数	0.15	必测	肺活量体重指数	0.2	必测
身体素质和运动能力	1 000 m 跑(男)、800 m 跑(女)台阶试验	0.2	选测Ⅰ项	1 000 m 跑(男)、800 m 跑(女)、台阶试验	0.3	选测Ⅰ项
	坐位体前屈、仰卧起坐(女)	0.2	选测Ⅰ项	坐位体前屈、掷实心球、仰卧起坐(女)、引体向上(男)握力体重指数	0.2	选测Ⅰ项
	握力体重指数					
	50 m 跑、立定跳远	0.3	选测Ⅰ项	50 m 跑、正定跳远、跳绳、篮球运球、足球运球、排球垫球	0.2	选测Ⅰ项

表 3-2 《2007 标准》评价指标和得分表

年级	评价指标	得分
小学一、二年级	身高标准体重	60
	坐位体前屈	40
小学三、四年级	身高标准体重	40
	50 m 跑	30
	立定跳远	30
小学五、六年级	身体标准体重	15
	台阶试验、50 m×8 往返跑	20
	肺活量体重指数	15
	50 m 跑、立定跳远	30
	坐位体前屈、仰卧起坐(女)、握力体重指数	20

表 3-2(续)

年级	评价指标	得分
初中、高中、大学	身高标准体重	15
	台阶试验、1 000 m 跑(男)、800 m(女)	20
	肺活量体重指数	15
	50 m 跑、立定跳远	30
	坐位体前屈、仰卧起坐(女)、握力体重指数	20

表 3-3　大学生《2002 标准》和《2007 标准》部分项目成绩比较

男生	肺活量体重指数	1 000 m	立定跳远	女生	肺活量体重指数	800 m	立定跳远
优秀①	70 以上	3:46 s 以下	2.50 m 以上	优秀①	57 以上	3:45 s 以下	1.95 m 以上
优秀②	78 以上	3:39 s 以下	2.58 m 以上	优秀②	64 以上	3:39 s 以下	2.14 m 以上
及格①	44 以上	5:04 s 以下	1.95 m 以上	及格①	32 以上	5:03 s 以下	1.39 m 以上
及格②	60 以上	4:33 s 以下	2.14 m 以上	及格②	43 以上	4:23 s 以下	1.58 m 以上

注:① 表示《学生体质健康标准(试行方案)》。

② 表示《国家学生体质健康标准》。

此外,从表 1 还可看出,《2007 标准》对测试项目的权重系数也进行了相应的调整。有研究表明,大学生经过初、高中阶段的身体发育后,其形态指标变化不大,而肺活量仍有继续增长的趋势,通过体育锻炼可以有所提高[1]。因此,与《2002 标准》相比,降低身高标准体重的权重系数而相应地提高肺活量体重指数的权重系数,更符合这个年龄段学生体质的变化规律。同时,由于反映下肢力量的 50 m 跑和立定跳远指标对大学生体质健康的综合评定没有特别突出的意义,而耐力素质是衡量人的体质健康状况和劳动工作能力的基本因素之一,是从事各项运动必不可少的一种运动素质,它的评定对于评价学生体质健康状况有着非常重要的意义[2]。对此,《2007 标准》适当降低速度、灵巧类项目的权重系数,并相应提高耐力类项目的权重系数,更符合其"促进学生体质健康发展、激励学生积极进行身体锻炼"的宗旨。

---

① 甄志平,毛振明.《国家学生体质健康标准》指标体系结构与嬗变研究[J]. 西安体育学院学报,2008,25(2):1-9.

② 中华人民共和国教育部,国家体育总局.学生体质健康标准(试行方案)[J].中国学校体育,2002(5):5.

二、《2007 标准》的特点

1. 主导思想

(1)凸显教育和激励功能:《2007 标准》是促进学生体质健康发展、激励学生积极进行身体锻炼的教育手段。

(2)凸显反馈功能:《2007 标准》是学生体质健康的个体评价标准,并规定了各校应将每年测试的数据按时上报至国家学生体质健康标准数据管理系统,该系统具有按各种要求进行统计、分析、检索的功能,并定期向社会公告。

(3)凸显引导和锻炼功能:《2007 标准》增加了一些简便易行,锻炼效果较好的项目,并提高了部分锻炼项目指标的权重,对引导学生进行体育锻炼具有较强的实效性;同时通过国家学生体质健康标准数据管理系统,学生还可以查询到针对性较强的运动处方[①],用于自身因地制宜地进行科学的体育锻炼,提高身体健康水平。从《2007 标准》的定义和功能看,它是从身体形态、身体机能、身体素质和运动能力等方面综合评定学生的体质健康水平,是促进学生体质健康发展、激励学生积极进行身体锻炼的教育手段,是学生体质健康的个体评价标准,明确了学生身体锻炼的目的都是为"终身体育"打基础的,全面提高标准是为学生体质健康着想,确立了以人为本的中心思想。

2.《2007 标准》的优点与不足

(1)优点:测试项目大量增加,使《2007 标准》的内容更加充实,体现了以人为本、共同发展的科学理念;《2007 标准》对测试项目的权重系数做了更为科学的调整:身高标准体重项目权重系数的降低和肺活量体重项目权重系数的相应提高,更加符合大学生体质变化规律;50 m 跑、立定跳远项目权重系数的适当降低和台阶试验及 800 m、1 000 m 跑项目权重系数的相应提高,有利于从政策上对学生的耐力素质实施宏观调控,进行积极干预;《2007 标准》中每个测试项目的评分标准在分值设计上均采用了百分制,细化了评分值,增加了分值间距,比《2002 标准》更为科学、合理;《2007 标准》针对《2002 标准》中立定跳远项目评分权重适当降低,符合青少年身体素质生理特点,原因是人体的爆发力与耐力相比,可训练的程度较小。

(2)不足之处:自《2002 标准》施行以来,国内很多学者对其选测项目提出了质疑。孙雯[②]指出,素质项目分类不清,作为选测项目的坐位体前屈、握力和

---

① 甄志平,毛振明.《国家学生体质健康标准》指标体系结构与嬗变研究[J].西安体育学院学报,2008,25(2):1-9.

② 孙雯.《学生体质健康标准》测试中现存问题的分析研究[J].南京体育学院学报(自然科学版),2004,3(2):15-17.

仰卧起坐是毫不相干的素质内容。张宏成等[①]认为,二选一项目的相关度不高,造成项目之间评分标准差别较大,导致评定等级不一致。从表1中可以看出,《2007标准》在选测项目分类上并未做出相应的调整,只在保留《2002标准》测试项目的基础上增补了反映学生综合运动能力的测试项目。其中,反映柔韧素质的坐位体前屈、反映腰腹肌力量的仰卧起坐和反映上肢力量的握力、掷实心球、引体向上彼此间的相关性不高,但仍被放在同一组中备选;而在速度灵巧类的指标中,新增的跳绳、篮球运球、足球运球、排球垫球均属于反映综合身体素质和运动能力的测评项目,与反映无氧代谢能力和下肢力量的50 m跑及立定跳远归为一类也缺乏一定的科学根据。对此,《2007标准》只是强调选测项目原则上每年不得重复[②]。但由于同组选测项目的关联系数不大,按不同组合方式进行测试会得出不同的成绩与评价等级,导致个体的方式进行测试会得出不同的成绩与评价等级,导致个体的纵向比较不具现实意义。也就是说,教师对于学生的体质是否真正得以改善和提高无法做出准确的判断,学生也无法通过测试结果对自己的体质健康状况有一个清楚的了解,从而影响其锻炼的积极性,这势必与《2007标准》激励学生积极进行身体锻炼的初衷相悖[③]。

《2007标准》与《2002标准》部分测试结果比较分析

一、同一批对象执行不同评价标准的差别

郑殷珏等[④]采用整群抽样方法,随机抽取台州学院2003—2006级非体育专业学生6 539人,除去因伤、病测试不全者22人(其中,男生14人,女生8人),有效样本6 517人,样本有效率为99.66%。分别采用《2002标准》与《2007标准》测试评价,结果显示:学生各等级通过率存在非常显著的差异,经卡方检验$P<0.01$。通过对《2007标准》与《2002标准》评价等级的比较发现,二者不及格的分值范围并没有发生变化,优良的分值下限也只是相差1分,但采用《2007标准》评价后的不及格比例却明显增大,从原来的0.3%提高到23.9%,而优良比

---

① 张宏成,王政,谈强,等.江苏高校实施《学生体质健康标准》的实践与研究[J].体育与科学,2004,25(5):69-72.

② 中华人民共和国教育部,国家体育总局.《国家学生体质健康标准解读》编委会.国家学生体质健康标准解读[M].北京:人民教育出版社,2007.

③ 张宏成,王政,谈强,等.江苏高校实施《学生体质健康标准》的实践与研究[J].体育与科学,2004,25(5):69-72.

④ 郑殷珏,方爱莲,蔡金明,等.《国家学生体质健康标准》与《学生体质健康标准(试行方案)》的比较研究[J].体育科学,2009,29(7):92-96.

例却由原来的 60.2% 降低到 27.5%(表 3-4)。由此可见,造成各等级通过率差异显著的主要原因并不是评价等级的变化,而是评分标准的变动,同时,也进一步说明《2007 标准》的评分标准的难度系数比《2002 标准》要高得多。采用《2007 标准》进行评价后,学生体质健康总体达标情况并不乐观,说明学生的体质健康状况并没有我们原先想象的那么好,也从另一个侧面反映出《2002 标准》的评分标准难度系数偏低,不仅没有起到促进学生积极锻炼的作用,还导致许多学生不经锻炼便能达到及格甚至良好,从而影响学生对自身体质健康状况的正确把握,使其在体育锻炼上产生惰性。

表 3-4 台州学院 2003—2006 级非体育专业学生体质健康总体达标情况一览表

	不及格		及格		良好		优秀	
	n	比例/%	n	比例/%	n	比例/%	n	%
《2007 标准》	1 557	23.9	3 167	48.6	1 786	27.4	7	0.1
《2002 标准》	20	0.3	2 574	39.5	3 303	50.7	620	9.5

注:经卡方检验,$P < 0.01$。

二、选测项目的评价比较

杨孝永等[1]随机抽取 10 所安徽省高职院校 2011 级学生 1 000 名(每所学校 100 名,男、女生各 50 名),分别对其进行选测项目的测试,测试方法和要求按照《2007 标准》实施方案进行,均在同一时间段施测。结果如下(表 3-5):男生选测 1 项目指数或成绩比较发现:组合 1 男生 1 000 m 跑成绩与台阶试验指数反映的成绩之间差异有统计学意义($P < 0.05$),台阶试验指数反映的学生成绩明显高于 1 000 m 跑成绩;组合 2 男生坐位体前屈、引体向上和握力体重指数所反映的学生成绩比较,三者之间均有显著性差异($P < 0.05$),坐位体前屈成绩明显高于握力体质指数和引体向上,握力体重指数反映的成绩也明显高于引体向上。组合 3 男生 50 m 跑、立定跳远和跳绳 3 个项目成绩比较,差异均无统计学意义($P > 0.05$)。

组合 1 女生 800 m 跑成绩与台阶试验指数反映的成绩之间比较有显著性差异($P < 0.05$),女生台阶试验指数反映的学生成绩明显高于 800 m 跑成绩。组合 2 女生坐位体前屈成绩和仰卧起坐成绩之间存在显著性差异($P < 0.05$),女生坐位体前屈与握力体重指数所反映的学生成绩之间也有显著性差异

① 杨孝永,傅强.《国家学生体质健康标准》选测项目比较研究[J].上海体育学院学报,2013,37(4):65-67.

表 3-5　安徽高职 10 所院校大一男生《国家学生体质健康标准》选测项目成绩比较

组合号	测试项目	年龄/岁	人数	成绩($x\pm$SD)	备注
1	① 台阶试验指数	19	500	64.50±5.97 *	②和①对比差异显著
	② 1 000 m 跑/s	19	500	244.46±30.62 *	
2	① 坐位体前屈/cm	19	500	13.27±3.12 *	①、②、③相互均有显著差异
	② 引体向上/个	19	500	10.57±3.26 *	
	③ 握力体重指数	19	500	64.89±15.99 *	
3	① 50 m 跑/s	19	500	7.49±0.34	①、②、③相互均无显著性差异
	② 立定跳远/m	19	500	2.33±0.22	
	③ 跳绳/(个·min⁻¹)	19	500	110.08±15.56	

（$P<0.05$），坐位体前屈成绩明显高于握力体重指数和仰卧起坐成绩。握力体重指数反映的成绩与仰卧起坐成绩之间无显著性差异（$P>0.05$）。组合 3 女生 50 m 跑、立定跳远和跳绳 3 个项目成绩比较，均无显著性差异（$P>0.05$）。

在校大学生《国家学生体质健康标准》
测试结果动态变化趋势研究
——以惠州学院为例

一、对象与方法

1. 研究对象

采用整群抽样方法，以某年级最少人数为基数抽取 2007—2009 年三个年度惠州学院在校大学生，每年抽取 6 000 人，其中每个年级 1 500 人（男、女各750 人），三年共计 18 000 人次。

2. 研究方法

测试仪器为教育部指定的产品，三个年度选择测试项目相同，所有数据采用 SPSS 18.0 进行分析，差异显著性检验采用 T 检验，以 $P<0.05$ 为显著性标准，$P<0.01$ 为非常显著性标准。

二、结果与分析

1. 惠州学院 2007—2009 年度学生体质总体动态变化状况（表 3-6）

由表 3-6 知，惠州学院 2007—2009 年度总体平均分数为 66.78、68.70、66.87 分，2008 年度与 2007、2009 年度相比平均分数非常显著提高（$P<0.01$），呈中间高两头低的趋势。其中，优秀率分别为 6.50%、2.20%、1.00%，呈逐年

表 3-6　惠州学院 2007—2009 年度总成绩及等级分布($n＝6\,000$)

年度	人数	平均成绩	平均成绩等级分布/%			
			优秀	良好	及格	不及格
2007	6 000	66.78 ±14.08	6.50	23.00	38.40	32.10
2008	6 000	68.70▲ ±11.78	2.20	31.10	44.80	21.90
2009	6 000	66.87 ±11.56	1.00	27.90	44.80	26.30

注：▲表示 2008 年度与 2007、2009 年度相比平均成绩显著提高，$P＜0.01$。

降低趋势，不及格人数占比分别达到 32.10%、21.90% 和 26.30%。2007—2009 年度平均不及格率与 2002 年度国家公布的《2002 标准》测试结果不及格率 3.44% 相比大幅提高，2007—2009 年度优秀率与《2002 标准》测试优秀率 17.45% 相比大幅度降低[①]；与石道兴等报道的中国矿业大学、中南大学等五所高校 66 590 名大学生 2007—2008 年度《国家学生体质健康标准》不及格率 21.50% 相比比较接近[②]。郑殷珏等通过实验研究报道，采用新标准评价后的不及格比例明显增大，从原来的 0.3% 提高到 23.9%，而优良比例却由原来的 60.2% 降低到 27.5%[③]。

2. 惠州学院 2007—2009 年度学生各项指标测试结果动态变化状况

（1）2007—2009 年度学生身体形态类指标测试结果动态变化状况（表 3-7）

表 3-7　惠州学院 2007—2009 年度学生身高、体重($n＝6\,000$)

年度	身高指数	体重指数	平均分数	等级分布/%				
				超重	肥胖	较低体重	营养不良	正常体重
2007	163.22 ±8.08	53.20 ±8.28	71.71 ±20.12	2.40	2.90	49.90	11.80	33.00

---

① 要秀丽.新疆高职高专院校《国家学生体质健康标准》实施情况调查分析[D].乌鲁木齐:新疆师范大学,2009.

② 石道兴,张清华.普通高校执行国家学生体质健康标准的探讨[J].吉林体育学院学报,2009,25(4):137-138.

③ 郑殷珏,方爱莲,蔡金明,等.《国家学生体质健康标准》与《学生体质健康标准（试行方案）》的比较研究[J].体育科学,2009,29(7):92-96.

表 3-7(续)

年度	身高指数	体重指数	平均分数	等级分布/%				
				超重	肥胖	较低体重	营养不良	正常体重
2008	163.24 ±8.26	53.92 ±8.87	71.70 ±20.28	3.00	4.50	47.70	11.60	33.20
2009	163.93 ±7.62	52.80 ±8.54	68.02▼ ±19.11	2.50	3.10	50.30	18.60	25.50

注:▼表示 2009 年度与 2007、2008 年度相比平均分数非常显著降低,P<0.01。

由表 3-7 得知:三个年度身高标准体重平均成绩呈逐年降低趋势,但仍高于学院三个年度总平均成绩;其中 2007—2009 年度较低体重比例分别为 49.90%、47.70%、50.30%;营养不良比例分别为 11.90%、11.60%、18.60%,均有上升趋势。此结果远高于张文英报道的首都师范大学学生较低体重比例(35.2%)和营养不良比例(4.7%)的情况[1]。

(2) 2007—2009 年度学生身体机能类指标测试结果动态变化状况

由表 3-8 知,2007—2009 年度学生肺活量成绩分别为 60.53 分、57.08 分、54.82 分,呈逐年下降趋势,且明显低于 2007—2009 年度学生体质总平均成绩。说明学生肺功能低于《2007 标准》评价体系中整体健康水平。其优秀率分别为 10.10%、5.90%、3.50%,明显高于 2007—2009 年度学生体质总平均成绩 6.50%、2.20%、1.00%优秀率的等级分布;不及格率略高于总平均成绩,说明惠州学院大学生肺活量成绩明显两极分化,且明显低于谭飚等报道的宁波大学 2007 年度肺活量不及格率18.1%、优秀率 17.0%的成绩[2]。

表 3-8　惠州学院 2007—2009 年度学生肺活量、台阶成绩($n=6\ 000$)

年度		肺活量 平均分数	等级分布/%				台阶 平均分数	等级分布/%			
			优秀	良好	及格	不及格		优秀	良好	及格	不及格
2007	X ±	60.53 25.45	10.10	23.50	40.80	25.60	71.46 17.64	16.70	38.20	34.10	11.00
2008	X ±	57.08 24.63	5.90	18.60	46.50	29.00	75.93▲ 17.78	27.10	38.80	25.80	8.30

---

① 张文英.首都师范大学学生体质健康现状分析[J].首都师范大学学报(自然科学版),2008(4):100-102.

② 谭飚,周永平,李新孝.宁波大学 2007 级学生体质健康状况研究[J].湖南文理学院学报(自然科学版),2009,21(1):90-94.

表 3-8(续)

年度		肺活量 平均分数	等级分布/%				台阶 平均分数	等级分布/%			
			优秀	良好	及格	不及格		优秀	良好	及格	不及格
2009	X ±	54.82▼ 24.30	3.50	16.80	48.10	31.60	72.81 21.29	26.30	33.20	28.10	12.40

注:▼表示 2009 年度与 2007、2008 年度相比肺活量成绩呈非常明显降低,P＜0.01;▲表示 2008 年度与 2007、2009 年度比较台阶成绩呈非常显著提高,P＜0.01。

由表 3-8 可知,2008 年度台阶成绩在三个年度中最优,与 2007、2009 年度相比呈非常显著差异(P＜0.01);三个年度台阶平均成绩明显高于 2007—2009 年度的学生体质总平均成绩;2007—2009 年度台阶成绩等级优秀率分别为 16.70％、27.10％、26.30％,明显高于 2007—2009 年度学生体质总平均成绩优秀率的等级分布;不及格率与 2007—2009 年度学生体质总平均成绩不及格率相比明显降低。并且,三个年度优秀率与良好率和均超过 50％,呈偏态分布。

(3)惠州学院 2007—2009 年度学生身体素质类指标测试结果动态变化状况

由表 3-9 可知,2007—2009 年度立定跳成绩分别为 48.88 分、40.87 分、39.09 分,均未达到 50 分,明显低于学院三个年度学生体质总平均分数,是导致学院年度总成绩较低的主要因素。尽管三个年度立定跳等级分布优秀率高于 2007—2009 年度总平均分数优秀率的等级分布;但 47.80％、57.00％、58.30％ 的不及格率远高于 2007—2009 年度总平均分数不及格率。2007 年度握力分数与 2008 年度相比较低(P＜0.01)(由于 2009 年度没有采用握力指数,改用体前屈,所以暂不作比较),两个年度握力平均分数分别为 59.98、73.40 分,2007 年度平均分数低于 2007 年度的学生体质总平均分数,2008 年度的平均分数都高于 2008 年度的学生体质总平均分数;2007、2008 年度握力分数等级优秀率分别为 8.30％、19.10％,明显高于 2007、2008 年度总体等级的优秀率,呈上升趋势;不及格率 24.90％,7.20％ 与 2007、2008 年度总平均分数不及格率相比明显降低。

表 3-9 惠州学院 2007—2009 年度立定跳、握力成绩(n＝6 000)

年度		立定跳 平均分数	等级分布%				握力 平均分数	等级分布/%			
			优秀	良好	及格	不及格		优秀	良好	及格	不及格
2007	X ±	48.88 30.27	12.20	8.50	31.50	47.80	59.98 25.13	8.30	23.50	43.30	24.90

表 3-9(续)

年度		立定跳平均分数	等级分布%				握力平均分数	等级分布/%			
			优秀	良好	及格	不及格		优秀	良好	及格	不及格
2008	X ±	40.87 26.98	3.10	7.40	32.50	57.00	73.40▲ 18.01	19.10	31.10	42.60	7.20
2009	X ±	39.09▼ 26.58	1.10	7.90	32.70	58.30	75.86 (体前屈) 20.14	25.10	38.60	29.10	7.20

注:▼表示 2009 年度与 2007、2008 年度相比立定跳成绩呈非常显著降低,P<0.01;▲表示 2008 年度与 2007 年度相比握力成绩呈非常显著提高,P<0.01。

3. 惠州学院 2007—2009 年度总评成绩、等级分布按性别比较与分析

由表 3-10 可知,2007—2009 年度男生总评平均成绩分别为 71.41 分、68.37 分、67.01 分,呈逐年降低趋势,2007 年度与 2008、2009 年度相比非常显著提高(P<0.01),2007 年度总评平均成绩男生非常明显高于女生(P<0.01),2009 年度总评平均成绩男生高于女生。三个年度总评成绩男生与女生相比非常显著提高(P<0.01)。从等级分布来看:2007—2009 年度男生优秀率呈逐年降低趋势,不及格率呈逐年提高趋势。2007—2009 年度女生优秀率、不及格率呈不规律分布。三个年度男生优秀率与良好率之和为 35.3%,高于女生优秀率与良好率之和 25.7%。

表 3-10 惠州学院 2007—2009 年度男女总评平均成绩、等级分布($n=6\ 000$)

年度		总评成绩	等级/%			
			优秀	良好	及格	不及格
2007	男	71.41±15.16▲	12.90	32.90	30.90	23.30
	女	62.13±11.11▼	0.20	13.90	45.80	40.10
2008	男	68.37±11.96	2.30	30.30	43.10	24.30
	女	69.01±11.59	2.00	31.70	45.00	21.30
2009	男	67.01±11.93	1.10	27.20	45.60	26.10
	女	66.73±13.15	1.00	28.60	44.00	26.40
合计	男	68.93±13.23■	5.40	29.90	39.80	24.90
	女	65.96±12.32	1.0	24.70	45.00	29.30

注:▲表示 2007 年度男总评成绩与 2008、2009 年度男总评成绩呈非常显著提高;▼表示 2007 年度女总评成绩与 2008、2009 年度女总评成绩呈非常显著降低,P<0.01;■表示男生与女生三个年度总评平均成绩相比非常显著提高,P<0.01。

三、结论

(1) 三个年度总体平均成绩 2008 年度与 2007、2009 年度相比呈非常显著提高($P<0.01$)。

(2) 在学生身体形态指标中低体重学生比例较高,营养不良比例有上升趋势。

(3) 学生肺呼吸功能水平低于《2007 标准》评价体系中整体健康水平,心血管耐力水平高于《2007 标准》评价体系中整体健康水平,表现出良好的心血管耐力功能。

(4) 三个年度中学生下肢力量素质呈逐年下降趋势,且远低于《2007 标准》评价体系中整体健康水平;上肢力量素质略优于《2007 标准》评价体系的整体健康水平。

(5) 三个年度总评成绩、等级分布按学生性别比较,男生优于女生。

四、建议

(1) 针对学生低体重比例较高、营养不良比例呈上升趋势现状,可通过宣传、普及营养知识、健康饮食等手段,逐步改善学生营养状况,提高学生健康水平。

(2) 针对学生肺呼吸功能低于《2007 标准》评价体系中整体健康水平现状,一方面要加强呼吸肌力量及耐力锻炼;另外,掌握正确的肺活量吹气方法也很重要(即吹气速度均匀、缓慢较好)。

(3) 针对男生总体体质状况在《2007 标准》整体评价中优于女生现状,可加大力度开展更多适合女生的运动项目、场地及运动处方指导,让更多的女生参与健身锻炼中。

广东省普通高校大学生心肺功能动态变化研究
——基于《国家学生体质健康标准》数据库的分析

《国家学生体质健康标准》(以下简称《2007 标准》)是在《学生体质健康标准(试行方案)》的基础上修订的国家学生体质测评系统[①]。2007 年 4 月,教育部、国家体育总局联合下发〔2007〕8 号文件,要求自发布之日起在全国各级各类学

[①] 甄志平,毛振明.《国家学生体质健康标准》指标体系结构与嬗变研究[J].西安体育学院学报,2008,25(3):1-9.

校全面实施[①]。《2007 标准》与《2002 标准》相比肺活量、台阶分别由 15、20 分提高到 20、30 分,心肺机能指标评分权重大幅提高。为此,通过调取广东省 5 所普通高校《2007 标准》数据库共计 54 000 名大学生肺活量、台阶及相关指标进行分析,以探讨实施《2007 标准》后大学生心肺功能动态变化规律及原因,为进一步深化体育教学改革,寻求最佳运动处方指导以及探索大学生健康管理模式提供参考。

一、研究对象

研究对象采用整群抽样方法抽取广东工业大学、深圳大学、广东药学院 2007、2008、2009 年度中每个年级非体育专业学生 2 000 人(男女各半),惠州学院、韶关学院每个年级 1 500 人(男女各半)。其中,每所学校每学年 4 个年级,3 个学年累计为 6 个年级(排除学年间重复计算年级),前 3 所学校每所学校学生为 12 000 人,计 36 000 人,后 2 所学校每所为 9 000 人,计 18 000 人,以上共计 54 000 人。

二、研究方法

根据教育部要求,5 所高校测试仪器均为教育部指定的产品,选择测试项目相同,所有数据采用 SPSS 13.0 软件进行分析,差异显著性检验采用单因素方差分析,以 $P<0.05$ 为显著性标准、$P<0.01$ 为非常显著性标准。

三、结果

1. 5 所高校 3 个年度《2007 标准》总平均成绩及等级分布与分析

由表 3-11 可知,5 所高校 2007、2008、2009 年度《2007 标准》总体平均成绩呈逐年降低趋势,2009 年度与 2007、2008 年度相比呈非常显著降低($P<$ 0.01)。其中优秀率、不及格人数 3 个年度相比基本平稳。与 2005 年度国家公布的《2002 标准》测试结果不及格率 3.44% 相比大幅提高,而优秀率大幅度降低;与新疆高职高专院校学生《2007 标准》优秀率 6.6%、不及格率 12.2% 相比比较接近[②]。但与石道兴等[③]报道的中国矿业大学等 5 所高校 66 590 名大学生 2007—2008 学年度国家学生体质健康标准不及格率 21.50% 相比差别较大,广

---

① 中华人民共和国教育部,国家体育总局.教育部国家体育总局关于实施《国家学生体质健康标准》的通知[Z].北京:教体艺[2007]8 号.

② 要秀丽.新疆高专院校《国家学生体质健康标准》实施情况调查分析[D].乌鲁木齐:新疆师范大学,2009.

③ 石道兴,张清华.普通高校执行国家学生体质健康标准的探讨[J].吉林体育学院学报,2009,25(4):137-138.

东省高校《2007 标准》成绩明显优于前者。郑殷珏等[1]通过实验研究报道,采用《2007 标准》评价后的不及格比例明显增大,从原来的 0.3％提高到 23.9％,而优良比例却由原来的 60.2％降低到 27.5％。

表 3-11   2007、2008、2009 年度总成绩及等级分布($n=54\,000$)

年度	年度人数	平均成绩		平均成绩等级分布/％			
				优秀	良好	及格	不及格
2007	36 000	$\bar{X}$	73.31	5.36	31.82	47.34	15.48
		S	11.98				
2008	36 000	$\bar{X}$	72.98	6.06	50.93	29.11	13.90
		S	11.92				
2009	36 000	$\bar{X}$	71.68#	4.56	46.64	37.90	10.90
		S	12.04				

注:"#"表示 2009 年度与 2007、2008 年度相比,$P<0.01$,总平均成绩非常显著降低。

由此,广东普通高校 3 个年度总体平均成绩处于中上水平,以《标准》及格率为标准判断基本达到阳光体育运动要求的目标。

2. 5 所高校 3 个年度肺活量、台阶结果分析

由表 3-12 知,2007、2008、2009 年度肺活量、台阶测试成绩明显低于 3 个年度的总平均成绩,说明 5 所高校大学生肺功能低于《国家学生体质健康标准》评价体系中整体健康水平。其中 2007、2008、2009 年度肺活量成绩等级优秀率明显高于 3 个年度总平均成绩优秀率,不及格率相差不大,说明 5 所大学大学生肺活量成绩呈两极分化趋势。此成绩优于李建园等[2]报道的宁波大学 2007 年度肺活量不及格率 18.1％、优秀率 17.0％的成绩分布。3 个年度台阶平均成绩明显高于总平均成绩,优秀率明显高于总平均成绩优秀率,不及格率明显降低。并且 3 个年度优秀率与良好率和均超过 60％,呈偏态分布。谭飚等[3]报道的宁波大学 2007 级学生参加台阶试验的男生及格率和不及格率合计比率高达68.02％,优秀率只有 6.98％,与广东 5 所高校相比相差甚远,说明广东高校大学学生心脏机能(耐力水平)优于宁波大学。

---

[1]   郑殷珏,方爱莲,蔡金明,等.《国家学生体质健康标准》与《学生体质健康标准(试行方案)》的比较研究[J].体育科学,2009,29(7):92-96.

[2]   李建园,吴秋林.《国家学生体质健康标准》评价指标的实施试验[J].体育学刊,2009,16(9):68-73.

[3]   谭飚,周永平,李新孝.宁波大学 2007 级学生体质健康状况研究[J].湖南文理学院学报(自然科学版),2009,21(1):90-94.

表 3-12　2007、2008、2009 年度肺活量、台阶结果(n＝54 000)

年度		平均成绩	等级分布/%				平均成绩	等级分布/%			
			优秀	良好	及格	不及格		优秀	良好	及格	不及格
2007	$\bar{X}$	67.29	15.41	32.43	35.02	17.14	74.67	26.58	35.98	30.81	6.63
	S	22.60					17.27				
2008	$\bar{X}$	68.67#	27.74	29.75	28.62	13.89	76.01#	31.71	33.14	25.88	9.27
	S	25.14					18.94				
2009	$\bar{X}$	68.06	28.30	27.14	30.58	13.98	73.98	25.55	36.64	28.07	9.74
	S	25.15					19.56				

注:"#"表示 2008 年度与 2007、2009 年度相比,$P<0.01$,肺活量、台阶成绩非常显著提高。

另外,通过 3 个年度肺活量与台阶成绩比较发现,肺活量与台阶成绩并非同步提高,原因是:同一个体一次肺活量大小主要取决于胸廓发育水平以及呼吸肌力量的大小,还可能受到仪器设计缺陷、测试方法的影响[1]。台阶成绩反映个体心血管机能定量负荷时动员快慢、潜力大小、恢复快慢水平,相比于肺活量更易表现出后天锻炼效应。

3. 5 所高校 3 年度每个年级肺活量结果比较分析

由表 3-13 知:2007 年度 2006 级肺活量指数、成绩均非常明显低于 2004、2005、2007 级($P<0.01$),其优秀率最低,不及格率最高。2008 年度 2006 级肺活量成绩仍最低($P<0.01$);2005 级优秀率最高,比上一年度高一倍多;2007 级不及格率最低;2006 级优秀率与不及格率都有所提高,成绩明显分化,导致总平均成绩最低。2009 年度 2009 级肺活量成绩与其他 3 个年级相比均非常显著提高($P<0.01$),表现出新生良好的肺功能水平。2006 级学生肺活量不及格率与上年度相比仍较高。

4. 3 年度每个年级台阶平均成绩、等级分布结果与分析

由表 3-14 知,2007 年度 2007 级学生台阶成绩非常显著提高($P<0.01$),优秀率高于 2004 级一倍多,优秀率与良好率的和超过 70%,明显偏态分布。2008 年度 2008 级学生台阶成绩非常显著提高($P<0.01$),优秀率高达 36.71%,2006 级成绩与上年度相比进一步下降,不及格率达到 12.29%。由此可见,2007、2008 年度入学新生表现出良好的心脏机能能力。2009 年度 2009 级学生台阶成绩低于 2007、2008 级,未表现出入学新生心脏机能良好优势。其原因可

---

①　张宗国.影响《国家学生体质健康标准》测试结果的主客观因素分析[J].体育科学,2009,29(9):86-91.

表 3-13 2007、2008、2009 年度每年级肺活量结果比较($n = 54\ 000$)

年度			肺活量指数	平均成绩	成绩等级/%			
					优秀	良好	及格	不及格
2007	2004 级	$\overline{X}$	59.38	70.65	18.35	32.26	37.73	11.66
		S	13.14	21.90				
	2005 级	$\overline{X}$	58.62	66.91	15.21	33.17	39.88	11.74
		S	12.41	21.89				
	2006 级	$\overline{X}$	57.04▲	63.62▲	11.03	29.37	42.25	17.35
		S	13.13	23.29				
	2007 级	$\overline{X}$	59.41	67.96	19.25	33.78	35.34	11.63
		S	13.41	22.74				
2008	2005 级	$\overline{X}$	62.45	69.87	35.02	26.68	24.03	14.27
		S	17.23	26.74				
	2006 级	$\overline{X}$	61.35	66.23▲	29.23	23.24	26.93	20.60
		S	20.04	27.28				
	2007 级	$\overline{X}$	61.81	71.71	27.24	35.67	29.57	7.52
		S	14.06	21.83				
	2008 级	$\overline{X}$	59.09▲	22.80	19.47	33.41	33.93	13.19
		S	14.05	23.58				
2009	2006 级	$\overline{X}$	59.75	65.85	27.85	23.06	28.89	20.32
		S	16.43	27.09				
	2007 级	$\overline{X}$	60.90	68.96	28.49	27.65	31.15	12.71
		S	15.51	24.27				
	2008 级	$\overline{X}$	59.67	67.61	23.04	30.23	34.11	12.62
		S	14.30	23.59				
	2009 级	$\overline{X}$	61.50▼	69.83▼	33.84	27.83	28.15	10.18
		S	16.52	25.35				

注:"▲"表示同一年度不同年级间相比,$P < 0.01$,肺活量指数、成绩呈非常显著差异;"▼"表示 $P < 0.05$,肺活量指数、成绩呈显著差异。

能是:2007 年启动阳光体育运动后,各级中学重视了学生的体育锻炼,并取得一定成效但能否继续有效开展还有待观察。总之,2007、2008 级表现出入学新生良好的心脏机能能力,2009 级在 2009 年度表现出入学新生良好的肺功能能力。

表 3-4 2007、2008、2009 年度每年级台阶结果比较(n＝54 000)

年度			肺活量指数	平均成绩	成绩等级/%			
					优秀	良好	及格	不及格
2007	2004 级	$\bar{X}$	59.38	70.65	18.35	32.26	37.73	11.66
		S	13.14	21.90				
	2005 级	$\bar{X}$	58.62	66.91	15.21	33.17	39.88	11.74
		S	12.41	21.89				
	2006 级	$\bar{X}$	57.04▲	63.62▲	11.03	29.37	42.25	17.35
		S	13.13	23.29				
	2007 级	$\bar{X}$	59.41	67.96	19.25	33.78	35.34	11.63
		S	13.41	22.74				
2008	2005 级	$\bar{X}$	62.45	69.87	35.02	26.68	24.03	14.27
		S	17.23	26.74				
	2006 级	$\bar{X}$	61.35	66.23▲	29.23	23.24	26.93	20.60
		S	20.04	27.28				
	2007 级	$\bar{X}$	61.81	71.71	27.24	35.67	29.57	7.52
		S	14.06	21.83				
	2008 级	$\bar{X}$	59.09▲	22.80	19.47	33.41	33.93	13.19
		S	14.05	23.58				
2009	2006 级	$\bar{X}$	59.75	65.85	27.85	23.06	28.89	20.20
		S	16.43	27.09				
	2007 级	$\bar{X}$	60.90	68.96	28.49	27.65	31.15	12.71
		S	15.51	24.27				
	2008 级	$\bar{X}$	59.67	67.61	23.04	30.23	34.11	12.62
		S	14.30	23.59				
	2009 级	$\bar{X}$	61.50▼	69.83▼	33.84	27.83	28.15	10.18
		S	16.52	25.35				

注:"▲"表示同一年度不同年级间相比,$P<0.01$,肺活量指数、成绩呈非常显著差异;"▼"表示 $P<0.05$,肺活量指数、成绩呈显著差异。

5.5 高所校 3 个年度肺活量成绩比较与分析

由表 3-15 知,3 个年度肺活量平均成绩女生非常明显高于男生($P<0.01$),不及格率低于 3 个年度肺活量总平均成绩不及格率,同时低于 3 个年度总平均成绩不及格率,说明女生肺活量成绩、不及格率均优于男生。与新疆高职高专

院校学生《2007 标准》汉族女生 12.3% 不及格率相比比较接近,但男生高于新疆高职高专院校汉族 10.3% 的不及格率[①]。

《2007 标准》中肺活量是必测项目,分值由 15 分提升为 20 分。《2002 标准》中男、女生肺活量指数为 75、61,成绩为 100 分,在《2007 标准》中肺活量指数提高到 84、70,成绩为 100 分,评分标准提高了 9 个指数点,尽管男女生评分标准均提高了 9 个指数点,但由于肺活量指数起评点相差较大[②],造成肺活量指数虽相等,但肺活量成绩存在差别,这是导致女生成绩优于男生的因素之一。

表 3-15 2007、2008、2009 年度肺活量成绩按性别比较结果

		肺活量成绩	成绩等级/%			
			优秀	良好	及格	不及格
男	$\overline{X}$	67.73	25.46	27.14	32.19	15.21
	S	25.16				
女	$\overline{X}$	69.43#	22.53	32.45	33.15	11.87
	S	22.95				

注:"#"表示三个年度总计成绩男女相比,$P<0.01$,肺活量成绩呈非常显著差异。

6.5 所高校 3 个年度台阶平均成绩、等级分布按性别比较与分析

由表 3-16 知,女生台阶合计成绩非常明显高于男生($P<0.01$),且高于 3 个年度总平均成绩。男生不及格率高于 3 个年度台阶总平均成绩不及格率,女生不及格率则较低。但男、女生台阶不及格率均低于年度总平均成绩不及格率;并且,3 个年度合计台阶成绩优秀率与良好率之和均大于及格与不及格率之和呈偏态分布,说明男女生心脏功能在《2007 标准》整体体质健康评价中处于较好水平,且女生优于男生。

谭飚等[③]报道,宁波大学 2007 级学生参加台阶试验的男生及格率和不及格率合计比率高达 68.02%,女生仅为 54.22%;男生台阶试验成绩不及格率为 23.54%,而女生只有 7.3%,表明女生的成绩好于男生。我们的研究结果与此结论成绩分布特点基本一致,但广东省 5 所高校学生台阶成绩较好。

---

① 要秀丽.新疆高职高专院校《国家学生体质健康标准》实施情况调查分析[D].乌鲁木齐:新疆师范大学,2009.

② 中华人民共和国教育部,国家体育总局,《国家学生体质健康标准解读》编委会.《国家学生体质健康标准》解读[M].北京:人民教育出版社,2007.

③ 谭飚,周永平,李新孝.宁波大学 2007 级学生体质健康状况研究[J].湖南文理学院学报(自然科学版),2009,21(1):90-94.

表 3-16　2007、2008、2009 年度台阶成绩按性别比较结果($n=54\,000$)

		台阶成绩	成绩等级/%			
			优秀	良好	及格	不及格
男	$\overline{X}$	74.09	26.98	33.45	28.37	11.20
	S	18.56				
女	$\overline{X}$	75.68#	28.95	36.06	27.14	7.85
	S	18.54				

注:"#"表示三个年度总计成绩男女相比,$P<0.01$,台阶指数、成绩呈非常显著差异。

台阶试验在《2007 标准》评价中分值由 20 分升为 30 分,评分标准也大幅上调,在《2002 标准》中,男、女台阶指数为 57、55,得 100 分,在《2007 标准》中只获得 78、81 分[1]。虽然《2007 标准》中男女生评分标准提高的幅度相差不大,但由于男女生台阶指数起评点起点差别较大,如女生 60 分指数点为 42、男生则为 46,良好女生为 49、男生则为 53,指数点相差均为 4 点;但女生优秀成绩(90 分)的起评点为 60、男生则为 67,相差 7 点,导致在《2007 标准》评价中男生取得优秀等级难度更大。

四、研究结论

(1)5 所高校 3 个年度总体平均成绩呈逐年降低,并呈非常显著差异($P<$ 0.01)。

(2)5 所高校大学生肺功能低于《2007 标准》评价体系的整体健康水平,而心脏功能高于《2007 标准》评价体系的整体健康水平。在现有《2007 标准》指标体系下,一方面说明广东大学生心肺功能发展的不同步性,另一方面说明广东大学生耐力素质并未出现 2005 年国家公布的 19~22 岁年龄段耐力素质明显下降的情况。

(3)5 所高校 3 个年度学生肺活量、台阶平均成绩通过每一年级比较发现,2007、2008 级表现出一年级新生良好的心脏机能水平,2009 级表现出新生良好的肺功能水平。这说明"阳光体育运动"开展对防止中学生耐力素质进一步下滑起到一定作用。

(4)5 所高校 3 个年度肺活量、台阶平均成绩按学生性别比较,女生肺活量、台阶成绩均优于男生。此结论与其他高校报道的结果分布趋势基本一致,但两指标指数男女起评点的差别以及指数间距与分数间距的非均等化,仍是造

---

① 中华人民共和国教育部,国家体育总局,《国家学生体质健康标准解读》编委会.《国家学生体质健康标准》解读[M].北京:人民教育出版社,2007.

成女生成绩优于男生的主要原因之一。

五、建议

(1) 根据 5 所高校 3 个年度总体平均成绩逐年降低的现象,通过扩大样本量进一步分析影响不同学校、不同年级、不同个体成绩下降的因素,寻找产生结果的主要原因;统计分析其他 4 项指标的健康水平;调研学生参与体育锻炼项目、强度、时间状况,学校体育课堂教学、课外活动的组织辅导现状,测试方法培训,学生测试态度及测试前的准备,仪器准确度等因素,有针对性地进行健身知识、运动处方指导,测试方法(准备活动、仪器使用、技术动作)集中辅导、主管部门加强健康管理等措施给予改善。

(2) 针对 5 所高校大学生肺功能较差的现象,建议做好以下工作:① 加强呼吸肌力量锻炼:对大学生群体来讲,胸廓发育基本定型,肺活量的成绩主要取决于呼吸肌力量的大小,可通过俯卧撑、卧推、仰卧飞鸟、双杠屈臂伸等力量练习提高其水平。② 加强耐力锻炼:长跑、爬山、游泳、自行车、各种球类等项目练习,既可提高肺活量水平,同时也可提高心脏功能。③ 掌握正确的吹气方法:在目前所有品牌肺活量仪器存在设计缺陷的情况下,掌握其所谓正确的吹气方法也很重要,即以缓慢、中等、均匀速度吹气效果较好。④ 做好充分准备活动:充分的准备活动既可提高肌肉的收缩速度,又可提高力量,对提高肺活量成绩效果明显。

(3) 5 所高校女生肺功能、心脏功能明显优于男生,尤其心脏机能更为突出,事实上女生与男生相比并不存在心肺功能生理上优势,目前也没有充分资料证明女生比男生更喜欢耐力性体育项目或具有更高的锻炼积极性。每年一次的《2007 标准》成绩不仅是大学生在校期间参与各种评优的主要指标,而且是毕业的必需条件。因此,通过全国高校大样本数据统计分析,更准确掌握形成男女生心肺功能差别的实质,以及通过实验研究科学调整两指标指数、男女起评点的差别以及指数间距与分数间距的非均等化,是解决男女生评分公平的关键问题。

第四章 修订:《国家学生体质健康标准》进一步完善

修订后《2014 标准》与《2007 标准》的比较

一、测试对象的划分更加细化

从表 4-1 可以看出,小学学段由原来的 3 组增至 6 组,初中、高中学段各由之前的 1 组增至 3 组,大学学段则由 1 组增至 2 组。更细致的分组,缩小了各组学生的年龄差,对于研究各年龄段学生在体质方面存在的共性问题及原因,可以提供更为准确的数据。

表 4-1 测试项目与组别

测试对象	单项指标	权重/%
小学一年级至大学四年级	体重指数(BMI)	15
	肺活量	15
小学一、二年级	50 m 跑	20
	坐位体前屈	30
	1 min 跳绳	20
小学三、四年级	50 m 跑	20
	坐位体前屈	20
	1 min 跳绳	20
	1 min 仰卧起坐	10
小学五、六年级	50 m 跑	20
	坐位体前屈	10
	1 min 跳绳	10
	1 min 仰卧起坐	20
	50 m×8 往返跑	10

表 4-1(续)

测试对象	单项指标	权重/%
初中、高中、大学各年级	50 m 跑	20
	坐位体前屈	10
	立定跳远	10
	引体向上(男)仰卧起坐(女)/1 min	10
	1 000 m 跑(男)/800 m 跑(女)	0

二、取消选测项目

《2014 标准》不再有选测项目，而是根据各阶段学生身体发育的不同情况，设置了符合不同年龄段学生的测试项目。而投掷实心球及篮球、排球等球类运动在学生体测舞台上的"谢幕"，也恰恰反映了新版《标准》更加注重对学生身体机能和素质的考察，而减少了对运动能力的考察。

三、分值构成变化

《2014 标准》的学年总分由标准分与附加分之和构成，满分为 120 分。标准分由各单项指标得分与权重乘积之和组成，满分为 100 分。附加分根据实测成绩确定，即对成绩超过 100 分的加分指标进行加分，满分为 20 分。具体规定：小学的加分指标为 1 min 跳绳，加分幅度为 20 分；初中、高中和大学的加分指标为男生引体向上和 1 000 m 跑，女生 1 min 仰卧起坐和 800 m 跑，各指标加分幅度均为 10 分。附加分值的设定摆脱了以往"一碗水端平"的平均主义，使得体质好的学生真正能凸显出来，得到更为科学、公平的评价。同时，附加分还能起到一种激励的作用，刺激更多的学生加强体育锻炼。而在旧标准中关于"学生每天锻炼一小时，年终加 5 分"的表述在新修订的标准中则不见了踪影。可见，随着阳光体育活动在全国各地的广泛开展，"每天锻炼一小时"已成为学生的常态化活动，也是对于学校体育工作最基本的要求。

四、评定等级变化

根据学生学年总分评定等级：90.0 分及以上为优秀，80.0～89.9 分为良好，60.0～79.9 分为及格，59.9 分及以下为不及格。学生测试成绩评定达到良好及以上者，方可参加评优与评奖；成绩达到优秀者，方可获体育奖学分。《2014 标准》将"良好"等级的最低分数提高了 5 分，又将对成绩的评定精确到了小数点后一位，足见教育部对于学生体质测试要求之严格。此外，在学生评优评先的要求上，《2014 标准》以"评优与评奖"代替了旧《标准》中"三好学生、奖学金评选"的字眼，使"测试成绩达到良好"成为学生参与一切评优与评奖的前提和最基本要求，促使学生朝着身体素质与学业并重的方向迈进。

五、免测规定

确实丧失运动能力、被免予执行《2014 标准》的残疾学生,仍可参加评优与评奖,毕业时《2014 标准》成绩需注明免测。从以前"照顾面子"似的给残疾学生满分,到如今"需注明免测",教育部更为注重学生体质测试成绩的真实性、科学性和合理性,避免"浑水摸鱼""谎报"等情况的发生。

六、上报要求

各学校每学年开展覆盖本校各年级学生的《2014 标准》测试工作,《2014 标准》测试数据经当地教育行政部门按要求审核后,通过"中国学生体质健康网"上传至"国家学生体质健康标准数据管理系统"。测试和数据上传时间由教育行政部门确定。各学校测试数据先通过当地教育行政部门审核再上报,降低了最终上报数据的错误率,也从某种程度上敦促各学校和各地教育部门重视学生体测工作,提高数据的真实性和准确度。而数据上报时间由统一规定变为各地教育行政部门自行确定,灵活的时间安排更有利于各地根据实际情况开展工作,避免出现因"赶时间"而应付、走过场的现象出现。

回顾与反思:《国家学生体质健康标准》修订期待
——基于部分评价指标的分析

由《学生体质健康标准(试行方案)》到更名为《国家学生体质健康标准》(以下简称《标准》)已过去十几年了,《标准》部分指标评价体系与评价标准存在的问题几经沉淀与分离逐步清晰地凸显出来。作为国家层面出台的指导性文件与实施方案,是为了客观评价与改善学生健康水平,某些指标评价方案之粗陋值得每一个人深刻反思。2013 年 5 月 7 日教育部发布了修订《标准》的文件(教体艺司函〔2013〕13 号文),该举措对厘清并完善《标准》评价方案具有里程碑意义。因此,结合对《标准》的理解以及实施《标准》过程中取得的宝贵经验与长期从事《标准》研究工作的学习心得,加之对青少年体质健康现状担忧的责任,对未来《标准》修订提出以下建议,供有关部门与专家参考。

一、重构身高标准体重评分方案

以大学生为例,旧《标准》的评价方案为(表 4-2):基本方法是以 0.9 cm 为单位由低至高划分不同身高段,在同一身高段有 5 级体重评分标准,分别为:营养不良、较低体重、正常体重、超重、肥胖,对应分数为 50、60、100、60、50 分。

该评价方案存在以下问题:

(1)"身高别体重"评价方案落后过时,不符合国际惯例。中国肥胖问题工

表 4-2 大学年级身高(cm)标准体重(kg)及得分值[①]

年级	性别	身高段	营养不良 50 分	较低体重 60 分	正常体重 100 分	超重 60 分	肥胖 50 分
大学	男	144.0~144.9	<41.5	41.5~46.3	46.4~51.9	52.0~53.7	>=53.8
		……	……	……	……	……	……
		190.0~190.9	<62.4	62.4~70.4	70.5~80.5	80.6~83.6	>=83.7
	女	140.0~140.9	<36.5	36.5~42.4	42.5~50.6	50.7~53.3	>=53.4
		……	……	……	……	……	……
		186.0~186.9	<57.3	57.3~66.9	67.0~78.6	78.7~83.3	>=83.4

作组专家认为[②],无论是 1985 年版还是 2000 年修订版"身高别体重"标准均存在无法克服青春期发育早晚导致的个体差异,尤其不能准确区分超重和肥胖。目前国际上也很少国家使用该标准。

(2) 评分间距过大。在同一身高段,0.1 kg 的差距得分即相差 40 分(同样,同一体重值身高相差 1.1 cm 得分也相差 40),撇开评价身高标准体重的目的及生物学意义不谈,仅仅以权重后的 4 分计入测试总分计算,对最终测试结果产生的影响也非常大。因为对中等职业及普通高校大学生群体,测试最终成绩如低于 50 分,将面临不能毕业的尴尬局面。

(3) 时间因素对该指标的影响较大。一个人的体重在一昼夜中以早晨最轻,晚饭后最重,相差约 2 kg;身高则早晨最高,晚上最低,相差约 2~3 cm。而评价方案中某身高段肥胖与正常体重的最小差距不足 2 kg(如,大学男子 144.0~144.9 cm 身高段正常体重的上限为 51.9 kg,肥胖体重的下限为 53.8 kg,相差仅 1.9 kg),仅时间因素一项足可以产生 50 分的差距。

修改建议:已有研究表明,我国个体身体质量指数(BMI)基本服从正态分布[③④⑤],可以通过 BMI 代替"身高标准体重"并借助正态密度函数进行评价,即

① 中华人民共和国教育部,国家体育总局,《国家学生体质健康标准解读》编委会.《国家学生体质健康标准》解读[M].北京:人民教育出版社,2007.
② 中国肥胖问题工作组.中国学龄儿童青少年超重、肥胖筛查体重指数值分类标准[J].中华流行病学杂志,2004,25(2):97-102.
③ 杜树发,翟凤英,葛可佑,等.中国成人体质指数分布状况[J].卫生研究,2001,30(6):339-342,349.
④ 童方,米杰,闫淑娟,等.北京市儿童青少年生长发育现状评估[J].中国儿童保健杂志,2007,15(4):350-352,384.
⑤ 倪伟.上海市大学生体质指数(BMI)的分布特征[J].上海体育学院学报,2004,28(4):76-78.

建立"BMI 值最优点两边以正态密度函数分配评价身高标准体重分值"的数学模型评价方案。基本思路为:① 以大学生为例,可将身高标准体重换算成国际公认的 BMI,结果见表 4-3(其他群体学生均可换算出来)。② 将 BMI 值通过以下公式(数学模型)换算成区间为[50,100](原标准所要求的分值区间。其实可以满足任何要求的分值区间)的对应分值。公式中,S 为 BMI 换算

$$S = \frac{\beta}{\sqrt{2\pi}\sigma}e^{-\frac{(BMI-\mu)^2}{2\sigma^2}} \tag{1-1}$$

后的对应评分值,μ 为 BMI 的最优值,一般情况下取均值,σ,β 为调整参数,使各 BMI 值换算后的 S 值在[50,100]的区间内。③ 按照原标准的 50 分起评、100 分结束,假设 BMI 的评分间距为 0.2(评价间距可调,间距越小,评分越细)则评价结果见表 4-4,此时公式(1-1)中的男、女生的 σ 分别为 3.821 95、5.095 93,β 分别为 958.020 8、1 277.359 5(表 4-5)。

表 4-3　大学年级身高(cm)标准体重(kg)对应的 BMI 值区间

BMI	大学生	
	男	女
min－max	17.0～26.0	16.4～27.2

表 4-4　BMI 值最优点(均值)两边以正态分布密度函数分配评价分数结果

BMI	得分		BMI	得分	
	男	女		男	女
16.0		50.0	22.2	98.34	99.92
16.2		52.32	22.4	97.27	99.69
16.4		54.67	22.6	95.94	99.31
16.6		57.04	22.8	94.38	98.78
16.8		59.41	23.0	92.59	98.09
17.0	50.00	61.79	23.2	90.58	97.27
17.2	53.14	64.17	23.4	88.38	96.30
17.4	56.25	66.54	23.6	85.99	95.19
17.6	59.41	68.88	23.8	83.44	93.95
17.8	62.59	71.20	24.0	80.74	92.59

表 4-4(续)

BMI	得分		BMI	得分	
	男	女		男	女
18.0	65.75	73.49	24.2	77.91	91.10
18.2	68.88	75.73	24.4	74.99	89.50
18.4	71.97	77.92	24.6	71.97	87.80
18.6	74.99	80.05	24.8	68.88	85.99
18.8	77.91	82.11	25.0	65.75	84.09
19.0	80.74	84.09	25.2	62.59	82.11
19.2	83.44	85.99	25.4	59.41	80.04
19.4	85.99	87.80	25.6	56.25	77.92
19.6	88.38	89.50	25.8	53.14	75.73
19.8	90.58	91.10	26.0	50.00	73.49
20.0	92.59	92.59	26.2		71.20
20.2	94.38	93.95	26.4		68.88
20.4	95.94	95.19	26.6		66.54
20.6	97.27	96.30	26.8		64.17
20.8	98.34	97.27	27.0		61.79
21.0	99.15	98.09	27.2		59.41
21.2	99.69	98.78	27.4		57.04
21.4	99.96	99.31	27.6		54.67
21.6	99.96	99.69	27.8		52.32
21.8	99.69	99.92	28.0		50.00
22.0	99.15	100.00			

表 4-5 大学年级段的 σ,β 值

	大学男	大学女
σ	3.821 95	5.095 93
β	958.020 8	1 277.359 5

此评分结果的特点:

(1)克服了原标准评分间距过大的缺点,越接近满分分数差距越小,最大差距仅为2.32分(百分制),加权后仅为0.23分。提高了该指标评价的科学性与合理性。

(2)为防止个别学生的BMI值不在范围内,可将原标准男生17.0～26.0、女生16.4～27.2向两端扩大,只要确定BMI区间、BMI间距、起评点分值,均可通过调整模型的σ,β值得到如表3一样的结果。克服了当遇到个别群体身高过高、过低,体重过大、过小时评分的麻烦。

(3)BMI间距越小,得分间距也越小,评价误差越小,评价结果越精细。

(4)营养状况则通过参照不同人群的BMI值界定。

(5)模型建立后,任何群体均可应用,简单实用。

(6)可根据目前比较公认的营养判断标准对BMI进行分段评价。例如大学生男性,BMI小于17.0为消瘦,18～24为正常,大于28为肥胖[①]。因此,通过调整不同段的BM间距以及得分间距及匀称度,可得到类似表4-6的评价结果。

表4-6 BMI值最优点(均值)两边以正态分布密度函数分配评价分数结果

BMI	得分	BMI	得分	BMI	得分
≤17.0	50.00	17.65	90.38	25.4	91.82
17.05	54.14	17.70	92.96	25.6	88.18
17.10	57.74	17.75	94.23	25.8	86.59
17.15	60.88	17.80	96.34	26.0	83.58
17.20	63..97	17.85	97.15	26.2	80.38
17.25	66.99	17.90	98.59	26.4	76.99
17.30	70.91	17.95	99.80	26.8	72.44
17.35	73.74	18～24	100	27.0	68.74
17.40	76.44	24.2	99.80	27.2	65.91
17.45	79.99	24.4	98.59	27.4	62.99
17.50	82.38	24.8	97.00	27.6	58.97
17.55	85.58	25.0	95.10	27.8	54.88
17.60	97.59	25.2	93.27	≥28.0	50.00

① 中国肥胖问题工作组.中国学龄儿童青少年超重、肥胖筛查体重指数值分类标准[J].中华流行病学杂志,2004,25(2):97-102.

二、 重构不同年级 1 000 m、800 m、台阶指数、肺活量指数成绩在各等级临界值评价方案

根据《标准》将初中以上学生心肺功能指标 1 000 m、800 m、台阶指数、肺活量指数的 100 分、优秀、良好、及格四个临界值整理出来,结果(表 4-6)发现,评价标准漏洞较多,列举如下:

(1)男子台阶指数各年级(初中一大学)等级临界成绩"理想化":台阶指数除满分等级体现年级差别外,其余均呈现无差别的状态,如,良好等级均为 53,及格均为 46。

(2)女子 800 m 与台阶试验各等级临界成绩均未体现年级(年龄)差别(除满分等级相差 12 外):例如,台阶指数优秀标准均分别为 60、良好均为 49、及格均为 42。

(3)女子 800 m 及格等级成绩不均等:初一与初二相差 14″,其余均在 2″以内。

(4)个别相邻年级等级临界成绩差距悬殊,缺乏相关理论支撑:例如,男子 1 000 m:满分等级中初二 3′48″与初三 3′30″相差 18″;良好等级中初二 4′30″与初三 4′10″相差 20″,而其余相差甚小。

(5)个别年级等级临界成绩存在倒置:如,男子 1 000 m 良好等级成绩中高一 4′06″优于高二 4′13″;女子 800 m 及格等级成绩中初一 4′20″优于初二 4′34″等。以上评价标准反映出下列问题:首先挑战了青少年耐力素质随年龄增长而自然增长的生理学规律。据 2005 年中国(汉族)调研资料,男 1 000 m、女 800 m 成绩达到最高水平的年龄均是 19 岁[1]。按照正常学龄计算,初一(12 岁)至大学阶段(18~22 岁)的各等级临界成绩应基本符合以上趋势,呈现逐步提高的结果。其次抹杀了各年级段通过体育课、课外体育活动、阳光体育运动等身体锻炼对心血管机能产生的良性影响效果。在现有形势下,政府与社会对青少年的体质健康越来越关注,对学校开展的各项体育活动效果期望值越来越高,评价标准的制定自然更应严谨与科学。出台男子 1 000 m 良好等级成绩中高一 4′06″优于高二 4′13″,女子 800 m 及格等级成绩中初一 4′20″优于初二 4′34″的评价方案,一定要有充足的理论与大样本实验数据分析解释与说明。否则,难于服众。

(6)男生台阶、肺活量指数各等级临界值标准过高或女生标准过低,导致女

---

① 邓树勋,王建,乔德才.运动生理学[M].北京:高等教育出版社,2009.

生心肺功能明显优于男生的不合理现象。以下研究均反映这一问题。刘静民等[1]针对为 25 315 名参加《标准》测试的清华大学学生进行分析,结果表明:女生优良率为 39.1%,比男生优良率的 26.5% 高出 12.6%($P < 0.01$),女生不及格率为 8.1%,比男生不及格率的 27.3% 低了 19.2%($P < 0.01$),在等级分布上存在男生不及格率偏高的现象。杨骁[2]以常熟理工学院 10 463 名学生为例报道:该校台阶试验男生不及格率为 12.98%,女生不及格率为 3.08%;肺活量测评中女生的各个等级达标成绩均高于男生,合格率高出男生 16%。李华禄[3]对遵义师院 2 758 名学生的《标准》测试结果进行分析,发现:男生肺活量不及格显著高于女生;台阶测评中优良率女生比男生高出 10.11%。张宗国等[4]对广东省 5 所普通高校 2007—2009 年度《标准》数据库共计 54 000 名大学生肺活量、台阶试验 108 000 人次进行统计分析,结果表明:5 所高校 3 个年度肺活量、台阶平均成绩按学生性别比较,女生肺活量、台阶成绩均优于男生($P < 0.01$)。按照生理学原理,同年龄段的一般正常男女性(尤其是大学生)不存在女性在耐力与肺活量方面优于男性的理论依据,导致这一差别的主要原因是评价标准的人为因素。

由此,提出以下修订建议:

(1) 1 000 m、800 m 与台阶试验各等级临界点成绩应体现出青少年耐力素质随年龄增长而自然增长的生理学规律,只有临界点成绩确定下来,才能根据临界点成绩确定评分间距。

(2) 纠正个别相邻年级等级临界成绩差距过大以及相邻年级成绩倒置问题。

(3) 适当提高女生台阶、肺活量指数各等级临界值评分标准,具体提高多少应严格进行大样本实验,以取得可靠、准确的数据为依据。

(4) 本文只做主观性示例,修改后数据见(表 4-7)新标准。数据的科学性、准确性还需后续检验与进一步研究。

---

① 刘静民,邢钰,郭惠珍.《国家学生体质健康标准》大学生评价体系合理性的研究[J].体育文化导刊,2012(3):102-104,120.

② 杨骁.常熟理工学院 2009 年度学生体质健康测试结果分析[J].常熟理工学院学报(自然科学),2010,24(8):105-109.

③ 李华禄.遵义师范学院《学生体质健康标准》测试结果分析[J].遵义师范学院学报,2008,10(1):83-89,91.

④ 张宗国,刘晓辉.广东省普通高校大学生心肺功能动态变化研究:基于《国家学生体质健康标准》数据库的分析[J].山东体育学院学报,2010,26(11):54-57,83.

表 4-7　初中以上各年级心肺功能指标评价等级原数据与修订后数据统计表

等级	年级	临界分值	肺活量体重指数		1000 m（分·秒）		台阶试验		肺活量体重指数		800 m（分·秒）		台阶试验	
			男生						女生					
			旧	新	旧	新	旧	新	旧	新	旧	新	旧	新
满分	初一	100	80	80	3'48"	3'48"	67	67	71	72	3'25"	3'25"	66	67
	初二	100	80	80	3'48"	3'45"	68	68	69	70	3'25"	3'25"	66	67
	初三	100	81	81	3'30"	3'30"	68	68	68	69	3'24"	3'24"	66	67
	高一	100	82	82	3'28"	3'28"	68	69	68	69	3'24"	3'23"	68	69
	高二	100	83	83	3'28"	3'28"	68	71	70	71	3'24"	3'23"	66	70
	高三	100	83	83	3'27"	3'27"	74	74	68	71	3'24"	3'23"	70	71
	大学	100	84	84	3'27"	3'26"	82	82	70	72	3'24"	3'22"	78	79
优秀	初一	90	73	73	4'00"	4'00"	62	62	65	66	3'40"	3'40"	60	61
	初二	90	74	74	4'00"	4'00"	62	62	63	64	3'40"	3'40"	60	61
	初三	90	76	76	3'50"	3'50"	62	62	63	64	3'38"	3'38"	60	61
	高一	90	76	76	3'43"	3'43"	62	63	63	65	3'38"	3'37"	60	62
	高二	90	77	77	3'41"	3'41"	62	64	64	65	3'38"	3'37"	60	62
	高三	90	78	78	3'39"	3'39"	64	64	63	65	3'38"	3'37"	59	62
	大学	90	78	79	3'39"	3'38"	67	67	64	66	3'38"	3'36"	60	63
良好	初一	75	61	61	4'30"	4'30"	53	53	54	55	3'55"	4'05"	49	50
	初二	75	63	63	4'30"	4'25"	52	53	54	55	4'00"	4'00"	49	50
	初三	75	65	65	4'10"	4'10"	53	53	54	55	3'58"	3'58"	49	50
	高一	75	66	66	4'06"	4'06"	53	54	54	56	3'58"	3'56"	49	51
	高二	75	66	66	4'13"	4'03"	53	54	54	56	3'58"	3'56"	49	51
	高三	75	67	67	3'58"	3'58"	53	54	54	56	3'58"	3'56"	49	51
	大学	75	68	68	3'58"	3'56"	53	55	54	57	3'58"	3'54"	49	52
及格	初一	60	47	47	4'50"	4'50"	46	46	40	41	4'20"	4'40"	42	43
	初二	60	48	48	4'50"	4'45"	46	46	40	41	4'34"	4'34"	42	43
	初三	60	50	49	4'35"	4'40"	46	46	40	41	4'23"	4'30"	42	43
	高一	60	52	51	4'31"	4'35"	46	47	41	42	4'23"	4'23"	42	44
	高二	60	53	52	4'38"	4'35"	46	47	41	42	4'23"	4'23"	42	44
	高三	60	53	52	4'33"	4'33"	46	47	41	42	4'23"	4'23"	42	44
	大学	60	55	54	4'33"	4'32"	46	48	43	44	4'23"	4'22"	42	45

三、小结

通过对《标准》部分指标评价方案问题的分析,提出修订《标准》的建设性意见。尽管有些修订方案带有很强的主观性,但遵循运动人体科学的理论与实际思路未变,具体修订数据尚需相关部门进一步的实验论证与检验,但有理由相信通过有关专家、学者的共同努力,一个相对完善、科学的《标准》即将出台。

BMI 数学建模评价《国家学生体质健康标准》
身高体重指标评分标准的可行性及方案研究

2002 年 7 月由教育部、国家体育总局联合下发了《学生体质健康标准(试行方案)》,作为《国家体育锻炼标准》在学校的具体实施,并在第一条指出了它的目的和意义。2005 年全国学生体质健康与健康调研结果表明:学生形态发育继续提高,营养状况继续改善,低血红蛋白等常见病检出率继续下降,握力水平有所提高;但同时也存在一些不可忽视的问题,包括肺活量水平继续呈下降趋势,速度、爆发力、力量耐力素质水平进一步下降,肥胖检出率继续上升,视力不良检出率仍然居高不下。为扭转这种不利局面,切实加强学校体育工作,改善学生体质健康水平,教育部和国家体育总局组织专家在广泛深入调查研究的基础上,对《学生体质健康标准》进行了完善和修改。2007 年,正式将《学生体质健康标准(试行方案)》更名为《国家学生体质健康标准》(以下简称《标准》)。《标准》规定从小学到大学都要进行身高、体重的测试,以每厘米身高的体重分布,采用身高标准体重评价学生身体的匀称度,间接反映学生的营养状况。评价该指标时,身高的单位为 cm,体重的单位为 kg,测试时保留 1 位小数。在同一身高段里面,查表时如体重对应营养不良或肥胖得 50 分(百分制),对应较低体重或超重得 60 分,对应正常体重得 100 分。如果个别学生的身高(太高或太低)在表中查不到时,可按一定方法折算后再查表。身高体重在总分(100 分)的权重系数分别为:小学 1~4 年级为 0.2,其余均为 0.1[①]。但随着《标准》的实施,有关身高体重指标评分标准的合理性、科学性问题逐渐凸显出来,并成为影响《标准》测试结果的准确性的主要因素。因此,寻求科学、合理的身高体重指标评价方法对完善《标准》的整体评价体系,准确反映学生体质健康水平具有重要意义。

---

① 中华人民共和国教育部,国家体育总局. 教育部国家体育总局关于实施《国家学生体质健康标准》的通知[Z]. 北京:教体艺[2007]8 号.

一、《标准》身高体重指标评分标准主要问题

1. 以身高标准体重评价学生身体形态与营养状况观念落后,缺乏理论支撑

我国以身高标准体重评价学生身体形态与营养状况有 1985 年与 2000 年两个版本。1985 年版存在明显缺陷:男女混用同一系列(如 7～14 岁男生和 7～12 岁女生合用同一身高别体重界值),混淆了身体成分的性别差异,造成较大误差;由于当时中国儿童青少年体格发育水平很低,人为取各身高别体重的 P_{80} 为中位数,导致营养不良界值点也被相对拔高,使大量正常体重者也被误筛为"营养不良"。尽管 2000 年版标准对此做了修改,但仍无法根本克服青春期发育早晚导致的个体差异,尤其不能准确区分超重和肥胖[1]。《国家学生体质健康标准》目前使用"身高标准体重"评价学生的身体形态与营养状况(表 4-8)。该指征有两大局限:① 无法克服身体发育早晚的差异影响。按目前的长期趋势估算,即使身高标准体重每 5 年修改一次,也赶不上发达地区的需要;一旦满足该需要,则全国范围内不同群体的身体发育年龄落差将更大;② 身高、体重间的高相关(尤其青春期)对体重评价干扰很大,而身高标准体重(kg/cm)的抗干扰作用远不如身体质量指数(BMI)强。这就是为什么以往实际工作中无法避免以下误差:身材相对高但体重不足者易被误判为"营养不良",而一些又瘦又小(真正的营养不良)者却因体重/身高比例未超出范围而被认为"正常"。为此,新的 WHO 参照值评价学龄儿即时身体营养不良时,已废弃身高标准体重,而以年龄别 BMI 取代[2]。1997 年,国际肥胖委员会(IOTF)在柏林会议上,专家们建议像成年人那样,将 BMI 作为反映学龄儿童、青少年体脂的指数和估计肥胖发病率的参数。近十余年来,中国儿童肥胖发生率逐年上升,但有关儿童肥胖的防治始终受到一个瓶颈因素制约:即缺乏统一的筛查标准。国际生命科学学会中国肥胖问题工作组继研制成以 BMI 指数和腰围为核心的成人超重、肥胖筛查界值点后,经过历时一年多的研究,于 2003 年 11 月正式推出"中国学龄儿童青少年超重、肥胖筛查 BMI 值分类标准"[3]。

日本专家经研究证实,24 和 28 作为 18 岁以上成年人超重、肥胖的 BMI 临界值较适合东亚民族的身体成分特征、体格发育水平和体型特点,且有证据表明当超过该两界值点时,开始出现明显的心血管疾病患病和死亡危险率的上升。

① 中国肥胖问题工作组.中国学龄儿童青少年超重、肥胖筛查体重指数值分类标准[J].中华流行病学杂志,2004,25(2):97-102.

② 季成叶.我国城市中小学生营养不良现状和 20 年动态变化[J].中国儿童保健杂志,2008,16(6):622-625.

③ 中国肥胖问题工作组.中国学龄儿童青少年超重、肥胖筛查体重指数值分类标准[J].中华流行病学杂志,2004,25(2):97-102.

表 4-8　各年级身高(cm)标准体重(kg)及得分值

年级	性别	身高段/cm	营养不良 50分	较低体重 60分	正常体重 100分	超重 60分	肥胖 50分
大学生	男	144.0～144.9	<41.5	41.5～46.3	46.4～51.9	52.0～53.7	≥53.8
		……	……	……	……	……	……
		190.0～190.9	<62.4	62.4～70.4	70.5～80.5	80.6～83.6	≥83.7
	女	140.0～140.9	<36.5	36.5～42.4	42.5～50.6	50.7～53.3	≥53.4
		……	……	……	……	……	……
		186.0～186.9	<57.3	57.3～66.9	67.0～78.6	78.7～83.3	≥83.4
高中生	男	140.0～140.9	<32.1	32.1～40.3	40.4～46.3	46.4～48.3	≥48.4
		……	……	……	……	……	……
		190.0～190.9	<64.6	64.6～75.4	75.5～86.2	86.3～89.8	≥89.9
	女	140～140.9	<33.8	33.8～40.3	40.4～48	48.1～50.5	≥50.6
		……	……	……	……	……	……
		185～185.9	<55.8	55.8～65.3	65.4～76.1	76.2～79.7	≥79.8
初中生	男	123～123.9	<21.4	21.4～28.5	28.6～34.2	34.3～36.2	≥36.3
		……	……	……	……	……	……
		186～186.9	<60.3	60.3～71.3	71.4～82.3	82.4～86.1	≥86.2
	女	121～121.9	<19.8	19.8～25.4	25.5～30.9	31～32.6	≥32.7
		……	……	……	……	……	……
		177～177.9	<49.2	49.2～57.8	57.9～67.4	67.5～70.6	≥70.7
小学生	男	106.0～106.9	<14.8	14.8～16.8	16.9～19.1	19.2～19.8	≥19.9
		……	……	……	……	……	……
		155.0～55.9	<37.1	37.1～43.3	43.4～51.1	51.2～53.4	≥53.5
	女 1—4 年级	106.0～106.9	<14.8	14.8～16.8	17.0～19.4	19.5～20.3	≥20.4
		……	……	……	……	……	……
		155.0～155.9	<36.9	36.9～43.2	43.3～52.0	52.1～54.8	≥54.9
	女 5—6 年级	115.0～115.9	<17.1	17.1～19.4	19.5～24.1	24.2～25.6	≥25.7
		……	……	……	……	……	……
		168.0～168.9	<42.8	42.8～49.1	49.2～58.9	59.0～62.1	≥62.2

注:表中数据根据《国家学生体质健康标准》整理而成,身高低于表中所列出的最低身高段的下限值时,身高每低 1 cm,实测体重需加上 0.5 kg,实测身高需加上 1 cm,再查表确定分值;身高高于表中所列出的最高身高段时,身高每高 1 cm,其实测体重需减去 0.9 kg,实测身高需减去 1 cm,再查表确定分值。

2. 以每厘米身高段的五等级体重值换算值评分间距过大

由表 4-8 可知:各年级均以 1 cm 为单位由低至高划分不同身高段,在同一身高段有 5 级评分标准,分别为:营养不良、较低体重、正常体重、超重、肥胖,对应分数为 50、60、100、60、50 分。由营养不良至肥胖最大跨度为大学女生最高身高段(186.0~186.9 cm)的 57.3 kg 到 83.4 kg 相差 26.1 kg,其中,正常体重跨度为 11.6 kg(67.0~78.6),为确定 5 级评分的体重临界值带来相当难度,尤其是正常体重两端临界值的确定,因为临界值的体重差值只有 0.1 kg,但 0.1 kg 的差值得分却相差 40 分。撇开评价身高标准体重的目的及生物学意义不谈,仅仅以权重后的相差 4 分计入测试总分计算,对最终测试结果产生的影响非常之大。因为对中等职业及普通高校大学生群体,测试最终成绩如低于 50 分,将面临不能毕业的尴尬局面。

但下列因素对身高体重的影响是不可控的,并非随机误差造成:

(1) 时间因素:同一成年个体在一昼夜中以早晨体重最轻,晚饭后体重最重,相差约 2 kg 左右;对任意同一身高段的个体,体重相差 0.1 kg,得分最高相差 40 分,即 60 分与 100 分的差距。身高在一昼夜中则以早晨最高,下午最低,相差约 2~3 cm,对同一体重(如 56.5 kg)在 165.0~165.9 身高段得 100 分,在 166.0~166.9 cm 身高段得分 60 分,其实身高仅相差 0.1 cm[①]。按照教育部文件的测试规则要求,是否在同一时间测量身高和体重并未严格规定,对营养不良者在早晨测量身高、下午测量体重易取得较高成绩等级;而对于超重、肥胖边缘的同学在早晨测量身高和适当控制体重则能取得更高成绩等级。这一漏洞是测试监督,测试过程、仪器无法控制的。如何使身高、体重指标更科学地反映个体身体形态及营养状况还有待进一步研究。

(2) 仪器精确度:国内主流仪器的技术参数的分辨率与精度均达不到身高体重的评分要求。目前国内从事《标准》测试仪器生产的厂家不下十几家,以中华人民共和国学生体质健康网上"产品展示"的北京体适能科技有限公司、北京泰美泉科技有限公司、北京赛康精益信息有限公司生产的身高体重测试仪技术参数为例分析,发现(表 4-9)身高、体重的分辨率均为 0.1 cm、0.1 kg;身高精度在 ±0.2%~±0.5% 之间,体重精度在 ±0.1%~±0.3% 之间(其他品牌如,华夏汇海、中体同方等技术参数与此近似),即身高系统误差为 ±0.2 cm~±0.5 cm,体重系统误差为 ±0.1 kg~±0.3 kg。而身高体重五等级评分的身高、体重临界值均为 0.1,显而易见,所有仪器的精度均达不到该评分标准。

---

① 中华人民共和国教育部,国家体育总局,《国家学生体质健康标准解读》编委会. 国家学生体质健康标准解读[M].北京:人民教育出版社,2007.

表 4-9　国内主流品牌身高体重测试仪主要参数

品牌	测试指标	测量范围	分辨率	精度/%
北京体适能科技有限公司(身高体重测试仪)	身高	90～210 cm	0.1 cm	±0.2
	体重	0～150 kg	0.1 kg	±0.3
北京泰美泉科技有限公司(身高体重测试仪)	身高	90～210 cm	0.1 cm	±0.2
	体重	3～150 kg	0.1 kg	±0.3
北京赛康精益信息有限公司(身高体重测试仪)	身高	90～210 cm	0.1 cm	±0.5
	体重	5～160 kg	0.1 kg	±0.1

3. 身高标准体重筛选肥胖与我国青少年 BMI 分类标准评价筛选肥胖结果差别较大

通过对各年级每一身高段标准体重换算成 BMI 得出小学至大学男女生 BMI 区间(表 4-10)。由表 4-10 可看出,小学至高中阶段,BMI 随着身高段由低到高基本呈现一致性的规律性变化:即,随着身高段的增加,5 级评分临界体重值对应的 BMI 也随之增加,但到大学阶段,则呈现规律性的倒置:即,随着身高段的增加,5 级评分临界体重值对应的 BMI 随之减小。如果按照身高标准体重这一评分标准进行评价,理论上每一身高段都有应该出现超重或肥胖现象,但这一标准与最权威的中国学龄儿童青少年(大学生参照中国成年人标准)超重、肥胖筛查 BMI 分类标准(见表 4-11)[①]评价结果有很大差别。即,将中国学龄儿童青少年(大学生参照中国成年人标准)超重、肥胖筛查 BMI 分类标准与《标准》身高标准体重所对应的 BMI 做回代检验,发现:小学 4、5、6 年级男生(10～12 岁),5～6 年级女生(11～12 岁),初中—大学男女生,均筛选不出肥胖现象。原因是:小学男生的最大 BMI 值为 22.2(出现在最高身高段 155.0～155.9 cm)小于学龄儿童 4 年级以上肥胖所对应的 BMI 值(最低为 22.5);女生 5～6 年级 BMI 最大值为 22.0(出现在最高身高段 168～168.9 cm)小于学龄儿童 5～6 年级肥胖所对应的 BMI 值(最低为 23.3);初中男女生的最大 BMI 值分别为 24.9、22.5(出现在最高身高段)均小于学龄儿童青少年 13～15 岁肥胖标准所对应的 25.7、25.6 的最低值;高中男女生的最大 BMI 值分别为 24.9(出现在最高身高段)、25.8(出现在身高最低段)均小于学龄青少年 15～18 岁肥胖标准所对应的 27.4、27.4 的最低值;大学生男女生的最大 BMI 值分别为 25.9、27.2(均出现在身高最低段)均小于成年人肥胖标准所对应的 28.0 的标准。

---

① 中国肥胖问题工作组.中国学龄儿童青少年超重、肥胖筛查体重指数值分类标准[J].中华流行病学杂志,2004,25(2):97-102.

表 4-10　各年级身高(cm)标准体重(kg)对应的 BMI 值区间

BMI	小学	女		初中		高中		大学	
	男	1～4 年级	5～6 年级	男	女	男	女	男	女
最小值	12.9	12.4	12.6	13.9	13.3	15.9	16.7	17.1	16.4
身高段	106.0 -106.9	114.0 -114.9	120.0 -120.9	123.0 -123.9	121.0 -121.9	145.0 -145.9	146.0 -146.9	199.0 -190.9	186.0 -186.9
最大值	22.2	22.8	22.0	24.9	22.5	24.9	25.8	25.9	27.2
身高段	155.0 -155.9	155.0 -155.9	168.0 -168.9	186.0 -186.9	177.0 -177.9	190.0 -190.9	140.0 -140.9	144.0 -144.9	140.0 -140.9

注:根据《国家学生体质健康标准》换算整理而成。

表 4-11　中国学龄儿童青少年超重、肥胖 BMI 筛选标准 [①]

年龄/岁	男超重	男肥胖	女超重	女肥胖
7—	17.4	19.2	17.2	18.9
8—	18.1	20.3	18.1	19.9
9—	18.9	21.4	19.0	21.0
10—	19.6	22.5	20.0	22.1
11—	20.3	23.6	21.1	23.3
12—	21.0	24.7	21.9	24.5
13—	21.9	25.7	22.6	25.6
14—	22.6	26.4	23.0	26.3
15—	23.1	26.9	23.4	26.9
16—	23.5	27.4	23.7	27.4
17—	23.8	27.8	23.8	27.7
18—	24.0	28.0	24.0	28.0

三、BMI 数学建模评价《国家学生体质健康标准》身高体重指标评分标准的可行性

1. 数学建模的基本原理

数学模型(Mathematical Model)是一种模拟,是用数学符号、数学式子、程

---

① 中国肥胖问题工作组.中国学龄儿童青少年超重、肥胖筛查体重指数值分类标准[J].中华流行病学杂志,2004,25(2):97-102.

序、图形等对实际课题本质属性的抽象而又简洁的刻画，它或能解释某些客观现象，或能预测未来的发展规律，或能为控制某一现象的发展提供某种意义下的最优策略或较好策略。数学模型一般并非现实问题的直接翻版，它的建立既需要人们对现实问题深入细致的观察和分析，又需要人们灵活巧妙地利用各种数学知识。这种应用知识从实际课题中抽象、提炼出数学模型的过程就称为数学建模。

2. BMI 值的分布规律符合数学建模的基本原理

1985 年，北方十三省（区）市营养调查队对我国北方地区（东北、西北和华北）成人共 10 672 名（男 6 354，女 4 318）的身高和体重进行测量，按性别分三个年龄组（18～25，26～45，46 岁以上）并进行了统计学分析。根据身高的均数、标准差，依据正态分布理论[①]，将体型分为五类：高大，中上等，中等，中下等，矮小。说明成人身高符合正态分布。童方等[②]择取 95％可信区间人群作为标准参照人群，按年龄性别计算体重、身高、体质指数（BMI）均值及标准差，对北京市 23 422 例 0～18 岁儿童青少年生长发育状况进行评估，通过参照 WHO 2006 标准利用 Z 值分割，分析 5％极端人群及 95％正常人群分布构成，结果发现：95％区间以内人群体重、身高 Z 值 −1～1 之间（负 1 正 1 之间）构成占 70％左右，呈现类似正态分布。杜树发等[③]根据 1992 年第 3 次全国营养调查资料，选取了 44 485 例 20～60 岁成人，对体质指数（BMI）的性别、年龄分布进行了分析，并采用百分位数法对超重及肥胖的 BMI 界值进行了探讨。结果表明：我国成人 BMI 呈对数正态分布。倪伟随机抽取 4 所高校上海籍中 3 000 名学生作为研究对象，结果显示，上海市大学生 BMI 指数在 14.94～36.29 之间，并服从正态分布理论[④]。以上研究证明，我国国人的 BMI 值均符合正态分布这一客观事实，为采用数学建模解释这一客观现象，并制定最优策略或较好策略的评价方案提供理论支撑。

四、BMI 数学建模评价《国家学生体质健康标准》身高体重指标评分标准的可行性

1. 方案的基本思路

（1）根据现有的学生身高标准体重表换算成国际公认的 BMI，结果见

① 李思汉.我国北方地区成人各类体型不同身高的体重正常值的探讨[J].营养学报，1986，8（2）：98-109.

② 童方，米杰，闫淑娟，等.北京市儿童青少年生长发育现状评估[J].中国儿童保健杂志，2007，15（4）：350-352，384.

③ 杜树发，翟凤英，葛可佑，等.中国成人体质指数分布状况[J].卫生研究，2001，30（6）：339-349.

④ 倪伟.上海市大学生体质指数（BMI）的分布特征[J].上海体育学院学报，28（4）：76-78.

表 4-12。

表 4-12　各年级身高(cm)标准体重(kg)对应的 BMI 值区间

BMI	小学			初中		高中		大学	
	男	女		男	女	男	女	男	女
		1~4 年级	5~6 年级						
最小值	12.0	12.0	12.2	13.4	13.0	16.0	16.0	17.0	16.0
最大值	23.0	23.0	22.2	25.4	23.0	25.0	26.0	26.0	28.0

(2) 验证 BMI 值满足正态分布理论。

(3) 确定标准的起评及结束分值(暂以原来标准的 50 分起 50 分结束评价;准确、完整的评价应有变动)。

(4) 确定 BMI 的最优值:这是评价最关键点。为便于分析,示例该方法,暂以各年级段 BMI 分布的中间值作为最优值。准确、完整评价方案应根据各年级段营养标准 BMI 临界值确定。例如,男大学生营养标准的 BMI 参考标准为:<18 为偏瘦,18.5~24 为正常,24~28 为超重,>28 为肥胖。因此,应将 18~24 作为一个点定为最优点。其余以此类推。

(5) 确定 BMI 的评分间距(以 0.2 间距为例,间距越小评分越细致)。

(6) 通过计算机调整数学模型的 sigma、beta 值使其达到与起评与结束分一致。

2. 评分结果

(1) BMI 评分结果见表 4-13,此时的各年级对应 sigma、beta 值见表 4-14。

3. 评分优点

(1) 克服了原标准评分间距过大的缺点。新标准越接近满分间距越小,最大间距仅为 2.32 分(百分制),加权后仅为 0.232 分。

(2) 纠正个别学生身高体重不在查表区间内,克服了重新计算的烦琐。新标准还可将原标准男生 BMI 17.0~26.0、女生 16.4~27.2 向两端扩大,只要确定 BMI 区间、BMI 间距、起评点分值,均可通过调整模型的 sigma、beta 值,得到如表 4-13 一样的结果。

(3) BMI 间距越小,得分间距也越小,评分越客观。

(4) 营养状况则通过参照不同人群的 BMI 值界定,符合国际惯例。

(5) 该方法使用灵活性强,根据需求可以先确定满分的 BMI 单一数值(如表 4-13 的结果)或一个区间,再将不同年龄段营养正常 BMI 区间作为一个最优点两边评分同样可得出表 4-13 的结果。

表 4-13　BMI 值最优点两边以正态分布密度函数分配评价分数结果

BMI	分数					BMI	分数			
	小学			初中			高中		大学	
	男	女 1~4 年级	女 5~6 年级	男	女		男	女	男	女
12.0	50.00	50.00				16.0	50.00	50.00		50.0
12.2	52.54	52.54	50.00			16.2	53.14	52.79		52.32
12.4	55.10	55.10	52.79			16.4	56.25	55.62		54.67
12.6	57.69	57.69	55.62			16.6	59.41	58.46		57.04
12.8	60.28	60.28	58.46			16.8	62.59	61.32		59.41
13.0	62.88	62.88	61.32		50.00	17.0	65.75	64.17	50.00	61.79
13.2	65.46	65.46	64.17		52.79	17.2	68.88	67.01	53.14	64.17
13.4	68.03	68.03	67.01	50.00	55.62	17.4	71.97	69.81	56.25	66.54
13.6	70.57	70.57	69.81	52.32	58.46	17.6	74.99	72.58	59.41	68.88
13.8	73.07	73.07	72.58	54.67	61.32	17.8	77.92	75.28	62.59	71.20
14.0	75.53	75.53	75.28	57.04	64.17	18.0	80.74	77.92	65.75	73.49
14.2	77.92	77.92	77.92	59.41	67.01	18.2	83.44	80.46	68.88	75.73
14.4	80.24	80.24	80.46	61.79	69.81	18.4	85.99	82.91	71.97	77.92
14.6	82.47	82.47	82.91	64.17	72.58	18.6	88.38	85.24	74.99	80.05
14.8	84.62	84.62	85.24	66.54	75.28	18.8	90.58	87.44	77.91	82.11
15.0	86.66	86.66	87.44	68.88	77.92	19.0	92.59	89.50	80.74	84.09
15.2	88.58	88.58	89.50	71.20	80.46	19.2	94.38	91.41	83.44	85.99
15.4	90.39	90.39	91.41	73.49	82.91	19.4	95.94	93.15	85.99	87.80
15.6	92.06	92.06	93.15	75.73	85.24	19.6	97.27	94.71	88.38	89.50
15.8	93.59	93.59	94.71	77.92	87.44	19.8	98.34	96.09	90.58	91.10
16.0	94.98	94.98	96.09	80.04	89.50	20.0	99.15	97.27	92.59	92.59
16.2	96.20	96.20	97.27	82.11	91.41	20.2	99.69	98.24	94.38	93.95
16.4	97.27	97.27	98.24	84.09	93.15	20.4	99.96	99.01	95.94	95.19
16.6	98.16	98.16	99.01	85.99	94.71	20.6	99.96	99.56	97.27	96.30
16.8	98.88	98.88	99.56	87.80	96.09	20.8	99.69	99.89	98.34	97.27
17.0	99.42	99.42	99.89	89.50	97.27	21.0	99.15	100.00	99.15	98.09
17.2	99.79	99.79	100.00	91.10	98.24	21.2	98.34	99.89	99.69	98.78

表 4-13（续）

	分数						分数			
	小学			初中			高中		大学	
BMI	男	女		男	女	BMI	男	女	男	女
		1～4年级	5～6年级							
17.4	99.97	99.97	99.89	92.59	99.01	21.4	97.27	99.56	99.96	99.31
17.6	99.97	99.97	99.56	93.95	99.56	21.6	95.94	99.01	99.96	99.69
17.8	99.79	99.79	99.01	95.19	99.89	21.8	94.38	98.24	99.69	99.92
18.0	99.42	99.42	98.24	96.30	100.00	22.0	92.59	97.27	99.15	100.00
18.2	98.88	98.88	97.27	97.27	99.89	22.2	90.58	96.09	98.34	99.92
18.4	98.16	98.16	96.09	98.09	99.56	22.4	88.38	94.71	97.27	99.69
18.6	97.27	97.27	94.71	98.78	99.01	22.6	85.99	93.15	95.94	99.31
18.8	96.2	96.2	93.15	99.31	98.24	22.8	83.44	91.41	94.38	98.78
19.0	94.98	94.98	91.41	99.69	97.27	23.0	80.74	89.5	92.59	98.09
19.2	93.59	93.59	89.50	99.92	96.09	23.2	77.92	87.44	90.58	97.27
19.4	92.06	92.06	87.44	100.00	94.71	23.4	74.99	85.24	88.38	96.30
19.6	90.39	90.39	85.24	99.92	93.15	23.6	71.97	82.91	85.99	95.19
19.8	88.58	88.58	82.91	99.69	91.41	23.8	68.88	80.46	83.44	93.95
20.0	86.66	86.66	80.46	99.31	89.5	24.0	65.75	77.92	80.74	92.59
20.2	84.62	84.62	77.92	98.78	87.44	24.2	62.59	75.28	77.91	91.10
20.4	82.47	82.47	75.28	98.09	85.24	24.4	59.41	72.58	74.99	89.50
20.6	80.24	80.24	72.58	97.27	82.91	24.6	56.25	69.81	71.97	87.80
20.8	77.92	77.92	69.81	96.30	80.46	24.8	53.14	67.01	68.88	85.99
21.0	75.53	75.53	67.01	95.19	77.92	25.0	50.00	64.17	65.75	84.09
21.2	73.07	73.07	64.17	93.95	75.28	25.2		61.32	62.59	82.11
21.4	70.57	70.57	61.32	92.59	72.58	25.4		58.46	59.41	80.04
21.6	68.03	68.03	58.46	91.10	69.81	25.6		55.62	56.25	77.92
21.8	65.46	65.46	55.62	89.50	67.01	25.8		52.79	53.14	75.73
22.0	62.88	62.88	52.79	87.80	64.17	26.0		50.00	50.00	73.49
22.2	60.28	60.28	50.00	85.99	61.32	26.2				71.20
22.4	57.69	57.69		84.09	58.46	26.4				68.88
22.6	55.1	55.1		82.11	55.62	26.6				66.54

表 4-13(续)

BMI	分数 小学 男	分数 小学 女 1~4年级	分数 小学 女 5~6年级	分数 初中 男	分数 初中 女	BMI	分数 高中 男	分数 高中 女	分数 大学 男	分数 大学 女
22.8	52.54	52.54		80.04	52.79	26.8				64.17
23.0	50.00	50.00		77.92	50.00	27.0				61.79
23.2				75.73		27.2				59.41
23.4				73.49		27.4				57.04
23.6				71.20		27.6				54.67
23.8				68.88		27.8				52.32
24.0				66.54		28.0				50.00
24.2				64.17						
24.4				61.79						
24.6				59.41						
24.8				57.04						
25.0				54.67						
25.2				52.32						
25.4				50.00						

表 4-14 各年级段的 sigma、beta 值

	小学男 1~6、女 1~4 年级	小学女 5~6 年级	初中男	初中女
sigma	4.671 27	4.246 61	5.095 93	4.246 61
beta	1.170 9e+003	1.064 5e+003	1.277 4e+003	1.064 5e+003
	高中男	高中女	大学男	大学女
sigma	3.821 95	4.246 61	3.821 95	5.095 93
beta	958.020 8	1.064 5e+003	958.020 8	1.277 4e+003

4. 回代验证

（1）正常评价验证：以男大学生为例，56.5 kg 体重在 165.0～165.9 cm 身高段属正常体重，得 100 分，在 166.0～166.9 cm 身高段属较低体重，得分 60 分，

身高仅相差 0.1 cm,得分相差 40[①]。现将 165.0～165.9 cm 身高段与 166.0～166.9 cm 身高段的 BMI 最大差值计算出来分别是 20.8 与 20.3,通过查表 4-13 可知,分别得 98.34、95.16 分相差不大。符合 BMI 在正常范围的分数特征。同样,对同一身高段的个体,体重相差 0.1 kg,得分最高相差 40 分的现象,通过 BMI 密度函数评价得分相差也很小。

(2)误差数据验证:以男大学生 56.5 kg 体重为例,在 165.0～165.9 cm 身高段属正常体重,得 100 分。如果以仪器最大误差±0.5% 测量身高,可将 165.0～165.9 cm 身高段扩大为 164.1～166.7 cm 身高段,通过查表 4-8 知,56.5 kg 体重在 166.7 cm 身高段属较低体重,得分 60 分。而通过计算 BMI 值(20.9、20.3)查密度函数计算结果仅相差不到 4 分。最大限度地减小仪器系统误差的影响。

五、研究总结

身高体重作为《标准》中各年龄段的必测项目,其评价方案存在观念落后、方法过时、评分间距过大、误差较大以及无法准确筛选我国青少年超重与肥胖等问题,提出利用 BMI 数学建模评价身高体重指标评分标准的可行性及方案。具体方案是 BMI 值最优点两边以正态分布密度函数分配评价身高体重分数。通过回代验证证明了该方法具有以下评分优点:① 评分客观、误差小:原标准评分间距最大 40 分,现最大间距仅为 2.32 分(百分制),加权后仅为 0.232 分;② 使用方便:只要确定 BMI 区间、最优点(一个值或一个区间)BMI 间距、起评、结束点分值,均可通过计算机调整模型的 sigma、beta 值,得到预期的结果;BMI 间距越小,得分间距也越小,评分越客观;③ 符合国际惯例:是营养状况的筛选与判定方法国际上公认的参照不同人群的 BMI 值界定。

密度函数评价《国家学生体质健康标准》 BMI 评分方案的应用研究

一、研究目的

针对 2014 年修订的《国家学生体质健康标准》(以下简称《标准》)BMI 指标评分方法存在缺陷,首次提出运用密度函数评价 BMI 的评分方案,使《标准》评价体系进一步完善与合理。

---

① 李思汉.我国北方地区成人各类体型不同身高的体重正常值的探讨[J].营养学报,1986,8(2):98-109.

二、研究方法

（1）文献资料法:通过查阅与体质健康、数学建模等有关的国内外文献资料,梳理研究思路,为后续研究打好基础。

（2）数学建模法:用数学符号、数学式子、程序等对《标准》BMI 指标属性进行抽象而又简洁的刻画,解释 BMI 评分的规律,提出 BMI 评价的最优策略或较好策略。

（3）数理统计法:针对《标准》以及数学模型运算出的大量数据,进行细致的统计与整理。

（4）对比分析法:也称比较分析法,是把客观事物加以比较,以达到认识事物的本质和规律并做出正确的评价。

三、存在的问题

（1）随意将原标准（表 4-15）的营养不良与肥胖 50 分、较低体重与超重 60 分、正常 100 分,提高为肥胖 60 分、低体重与超重 80 分、正常 100 分。此更改 BMI 起评点分值缺乏理论与实践支撑。原因是:其他所有指标的起评分均以 10 分开始,评分区间在 10～100 分（排除附加分）,而 BMI 评分区间原本为 50 分起评,原本差距较大,提高到 60 分不仅进一步加大了与其他指标的起评分值,而且加剧了该指标的无效评价（也就是说,BMI 再怎么差也能得 60 分,与总评低于 50 分不能毕业的要求似乎有点整脚）;再者,作为一个已实施十几年的国家层面政策与评价标准,在无充分论证的前提下做出修改也显得过于随意与浮躁。

表 4-15　各年级身高(cm)标准体重(kg)及得分值

年级	性别	身高段/cm	营养不良	较低体重	正常体重	超重	肥胖
			50 分	60 分	100 分	60 分	50 分
大学生	男	144.0～144.9	<41.5	41.5～46.3	46.4～51.9	52.0～53.7	>=53.8
		⋮	⋮	⋮	⋮	⋮	⋮
		190.0～190.9	<62.4	62.4～70.4	70.5～80.5	80.6～83.6	>=83.7
	女	140.0～140.9	<36.5	36.5～42.4	42.5～50.6	50.7～53.3	>=53.4
		⋮	⋮	⋮	⋮	⋮	⋮
		186.0～186.9	<57.3	57.3～66.9	67.0～78.6	78.7～83.3	>=83.4

注:根据《国家学生体质健康标准》整理而成,以大学为例。

（2）等级评价导致临界值评分误差过大,不符合营养状况实际,有失公平。以大学男生为例,17.9 与 17.8 是正常与低体重的临界值,23.9 与 24 是正常与超重的临界值,27.9 与 28 是超重与肥胖的临界值。BMI 差值虽然为 0.1,但等级不同,性质有别,分差巨大,而实际的身体形态与机能无本质区别;但涉及同一等级区间内则无法区别评价(撇开正常等级)。刘汉生[1]报道常熟理工学院 10 239 名在校大学生 BMI 最大值为 42.98,最小值 13.90;杨国标和孙昌军等分别公布了西安地区、山东部分高校大学生的 BMI 最大值分别为 36.65 与 35.1[2][3]。由此,同样在肥胖区间,BMI42(或更高)的肥胖程度与 BMI28 的肥胖在形体上应有明显差别,更重要的是严重肥胖程度对身体机能或健康的影响会更明显,但两者得分却无差别,即属于典型的无效评价。撇开评价 BMI 的目的及生物学意义不谈,仅仅以权重后的 2~4 分计入测试总分计算,对最终测试结果产生的影响非常之大。因为对中等职业及普通高校大学生群体,测试最终成绩如低于 50 分,将面临不能毕业的尴尬局面。同时也不利于通过评分高低的直接影射,干预个体的营养、运动、健康状况以及肥胖带来的死亡风险。2007 年的数据显示,全球每年有 260 万人死于肥胖或超重[4],现在的状况可能更糟糕。

另外,不同个体间的 BMI 值为 0.1 的差值并非是其真正的营养状况或身体形态的内涵表现,因为下列因素对 BMI 的影响是不可控的,并非随机误差造成:① 时间因素:同一成年个体在一昼夜中以早晨体重最轻,晚饭后体重最重,相差约 2 kg 左右,而身高在一昼夜中则以早晨最高,下午最低,相差约 2~3 cm。假设某个体身高 160 cm、早晨称体重 60 kg,BMI 值($60/1.6^2$)为 23.4,属正常范围得分 100 分,晚上称体重可能达到 62 kg 或更多,此时 BMI 值($62/1.6^2$)为 24.2 属超重范围,得分为 80 分[5]。对营养不良者在早晨测量身高、下午测量体重易取得较高 BMI 成绩等级;而对于超重、肥胖边缘的同学在早晨测量身高和适当控制体重同样能取得更高 BMI 成绩等级。这一现象是测试监督、测试过程、仪器无法控制的。② 仪器精确度:国内主流仪器的技术参数的分辨率与精度均达不到 BMI 评分表跨越临界值评分细则的要求(即控制 BMI 误差在 0.1 范围内)。由表 4-16 可知,身高精度在 ±0.2%~±0.5% 之间,体重精度在 ±0.1%~±0.3% 之间,即身高系统误差为 ±0.2 cm~±0.5 cm,体重系统误差为 ±0.1 kg~±0.3 kg[6]。举例说明:某个体实际体重 61.3 kg、身高 1.6 m,BMI=$61.3/1.6^2$=23.9,属正常范围,得分 100;由于仪器精度原

① 刘汉生.在校大学生身体形态研究——以常熟理工学院为例[J].兰州教育学院学报,2015,31(3):125-127.

② 孙昌军,李思民,高红.BMI 指数与大学生体质测试指标相关分析——以曲阜师范大学和山东师范大学为例[J].曲阜师范大学学报(自然科学版),2016,42(3):111-116.

③ 杨国标.西安地区高校大学生在校期间 BMI 指数的研究[J].当代体育科技,2013,3(1):15-16.

④ 陈东方.WHO,狙击全球肥胖症[J].医学世界,2007,(8):24-27.

⑤ 中华人民共和国教育部、国家体育总局、《国家学生体质健康标准解读》编委会.国家学生体质健康标准解读[M].北京:人民教育出版社,2007.

⑥ 学生体质健康网[EB/OL].(2006-04-17)[2022-10-20].http://www.csh.moe.edu.cn.

因,有可能测出 60.8 或 61.8 kg 的体重值,1.58 或 1.62 cm 的身高值,而 BMI 则可能出现下列结果:60.8/1.58² = 24.3、60.8/1.62² = 23.2、61.8/1.58² = 24.7、61.8/1.62² = 23.5.其中,24.3 与 24.7 均达到超重标准,得分 80 分 (表 4-17、表 4-18)。

表 4-16　国内主流品牌身高体重测试仪主要参数

品牌	测试指标	测量范围	分辨率	精度/%
北京体适能科技有限公司(身高体重测试仪)	身高	90～210 cm	0.1 cm	±0.2
	体重	0～150 kg	0.1 kg	±0.3
北京泰美泉科技有限公司(身高体重测试仪)	身高	90～210 cm	0.1 cm	±0.2
	体重	3～150 kg	0.1 kg	±0.3
北京赛康精益信息有限公司(身高体重测试仪)	身高	90～210 cm	0.1 cm	±0.5
	体重	5～160 kg	0.1 kg	±0.1

表 4-17　男生 BMI(以部分年级为例)单项评分表　　　　单位:kg/m²

等级	单项得分	初三	高一	高二	高三	大学
正常	100	15.8～22.8	16.5～23.2	16.8～23.7	17.3～23.8	17.9～23.9
低体重	80	≤15.7	≤16.4	≤16.7	≤17.2	≤17.8
超重		22.9～26.0	23.3～26.3	23.8～26.5	23.9～27.3	24.0～27.9
肥胖	60	≥26.1	≥26.4	≥26.6	≥27.4	≥28.0

表 4-18　女生 BMI(以部分年级为例)单项评分表　　　　单位:kg/m²

等级	单项得分	初三	高一	高二	高三	大学
正常	100	16.0～22.6	16.5～22.7	16.9～23.2	17.1～23.3	17.2～23.9
低体重	80	≤15.9	≤16.4	≤16.8	≤17.0	≤17.1
超重		22.7～25.1	22.8～25.2	23.3～25.4	23.4～25.7	24.0～27.9
肥胖	60	≥25.2	≥25.3	≥25.5	≥25.8	≥28.0

四、数学建模评价《标准》BMI 指标评分标准的创新方案

1. 数学建模评价《标准》BMI 指标评分标准的可行性

(1)数学建模的基本原理。数学模型是一种模拟,一般并非现实问题的直接翻版,它的建立常常既需要人们对现实问题深入细致的观察和分析,又需要人们灵活巧妙地利用各种数学知识。这种应用知识从实际课题中抽象、提炼出数学模型的过程就称为数学建模。

（2）BMI 值的分布规律符合数学建模的基本原理。根据北方十三省（区）市营养调查队研究结果："根据身高的均数、标准差,依据正态分布理论,将体型分为五类,说明成人身高符合正态分布"[①]。童方等择取 95% 可信区间人群作为标准参照人群,对北京市 23 422 例 0～18 岁儿童青少年生长发育状况进行评估,结果发现:"95% 区间以内人群体重、身高 Z 值－1～1 之间构成占 70% 左右,呈现类似正态分布"[②]。杜树发等[③]选取了 44 485 例 20～60 岁成人的性别、年龄分布进行了分析,结果表明:我国成人 BMI 指标呈对数正态分布。倪伟随机抽取上海籍 3 000 名学生作为研究对象,结果显示,上海市大学生 BMI 指数在 14.94～36.29 之间,并服从正态分布理论[④]。另外,张艺宏等对全国城乡居民、沈晔等对乌鲁木齐医学高校多民族大学生、刘建强对浙江省高校大学生BMI 指标的研究均呈现类似结果[⑤][⑥][⑦]。Razak 等[⑧]通过对 37 个低收入和中等收入国家女性的 BMI 指标调查分析,其 BMI 指标分布基本呈正态分布;Penman 等[⑨]报道普通人群的 BMI 值分布曲线呈正态分布。以上研究资料证明,BMI 值符合正态分布是客观事实,为采用数学建模制定最优策略或较好策略的 BMI 评分方案提供理论支撑。

2. 方案的基本思路

（1）根据《国家学生体质健康标准》的学生身高标准体重表计算出各年级的BMI 值,以确定 BMI 值的评分区间（表 4-19）。

---

① 李思汉.我国北方地区成人各类体型不同身高的体重正常值的探讨[J].营养学报,1986,8(2):98-108.

② 童方,米杰,闫淑娟,等.北京市儿童青少年生长发育现状评估[J].中国儿童保健杂志,2007,15(4):350-352,384.

③ 杜树发,翟凤英,葛可佑,等.中国成人体质指数分布状况[J].卫生研究,2001,30(6):339-342,349.

④ 倪伟.上海市大学生体质指数(BMI)的分布特征[J].上海体育学院学报,2012,28(4):76-78.

⑤ 张艺宏,王梅,孙君志,等.2014 年中国城乡居民超重肥胖流行现状——基于 22 省(市、区)国家国民体质监测点的形态数据[J].成都体育学院学报,2016,42(5):93-100.

⑥ 沈晔,贾龙.乌鲁木齐医学高校多民族大学生 BMI 分布特征[J].韶关学院学报,2013,34(8):51-54.

⑦ 刘建强.浙江省高校大学生体质健康状况及相关因素的实证研究——以浙江水利水电学院为例[J].浙江水利水电学院学报,2016,28(4):80-84.

⑧ RAZAK F,CORSI D J,SUBRAMANIAN S V. Change in the body mass index distribution for women:analysis of surveys from 37 low-and middle-income countries[J].Plos medicine,2013,10(1):2047.

⑨ PENMAN A D,JOHNSON W D. The Changing Shape of the body mass index distribution curve in the population:implications for public health policy to reduce the prevalence of adult obesity[J]. Preventing chronic disease,2006,3(3):1-4.

表 4-19　各年级身高(cm)标准体重(kg)对应的 BMI 值区间

BMI	小学			初中		高中		大学	
	男	女		男	女	男	女	男	女
		1~4 年级	5~6 年级						
min	12.9	12.4	12.6	13.9	13.3	15.9	16.7	17.0	16.0
身高段	106.0 −106.9	114.0 −114.9	120.0 −120.9	123.0 −123.9	121.0 −121.9	145.0 −145.9	146.0 −146.9	199.0 −190.9	186.0 −186.9
max	22.2	22.8	22.0	24.9	22.5	24.9	25.8	25.9	27.2
身高段	155.0 −155.9	155.0 −155.9	168.0 −168.9	186.0 −186.9	177.0 −177.9	190.0 −190.9	140.0 −140.9	144.0 −144.9	140.0 −140.9

注:根据《标准》换算整理而成。

（2）BMI 值的评分区间确定的依据是《国家学生体质健康标准》(2007 年正式版)公布的各年级学生的身高体重数据表。

（3）确定数学模型公式,即"BMI 值最优点分段密度函数"[见式(1-1)]。公式各数学符号解读:S 为 BMI 换算后的对应评分值;μ 为 BMI 的最优值;d_1、a、b、d_2 为各营养段的临界值,其中 d_1 为中各年级段 BMI 的最小值,a 为各年级段确定消瘦与正常标准的临界值,b 为各年级段确定正常与超重标准的临界值、d_2 为各年级段确定肥胖标准的临界值;σ_1、σ_2,β_1、β_2 为调整参数,保证 S 值在最优点两边分值在[50,100]或[100,50]的区间内(维持 2007 年标准的 50 分起 50 分结束评价原则)。d_1、a、b、d_2 是通过参照中国学龄儿童青少年超重、肥胖 BMI 筛选标准[①](表 4-20)以及 WHO 在 2007 年建立的新国际儿童生长参照值消瘦标准(表 4-21),将各年龄标准换算成年级标准(表 4-22)而成,依据明确。与 2014 年修订《国家学生体质健康标准》BMI 各段临界值稍有差异此差异并不影响研究结果以及建模原理的阐释与应用。

$$
S = \begin{cases}
50, & BMI < d_1 \\[2mm]
\dfrac{\beta_1}{\sqrt{2\pi}\sigma_1}e^{\frac{(BMI-\mu)^2}{2\sigma^2}}, & d_1 \leqslant BMI < a \\[2mm]
100, & a \leqslant BMI \leqslant b \\[2mm]
\dfrac{\beta_2}{\sqrt{2\pi}\sigma_2}e^{\frac{(BMI-\mu)^2}{2\sigma^2}}, & b < BMI \leqslant d_2 \\[2mm]
50, & BMI > d_2
\end{cases} \tag{1-1}
$$

①　中国肥胖问题工作组.中国学龄儿童青少年超重、肥胖筛查体重指数值分类标准[J].中华流行病学杂志,2004,25(2):97-102.

表 4-20　中国学龄儿童青少年超重、肥胖 BMI 筛选标准

年龄	年级	男超重		男肥胖		女超重		女肥胖	
		年龄值	年级值	年龄值	年级值	年龄值	年级值	年龄值	年级值
7—	小学 1～2	17.4	17.4	19.2	19.2	17.2	17.2	18.9	18.9
8—	小学 3～4	18.1	18.5	20.3	20.9	18.1	18.6	19.9	20.5
9—		18.9		21.4		19.0		21.0	
10—	小学 5～6	19.6	20.0	22.5	23.1	20.0	20.6	22.1	22.7
11—		20.3		23.6		21.1		23.3	
12—	初中	21.0	21.8	24.7	25.6	21.9	22.5	24.5	25.6
13—		21.9		25.7		22.6		25.6	
14—		22.6		26.4		23.0		26.3	
15—	高中	23.1	23.5	26.9	27.4	23.4	23.6	26.9	27.3
16—		23.5		27.4		23.7		27.4	
17—		23.8		27.8		23.8		27.7	
18—	大学	24.0	24.0	28.0	28.0	24.0	24.0	28.0	28.0

注:经整理,年级值取各年龄段平均数。

表 4-21　WHO 男女年龄别 BMI 筛查消瘦界值点

年龄（岁）	学段	男消瘦		女消瘦	
		年龄值	学段（均值）	年龄值	学段（均值）
6—	小学 1～2 年级	13.4	13.5	13.1	13.1
7—		13.6		13.2	
8—	小学 3～4 年级	13.8	13.9	13.4	13.5
9—		14.0		13.7	
10—	小学 5～6 年级	14.3	14.5	14.1	14.4
11—		14.7		14.6	
12—	初中	15.1	15.7	15.2	15.8
13—		15.7		15.8	
14—		16.3		16.3	
15—	高中	16.8	17.2	16.7	16.9
16—		17.3		16.9	
17—		17.7		17.1	
18—	大学	18.1	18.1	17.2	17.2

表 4-22　各年级 d_1、a、b、d_2 值统计表

BMI	小学						初中		高中		大学	
	男			女			男	女	男	女	男	女
	1～2年级	3～4年级	5～6年级	1～2年级	3～4年级	5～6年级						
d_1	12.0	12.0	12.0	12.0	12.0	12.2	13.4	13.0	16.0	16.0	17.0	16.0
a	13.5	13.9	14.5	13.1	13.5	14.4	15.7	15.8	17.2	16.9	18.1	17.2
b	17.4	18.5	20.0	17.2	18.6	20.6	21.8	22.5	23.5	23.6	24	24
d_2	19.2	20.9	23.1	18.9	20.5	22.7	25.6	25.6	27.4	27.3	28	28

（4）根据评价需求确定评分间距（间距越小评分越细致，最终评分结果见表 4-23、表 4-24）。

3．评分结果

小学至大学各年级评分结果，见表 4-23～表 4-33。

4．此方案优点分析

（1）克服了旧标准评分间距过大的问题。新标准越接近满分间距越小，最大间距小于 1 分（百分制），加权后小于 0.1 分，与旧标准的最大间距 20 分（加权后为 2 分）相比，不知精确了多少倍。

表 4-23　小学女生 1～2 年级以 BMI 分段密度函数评分结果

	BMI 区间				
	≤12	12～13.1 0.05 为间距、13.1 为最优点	13.1～17.2	17.2～18.9 0.05 为间距、17.2 为最优点	≥18.9
分值	50	50.0、53.2、56.4、59.6、629、66.1、69.3、72.4、75.5、78.5、81.4、84.1、86.6、89.0、91.2、93.2、94.9、96.5、97.7、98.7、99.4、99.8、100.0	100	100.0、99.9、99.8、99.5、99.0、98.5、97.9、97.1、96.2、95.3、94.2、93.0、91.7、90.4、88.9、87.4、85.8、84.1、82.3、80.5、78.7、76.8、74.8、72.8、70.8、68.7、66.7、64.6、62.5、60.4、58.3、56.2、54.1、52.0、50.0	50
σ		0.934 3		1.443 8	
β		234.182 7		361.918 8	

注明：对 BMI 12～13.2 与 17.2～18.9 区间均不包含两端数值。以下同。

表 4-24　小学女生 3～4 年级以 BMI 分段密度函数评分结果

	BMI 区间				
	≤12	12～13.5 0.05 为间距、13.5 为最优点	13.5～18.6	18.6～20.5 0.1 为间距、18.6 为最优点	≥20.5
分值	50	50.0、52.3、54.7、57.0、59.4、61.8、64.2、66.5、68.9、71.2、73.5、75.7、77.9、80.0、82.1、84.1、85.9、87.8、89.5、91.1、92.6、93.9、95.2、96.3、97.3、98.1、98.8、99.3、99.7、99.9、100.0	100	100.0、99.8、99.2、98.3、96.9、95.3、93.3、91.0、88.4、85.6、82.5、79.3、75.8、72.3、68.9、64.9、61.2、57.4、53.7、50.0	50
σ		1.274 0		1.613 7	
β		319.340 2		404.497 6	

表 4-25　小学女生 5～6 年级以 BMI 分段密度函数评分结果

	BMI 区间				
	≤12.2	12.2～14.4 0.1 为间距、14.4 为最优点	14.4～20.6	20.6～22.7 0.1 为间距、20.6 为最优点	≥22.7
分值	50	50.0、53.2、56.4、59.6、62.9、66.1、69.3、72.5、75.5、78.5、81.4、84.1、86.7、89.0、91.2、93.2、94.9、96.5、97.7、98.7、99.4、99.8、100.0	100	100.0、99.8、99.4、98.6、97.5、96.1、94.5、92.6、90.4、88.0、85.5、82.7、79.7、76.7、73.5、70.2、66.9、63.5、60.1、56.7、53.3、50.0	50
σ		1.868 5		1.783 6	
β		468.365 2		447.076 0	

表 4-26 小学男生 1～2 年级以 BMI 分段密度函数评分结果

	BMI 区间				
	≤12	12～13.5 0.05 为间距、13.5 为最优点	13.5～17.4	17.4～19.2 0.1 为间距、17.4 为最优点	≥19.2
分值	50	50.0、52.3、54.7、57.0、59.4、61.8、64.2、66.5、68.9、71.2、73.5、75.7、77.9、80.0、82.1、84.1、85.9、87.8、89.5、91.1、92.6、93.9、95.2、96.3、97.3、98.1、98.8、99.3、99.7、99.9、100.0	100	100.0、99.8、99.1、98.1、96.6、94.8、92.6、90.0、87.2、84.1、80.7、77.2、73.5、69.7、65.8、61.8、57.8、53.9、50.0	50
σ		1.274 0		1.528 8	
β		319.340 2		383.208 3	

表 4-27 小学男生 3～4 年级以 BMI 分段密度函数评分结果

	BMI 区间				
	≤12	12～13.9 0.05 为间距、13.9 为最优点	13.9～18.5	18.5～20.9 0.1 为间距、18.5 为最优点	≥20.9
分值	50	50.0、51.8、53.7、55.5、57.4、59.3、61.2、63.0、64.9、66.8、68.6、70.5、72.3、74.1、75.8、77.6、79.3、80.9、82.5、84.1、85.6、87.0、88.4、89.8、91.0、92.2、93.3、94.4、95.3、96.2、96.9、97.7、98.3、98.8、99.2、99.6、99.8、99.9、100.0	100	100.0、99.9、99.5、98.9、98.1、97.0、95.8、94.3、92.6、90.7、88.7、86.4、84.1、81.6、78.9、76.3、73.5、70.6、67.7、64.8、61.8、58.8、55.9、52.9、50.0	50
σ		1.613 7		2.038 4	
β		404.497 6		510.944 3	

表 4-28　小学男生 5～6 年级以 BMI 分段密度函数评分结果

	BMI 区间				
	≤12	12～14.5 0.1 为间距、14.5 为最优点	14.5～20.0	20.0～23.1 0.1 为间距、20.0 为最优点	≥23.1
分值	50	50.0、52.8、55.6、58.5、61.3、64.1、67.0、69.8、72.6、75.3、77.9、80.5、82.9、85.2、87.4、89.5、91.4、93.1、94.7、96.1、97.3、98.2、99.0、99.5、99.9、100.0	100	100.0、99.9、99.7、99.4、98.9、98.2、97.4、96.5、95.5、94.3、93.0、91.6、90.1、88.5、86.8、85.0、83.1、81.2、79.2、77.1、74.9、72.8、70.5、68.3、66.0、63.7、61.4、59.1、56.8、54.5、52.2、50.0	50
σ		2.123 3		2.632 9	
β		532.233 6		659.969 2	

表 4-29　初中男生以 BMI 分段密度函数评分结果

	BMI 区间				
	≤13.4	13.4～15.7 0.1 为间距、15.7 为最优点	15.7～21.8	21.8～25.6 以 0.1 为间距、21.8 为最优点	≥25.6
分值	50	50.0、53.0、56.1、59.2、62.3、65.4、68.5、71.5、74.5、77.4、80.1、82.8、85.3、87.7、89.9、91.9、93.8、95.4、96.8、97.9、98.8、99.5、99.8、100.0	100	100.0、99.8、99.2、98.3、96.9、95.3、93.3、91.0、88.4、85.6、82.5、79.3、75.8、72.3、68.6、64.9、61.2、57.4、53.7、50.0	50
σ		1.953 4		3.227 4	
β		489.654 8		808.995 0	

表 4-30 初中女生以 BMI 分段密度函数评分结果

	BMI 区间			
	≤13	13～15.8 以 0.1 为间距、15.8 为最优点	15.8～22.5	22.5～25.5 0.15 为间距、22.5 为最优点	≥25.5
分值	50	50.0、52.5、55.0、57.5、60.1、62.6、65.2、67.7、70.2、72.7、75.1、77.4、79.7、81.9、84.1、86.1、88.0、89.9、91.5、93.1、94.5、95.8、96.9、97.8、98.6、99.2、99.6、99.9、100.0	100	100.0、99.8、99.3、98.5、97.3、95.8、93.9、91.9、89.5、86.9、84.1、81.1、77.9、74.6、71.2、67.7、64.2、60.6、57.0、53.5、50.0	50
σ		2.378 1		2.548 0	
β		596.101 3		638.680 1	

表 4-31 高中女生以 BMI 分段密度函数评分结果

	BMI 区间			
	≤15.9	15.9～16.9 0.05 为间距、16.9 为最优点	16.9～23.6	23.6～27.4 0.1 为间距、23.6 为最优点	≥27.4
分值	50	50.0、53.5、57.0、60.6、64.2、67.7、71.2、74.6、77.9、81.1、84.1、86.9、89.5、91.9、93.9、95.8、97.3、98.5、99.3、99.8、100.0	100	100.0、99.8、99.2、98.3、96.9、95.3、93.3、91.0、88.4、85.6、82.5、79.3、75.8、72.3、68.6、64.9、61.2、57.4、53.7、50.0	50
σ		0.849 3		3.227 4	
β		212.893 5		808.995 5	

表 4-32　大学男生以 BMI 分段密度函数评分结果

	BMI 区间				
	≤17	17～18.1 0.05 为间距、18.1 为最优点	18.1～24	24～28 0.1 为间距、24 为最优点	≥28
分值	50	50.0、53.2、56.4、59.6、62.9、66.1、69.3、72.5、75.5、78.5、81.4、84.1、86.7、89.0、91.2、93.2、94.9、96.5、97.7、98.7、99.4、99.8、100.0	100	100.0、99.8、99.3、98.5、97.3、95.8、93.9、91.9、89.5、86.9、84.1、81.1、77.9、74.6、71.2、67.7、64.2、60.6、57.0、53.5、50.0	50
σ		0.934 3		3.397 3	
β		234.182 7		851.573 3	

表 4-33　大学女生以 BMI 分段密度函数评分结果

	BMI 区间				
	≤16	16～17.2 0.05 为间距、17.2 为最优点	17.2～24	24～28 以 0.2 为间距、24 为最优点	≥28
分值	50	50.0、52.9、55.9、58.8、61.8、64.8、67.7、70.6、73.5、76.3、78.9、81.6、84.1、86.5、88.7、90.7、92.6、94.3、95.8、97.1、98.1、98.9、99.5、99.9、100.0	100	100.0、99.8、99.3、98.5、97.3、95.8、93.9、91.9、89.5、86.9、84.1、81.1、77.9、74.6、71.2、67.7、64.2、60.6、57.0、53.5、50.0	50
σ		1.019 2		3.397 3	
β		255.472 0		851.573 3	

（2）解决了 BMI 临界值过小而对评分结果影响过大的缺点。例如,在旧标准中,以男大学生为例,某个体实际体重为 61.3 kg、身高为 1.6 m,BMI＝61.3/1.60² ＝23.9,属正常范围,得分 100;而另一个体实际体重为 61.4 kg、身高为 1.6 m,BMI＝61.3/1.60² ＝24.0,BMI 仅仅增加 0.1 则到达超重区间只能得分 80 分,相差 20 分[①],实际上两人的体重相差仅 0.1 kg,这样的结果不仅有失公平,而且降低了评价的信度与效度。原因是若干因素均能轻易影响到两个人 0.1 kg 的体重值。在新《标准》中即很好地解决了这一问题（表 4-32）,BMI

---

① 中华人民共和国教育部,国家体育总局,《国家学生体质健康标准解读》编委会.国家学生体质健康标准解读[M].北京:人民教育出版社,2007.

23.9 与 24 得分分别为 100 与 99.8,相差无几,比较符合健康实际,评价结果相对合理。

（3）最大限度规避现有仪器误差对评价结果产生的巨大影响。例如,某个体实际体重 61.3 kg、身高 1.6 m,BMI＝61.3/1.60²＝23.9,属正常范围,得分 100;由于仪器精度原因,有可能测出 60.8 kg 或 61.8 kg 的体重值,1.58 m 或 1.62 m 的身高值,而 BMI 则可能出现下列结果:60.8/1.58²＝24.3、60.8/1.62²＝23.2、61.8/1.58²＝24.7、61.8/1.62²＝23.5。其中,24.3 与 24.7 均达到超重标准,得分 80 分,由于仪器原因造成 20 分的差距。在新标准中 23.2 与 23.5 在正常范围内,得分 100 分,24.3 与 24.7 在超重范围内,分别得分为 98.5、91.9,最大差距为 8.1 分,有效控制了仪器本身产生的误差。

（4）BMI 间距越小,得分间距也越小,评分越客观,根据将来国家的评价需求,可随时调整。

（5）该方法以数学建模理论为支撑,既具有很强的科学性与实用性,又一目了然。例如,以 BMI 为参考标准评价男大学生营养状况为:＜17.0 为消瘦等级评分结果均为最低 50 分;17.0～18.1 段为偏瘦等级评分结果由 50 至 100 逐渐递增（不含 50 与 100）;18.1～24 为正常等级评分均为 100 分;24～28 为超重等级评分结果由 100 至 50 递减（不含 100 与 50）,＞28 为肥胖等级评分结果均为最低 50 分。其余以此类推。

五、研究结论

（1）2014 版《标准》BMI 起评点分值过高,与其他指标相比无效评价区间过大;等级评价导致临界值评分误差过大,不符合营养状况实际,有失公平。

（2）"BMI 值最优点分段密度函数"的数学建模评价方案依据充分,评价结果相对公正。① 克服了原标准评分间距过大的问题;② 解决了 BMI 临界值过小而对评分结果差距过大的缺点;③ 最大限度规避现有仪器误差对评价结果产生的巨大影响;④ BMI 间距可根据将来国家的评价需求,随时调整。

第五章 《2014 标准》下国民体质健康现状分析

惠州市小学生体质健康现状分析
——基于永湖镇中心小学近 5 年数据分析[①]

1984 年,世界卫生组织在《WHO 宪章》中明确指出:社会发展要以人为本,人的发展要以健康为本[②]。习近平在《"健康中国 2030"规划纲要》[③]中,提出"没有全民健康,就没有全面小康。"自 1985 年始每五年在全国区域内都要进行一次大规模的体质调研[④]。2007 年起对我国在校学生的体质健康状况坚持每两年进行一次抽测[⑤],并启动了全国学校阳光体育运动[⑥],让我国能够全范围实施《学生体质健康标准》,保证 85％的学生每天都能够拥有至少一个小时的体育活动时间,由此来提高我国中小学生体质健康。学生体质健康状况研究结果,不但可以为相关部门提供决策依据,而且在对保障青少年儿童健康教育、提升健康素养、增强身体机能等各方面,也发挥着一种不可替代性的重要作用[⑦]。

一、研究对象
研究对象采用惠州市惠阳区永湖镇中心小学学生体质健康近 5 年数据。

二、研究方法
(1)文献资料法:通过中国知网、万方数据网检索等查阅相关文献,为本文的研究提供了参考。

(2)数理统计法:通过对惠州市惠阳区永湖镇中心小学近 5 年测试数据的统计、整理与分析获得数据支持。

(3)对比分析法:通过对所取得的数据进行分类、对比分析获取体质健康水平变化的规律性。

① 本文发表在《惠州学院学报》2019 年第 6 期(张宗国、刘晓辉与叶海洋合作完成),略有改动。
② 李娟. 改革开放以来我国学生体质健康测试标准演进的研究[D]. 武汉:华中师范大学,2017.
③ 南方日报评论员. 把人民健康放在优先发展战略地位[N]. 南方日报. 2016-08-22(002).
④ 张欣. 我国学生体质健康调研的贡献与面临的挑战[J]. 中国学校卫生,2016,37(8):1121-1123.
⑤ 胡佩瑾,季成叶. 全国学生体质健康监测[J]. 中华预防医学杂志,2005,39(6):408.
⑥ 徐勇. 关注儿童青少年的健康公平性[J]. 中国学校卫生,2017,38(6):801-802,805.
⑦ 徐伟. 阳光体育运动实施现状与对策研究——以济南市部分中学为例[J]. 中国校外教育,2019(4):7.

三、研究结果与分析

1. 永湖镇中心小学学生近5年体质健康测试数据整体现状分析

通过对永湖镇中心小学2014—2018年5年的国家学生体质健康标准测试的数据整体及格率、良好率、优秀率统计与分析得知(表5-1、图5-1):优秀率在2015年的25.20%急剧下降到2016年的0.61%,2016年至2018年开始缓慢上升。良好率在2017年前良好率总体呈现上升,在2017年的63.80%急剧下降到2018年的15.13%。及格率在2017年之前呈现上升趋势,但2017年开始出现明显上升,从2017年的35.42%上升至2018年的78.14%。由此可知:在整体水平上,优秀率呈降低趋势。体质健康低水平人数最多。与惠州市实验中学附属学校相比,整体优秀率偏低[1]。

表 5-1　近 5 年体质健康测试各达标率数据表

年份	总人数	及格以上人数	及格率/%	良好率/%	优秀率/%
2014	1 192	1 132	35.70	38.00	26.30
2015	1 267	1 204	21.00	53.80	25.20
2016	1 145	1 108	38.52	57.64	0.62
2017	1 195	1 155	35.42	63.80	0.78
2018	1 207	1 025	78.14	15.13	1.29

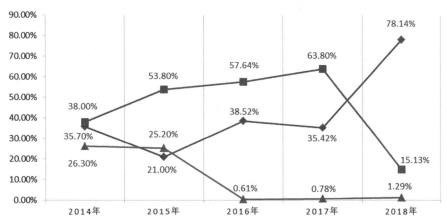

图 5-1　近 5 年体质健康测试各达标率动态图

① 张宗国,曾思维.惠州市初级中学"国家学生体质健康标准"现状分析——以实验中学附属学校2015 年数据为例[J].惠州学院学报,2017,37(3):112-117.

2. 永湖镇中心小学近 5 年体质健康测试数据各指标现状分析

(1) 身体质量指数

从图 5-2 可以了解到永湖镇中心小学近五年学生身体质量指数等级的动态变化基本保持在一个相对稳定的状态。资料显示[①],相同年份,越南河内城市男女小学生超重、肥胖率情况严重,其中,城市男小学生体重超标率为 43.53%,城市女小学生体重超标率为 28.83%;正常体重率仅为 56.91%。整体水平偏低。

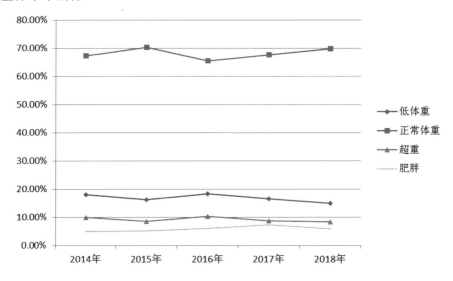

图 5-2   2014—2018 年永湖镇中心小学近 5 年身高体重指数统计图

(2) 心肺功能分析

心肺功能是指人体心肺器官整体功能,身体健康的根本因素是提高人体的心肺功能,人体心肺功能可以通过测试学生肺活量间接来反映身体健康与身体锻炼的效果。肺活量是反映人体心肺功能的重要依据之一,也是人体运动和生长发育能力的指标。在没有时间限制的情况下,是指最大吸入气量后再最大呼出的气量。肺活量测验是必要的测验项目。

从表 5-3 来看永湖镇中心小学近 5 年肺活量优秀率下降、良好率相对稳定、及格率缓慢上升的趋势。但低于惠州市国民心肺功能肺活量指数的良好

---

① 阮清松.对越南河内部分 6 到 10 岁小学生体质健康水平及影响因素的研究[D].北京:北京体育大学,2019.

40.2%，优秀 11.56%水平[①]。

表 5-3　2014—2018 年永湖镇中心小学学生各年情况肺活量统计表

	2014 年/%	2015 年/%	2016 年/%	2017 年/%	2018 年/%
不及格	4.36	5.05	6.55	7.28	6.37
及格	57.21	60.45	60	58.74	68.84
良好	26.42	24.38	27.16	28.45	17.31
优秀	12.01	10.12	6.29	5.53	7.48

（3）身体素质分析

青少年儿童的身体素质是从柔韧、力量、速度、耐力等项目上体现出来的。学生体质健康的发展，身体素质的提高是主要途径，身体素质对增强人的体质健康有重要意义。

① 耐力素质

按照国家体质与健康测试标准，小学生耐力测试项目方式有 400 m 跑和 50 m×8 折返跑，永湖镇中心小学采用了 50 m×8 往返跑的方式。测试是从五六年级开始，由于一年级至四年级学生身体机能发育尚未达到可以参加耐力测试的标准，所以不需要测试耐力。

从图 5-3 中可以看出，永湖镇中心小学 2014—2018 年五年级六年级学生 50 m×8 成绩呈现抛物线性。2014—2017 年成绩呈现下降趋势，2018 年有所回升，与测试群体样本量发生变化有关。与山东省曲阜市中心小学三年级、兖州区实验小学四年级、济宁市南池小学生五年级 50 m×8 评价成绩 117 s 相比，成绩较好[②]。

② 速度素质

速度是反映青少年儿童快速运动的能力，在小学阶段最能反映学生速度的项目是 50 m 跑。从表 5-4 看出永湖镇中心小学 2014—2015 年优秀率保持一个较高水平，2016 年优秀率急剧下到 0.74%，2016 年至 2018 年优秀率处于一个缓慢上升阶段。不及格率、及格率和良好率 2014—2017 年处于一个稳定的状态，2018 年出现了较大的波动。姬南南报道，山东省曲阜市中心小学三年级、兖州区实验小学四年级、济宁市南池小学生五年级 50 m 跑单项评分结果男生的

① 张宗国，邹晓芸.惠州市国民心肺功能现状研究——基于 2015 年青年（20～39 岁）群体数据[J].惠州学院学报，2016，36(6):99-102.

② 姬南南.济宁市城乡小学生身体素质的对比研究[D].济南:山东体育学院，2018.

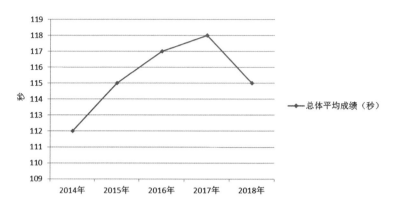

图 5-3　2014—2018 年永湖镇中心小学五六年级学生 50 m×8 折返跑平均成绩动态变化

不及格率分别为 12％、10％、10％,女生各为 14％、10％、10％,不及格率较高。与之相比,永湖镇中心小学不及格率相对较低[①]。

表 5-4　2014—2018 年永湖镇中心小学学生 50 m 跑达标率统计表

年份	不及格率	及格率	良好率	优秀率
2014	2.93％	34.31％	38.67％	24.09％
2015	7.65％	21.31％	46.25％	24.79％
2016	3.40％	37.00％	58.86％	0.74％
2017	2.51％	34.14％	62.30％	1.05％
2018	16.93％	76.48％	4.84％	1.75％

③ 力量素质

仰卧起坐是小学生体质健康测试主要测试项目,仰卧起坐测试的是学生腰腹部肌肉运动的收缩力量及收缩速度,反映学生体质核心力量的主要项目。仰卧起坐项目是从三年级开始需要的测试项目。

表 5-5 中显示永湖镇中心小学学生仰卧起坐的优秀率和良好率处于一个下降的趋势,及格率相对稳定,不及格率呈现一个上升趋势。整体分析永湖镇中心小学学生仰卧起坐呈下降趋势,这符合永湖镇中心小学学生整体达标情况的趋势。可以得出学生体质整体力量呈下降趋势。与山东省曲阜市中心小学三年级、兖州区实验小学四年级、济宁市南池小学生五年级仰卧起坐成绩优秀率

---

① 　姬南南.济宁市城乡小学生身体素质的对比研究[D].济南:山东体育学院,2018.

比较接近①。

表5-5 2014—2018年永湖镇中心小学学生仰卧起坐达标率统计表

年份	不及格率	及格率	良好率	优秀率
2014	5.98%	84.48%	6.66%	2.88%
2015	7.92%	81.14%	7.24%	3.70%
2016	8.46%	81.69%	6.51%	3.34%
2017	6.94%	85.18%	5.20%	2.68%
2018	9.11%	85.35%	4.62%	0.92%

④ 柔韧素质

坐位体前屈是测试学生柔韧性的项目,柔韧素质是反映关节活动的弧度的大小以及韧带、肌腱及其他组织的伸展能力。

通过表5-6、图5-4结果显示:永湖镇中心小学学生坐位体前屈的达标情况在2014—2015年高于2016—2018年,2016—2018年学生坐位体前屈成绩处于相对稳定的状态。其原因是:① 2014、2015年采用人工测试方式,误差较大、要求相对宽松;2016—2018年是委托第三方电子仪器测量,误差小,成绩相对精确;② 由于在校学生缺乏针对柔韧性的专门锻炼,导致近三年坐位体前屈成绩处于一个停滞不前的状态。

表5-6 2014—2018年永湖镇中心小学学生坐位体前屈达标率统计表

年份	不及格率	及格率	良好率	优秀率
2014	1.00%	66.86%	19.96%	12.18%
2015	1.42%	67.48%	19.11%	11.99%
2016	2.00%	68.12%	18.34%	11.54%
2017	2.25%	66.52%	21.00%	10.23%
2018	1.76%	67.81%	20.40%	10.03%

3. 影响永湖镇中心小学学生体质健康因素分析

(1) 社会因素分析

随着人类生活水平的提高和社会的高速发展,社会上出现很多影响青少年儿童健康成长的因素。汽车尾气排放,工业区中废水、废气排放,再加上无良商

---

① 姬南南.济宁市城乡小学生身体素质的对比研究[D].济南:山东体育学院,2018.

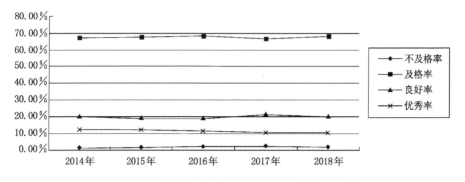

图 5-4 2014—2018 年永湖镇中心小学学生坐位体前屈动态变化图

家售卖不合格食品。这些都无时无刻不在威胁着青少年儿童的体质与健康。

社会的进步,互联网的全面普及,电脑、手机的网络游戏的迅速传播,对青少年儿童的视力产生严重的影响,也占据青少年儿童的业余锻炼时间。现在社会的便利,汽车的普及,快递、外卖等的出现,使人们在生活中的动态运动越来越少,这也是影响青少年儿童体质健康的因素。

(2)学校因素分析

① 学校环境

永湖镇中心小学是一所有着悠久历史文化的老校,文化氛围浓厚,但是由于建校区域在镇中心,附近都是居民楼,这限制了学校的发展。由于人口的增长,学生入学人数的增多,导致学校提供学生活动的空间不断减少,学生没有足够的运动场所,这也是导致学生体质健康发展不利的客观因素。

② 学校课程

在国家新课程标准的指导下,要求学校是一二年级一星期安排 4 节体育课、三到六年级一星期安排 3 节体育课。但永湖镇中心小学在体育课课程安排上是低于国家新课程标准的,学生的体育课被挤用了一节,这也是影响学生体质与健康的一个重要因素。

在现代社会中,学校教育处于在一个透明的社会环境下,体育课一旦出现伤害事故,学校和教师就会承受社会的舆论冲击,这也导致了体育课上体育老师对很多运动技术动作不敢教、不敢上强度、不敢上难度。

(3)家庭因素分析

永湖镇在惠州市来说是一个规模较小的乡村型小镇,永湖镇中心小学的学生家长对学生的体质健康观念还停留在"只要孩子成绩好,其他的都无所谓"的思想观念上。如果能让学生家长的观念改正过来,这必定是推动体质与健康发展的一大动力,因此家长应该和学校一起重视学生体质健康对孩子全面发展的重要作用,提倡家长在假期期间多组织家庭运动,而不是把孩子的假期放在补习班上。笔者通过访谈 35 位永湖镇中心小学学生了解到,学生在家时间家长基本不会与孩子一起参加体育活动,只有个别学生主动要求去参加一些体育类培训班。这反映了家长对子女参加体育锻炼的意识还是很缺乏,重智轻体的观念还是占主导地位。

(4)学生自身因素分析

学生自身对体育运动的兴趣很大程度上决定其在体育运动中的参与度,也决定了其参加运动的时间和次数。永湖镇中心小学学生在学校的体育运动时间决定学生总体参加体育锻炼的时间,主要是因为学生在家缺少锻炼场所、锻炼条件和锻炼氛围。

永湖镇中心小学是一所农村升级学校,现在学校规模小,运动场所少,环形跑道虽然是塑胶跑道,但是总长度不到 200 m,导致学生在校期间只有在体育课上才能进行体育运动,由于受活动场所的限制,学校规定的下午第三节自由活动课变成了学生的放学回家课。学生回家的期望胜过锻炼兴趣,自觉参加体育锻炼的学生寥寥无几,这也是影响永湖镇中心小学学生体质与健康发展的重要因素。

四、结论

(1)永湖镇中心小学 2014—2018 年体质健康测试成绩,优秀率呈下降趋势。

(2)学生身体形态整体相对稳定。

(3)心肺功能总体平均成绩呈现一个缓慢上升的阶段。但不及格率也呈现缓慢上升趋势。

(4)学生身体素质整体呈下降趋势。耐力素质成绩在 2014—2017 年呈现缓慢上升趋势,速度素质总体呈下降趋势,力量素质呈下降趋势。

五、建议

(1)学生家长应提高对学生体质健康的关注,要全面看待学生的发展。对孩子的学习生活时间进行合理安排,让孩子多做力所能及的事情。节假日抽空和孩子进行户外运动,给孩子灌输每天坚持运动一小时的思想,合理安排孩子的营养搭配。

(2)体育教师在体育课上要积极引导学生对体育锻炼的兴趣培养,教师要不断创新课程内容,让学生喜欢体育课、喜欢体育活动。体育课的内容要保障学生身体运动达到该学生年龄阶段发展所需的负荷量。

(3)学校要根据学生年龄阶段特征合理安排组织学生进行课外体育活动,对于大课间活动要有计划有保障地进行。鼓励体育教师的教学创新,支持体育教师工作，为体育教师工作做好后勤保障。

（4）国家主管部门要贯彻发展学生全面教育的方针，多监督多抽查地方学校的体育设施，做好学校体质健康工作的后勤保障。

惠州市初级中学学生体质健康现状分析

——以实验中学附属学校 2015 年数据为例①

近 30 多年来，我国青少年的体质呈下坡趋势，这种现象十分令人担忧！2014 年，陈珂在《吉首市城区初中生节假日体育参与研究》中分析："学生在节假日参与体育活动的人数较少，不利于学生假期的健康成长，学生参与体育运动不注意方法，大部分没有达到体育锻炼的强度要求。"②2012 年，冯晓玲在《我国青少年身体素质下降的成因分析与对策研究》中分析："学生的耐力素质和速度素质下降很明显，需要给予特别的干预，尽快得到提高。优良基因的遗传不明显、营养不良或过剩、环境因素等，这些都是导致身体素质下降的因素。鉴于中国青少年超重和肥胖率持续上升的现状，可以推断造成目前青少年身体素质下降的其中一个原因是超重和肥胖率的持续增长。青少年身体素质下降的直接原因是学生身体活动量下降。"③2015 年，张文娟在《新版〈国家学生体质健康标准〉的变化和实施效果研究》中分析："国家每年进行体质测试是为了促进学生体质健康发展，激励学生积极锻炼身体，让学生了解自己每年的身体素质状况，也可以让学校、省市以及相关部门随时了解当下青少年的身体状况。新版本的体质健康测试能在不同组别的学生能力范围内相对全面的测出学生的体质状况，符合现在学生体质的现状，能更好地反映学生体质状况。"④2011 年，朱永莉等在《实施〈国家学生体质健康标准〉的现状分析——以云南大学为例》中论述："学生体质健康状况出现下滑趋势，我国青少年学生的体能素质整体下降，这将直接影响我国国民素质。大部分学校能够合理完善实施学生体质健康测试的《标准》，有少部分学校对学生体质健康测试的《标准》实施不够合理完善，没能很好地落实《标准》，比如领导不够重视、经费不足、测试场地受限等。"⑤2012 年，李佳佳在《运动干预对中学生体质影响的实验研究》中分析："运动干预后学

① 本文发表在《惠州学院学报（自然科学版）》2017 年第 3 期（张宗国与曾思维合作完成），略有改动。
② 陈珂.吉首市城区初中生节假日体育参与研究[D].吉首:吉首大学,2014.
③ 冯晓玲.我国青少年身体素质下降的成因分析与对策研究[D].北京:北京体育大学,2012.
④ 张文娟.新版《国家学生体质健康标准》的变化和实施效果研究[D].天津:天津师范大学,2015.
⑤ 朱永莉,仲显彬.实施《国家学生体质健康标准》的现状分析——以云南大学为例[J].云南大学学报（自然科学版）,2011,33(S1):343-346,350.

生的速度、耐力、爆发力、弹跳力呈现出显著的提高,学生的心肺功能提高,肺活量增加,身高有显著的变化,体重均有不同程度的变化,但是不呈现显著性的差异。"[①]2016 年,苏兴田等在《影响中学生体质健康状况的归因分析》中分析:"由于受到学生体育意识淡薄、学生人数、体育场地等因素的影响,为增强学生体质的健身需求体育课的质量还达不到;完善的管理制度和系统活动理念在课外体育锻炼中体现不出,体育课的执行力度不强,在体育课中没有有效组织,没有对学生有很好地约束力;学生在体质健康方面对自身关注度很低,没有很好地认识体育锻炼的重要性;学生身体活动的机会减少;网络资源盛行;体育安全错位;学习压力大;营养摄入不均衡;独生子女现象突出等因素的影响,多年以来,我国中学生体质健康状况表现为逐渐下降的趋势。"[②]本研究试图以实验中学附属学校学生体质健康测试的数据为研究对象,结合有关的文献资料,认真统计分析惠州市中学生国家学生体质健康标准现状,并探索问题存在的原因,为惠州市中学生体质健康水平的提高提供一定的参考依据。

一、研究对象

以 2015 年惠州市实验中学附属学校学生体质健康测试的数据为研究对象。

二、研究方法

(1)文献资料法

查阅近几年有关《国家学生体质健康标准》的研究论文,以及引用中国知网、惠州学院图书馆相关资料、专著、期刊、文献等为本论文提供的相关资料。

(2)对比分析法

整理统计惠州市实验中学附属学校《国家学生体质健康标准》测试相关的数据,进行对比分析。

(3)数理统计法

对惠州市实验中学附属学校《国家学生体质健康标准》测试相关数据进行统计与整理分析。

(4)专家访谈法

通过电话方式访谈参加过《国家学生体质健康标准》研究的高校院系专家,进行更进一步的了解和探讨。

①　李佳佳.运动干预对中学生体质影响的实验研究[D].吉林:东北师范大学,2012.
②　苏兴田,徐生辉.影响中学生体质健康状况的归因分析[J].体育科技文献通报,2016,24(1):114-115,130.

三、研究结果与分析

（1）身高、体重的现状与分析

身高和体重是反映人体纵向和横向的发育增长指标，从身高和体重上的比例标准可以反映出一个人的营养状况，由表 5-7 可得，2015 年惠州市实验中学附属学校男女生身高平均成绩为 156.35 cm 和 153.24 cm，体重平均成绩为 46.99 kg 和 143 kg，这一数据和 2012 年邵永东对张家口地区初级中学生体质健康测试的"坝上、坝下男生平均身高为 168.9 cm 和 170.7 cm，女生平均身高为 160.5 cm 和 161.6 cm，男生平均体重为 58.2 kg 和 54.3 kg，女生平均体重为 50.5 kg 和 51.8 kg"[1]测试结果相比，惠州市实验中学附属学校学生身高、体重低于张家口地区初级中学的学生，这可能与不同区域人群生长发育趋势有关。由表 5-8 可看出惠州市实验中学附属学校男女生 BMI 正常所占比例为 73％、81％、87％、85％，低体重所占比例为 8％、5％、1％、9％，超体重所占比例为 7％、7％、7％、2％，肥胖所占比例为 12％、7％、5％、4％，可以看出惠州市实验中学附属学校男女生 BMI 均在 73％以上，这反映了惠州市实验中学附属学校学生的体重指数（MBI）绝大多数处于正常水平。

表 5-7 2015 年惠州市实验中学附属学校学生的身高、体重（$n=457$）

平均值和标准差	男生	女生
	$X \pm s$	$X \pm s$
身高	156.35±8.93	153.24±6.10
体重	46.99±11.20	143.15±7.93

表 5-8 2015 年惠州市实验中学附属学校学生体重指数（MBI）等级评价统计表（$n=457$）

受测对象	样本数	正常/％	低体重/％	超体重/％	肥胖/％
初一男生	104	73	8	7	12
初二男生	143	81	5	7	7
初一女生	120	87	1	7	5
初二女生	90	85	9	2	4

（2）坐位体前屈的现状与分析

评价身体柔韧性的一项重要指标就是坐位体前屈，关节周围各组织的伸展能力和弹性以及关节的最大活动幅度能够通过该指标有效地反映出来。身体

---

[1] 邵永东.张家口地区初级中学学生体质健康现状调查与分析[D].石家庄:河北师范大学,2013.

柔韧素质的发育水平在坐位体前屈这项测试指标中能够客观地反映出来。由表 5-9 可得,2015 年惠州市实验中学附属学校男女生坐位体前屈平均成绩为 6.40 cm 和 9.79 cm,男生最大值、最小值分别为 12.17 cm、0.63 cm,女生最大值、最小值分别为 14.99 cm、4.59 cm,这一数据和 2014 年马杰等对常州市初中学生体质健康测试的"男女生坐位体前屈平均成绩 9.0 cm 和 13.1 cm"[①]测试结果相比,说明惠州市实验中学附属学校学生身体柔韧素质不及常州市初中学生的素质平均水平。由表 5-10 可以看出惠州市实验中学附属学校男女生坐位体前屈优秀所占比例为 7%、9%、9%、2%,良好所占比例为 11%、12%、4%、16%,及格所占比例为 77%、74%、82%、75%,不及格所占比例为 5%、5%、5%、7%,该项指标男女生呈现一致结果,就是优秀、良好比例过低,大多数处于及格水平,这反映了惠州市实验中学附属学校学生的柔韧性普遍较差,可能与平时柔韧性练习较少有关。同时该指标与 BMI 相比优秀率差距较大。

表 5-9 2015 年惠州市实验中学附属学校学生坐位体前屈($n=457$)

平均值和标准差	男生	女生
	$X \pm s$	$X \pm s$
坐位体前屈	6.40 ± 5.77	9.79 ± 5.20

表 5-10 2015 年惠州市实验中学附属学校学生坐位体前屈等级评价统计表($n=457$)

受测对象	样本数	优秀/%	良好/%	及格/%	不及格/%
初一男生	104	7	11	77	5
初二男生	143	9	12	74	5
初一女生	120	9	4	82	5
初二女生	90	2	16	75	7

(3)肺活量的现状与分析

人体肺功能的重要指标是由肺活量来衡量的,它也是人体耐力素质水平的体现。由表 5-11 可得,2015 年惠州市实验中学附属学校男女肺活量平均成绩为 2 994.69 mL 和 2 320.84 mL,这一数据和 2012 年邵永东对张家口地区初级中学生体质健康测试的"坝上、坝下男生平均肺活量成绩为 3 614.4 mL 和 3 303.3 mL,女生平均肺活量成绩为 26 120.1 mL 和 2 467.9 mL"[②]测试结果相比,说明

---

① 马杰,宋军.2014 年常州市初中学生身体素质状况的调查研究[J].运动,2015,(2):66-67.

② 邵永东.张家口地区初级中学生体质健康现状调查与分析[D].石家庄:河北师范大学,2013.

惠州市实验中学附属学校学生身体肺功能略低于张家口地区初级中学学生,这与影响肺活量的因素有关。研究表明:肺活量与身高、体重、胸廓大小、呼吸的力量有关,一般情况下,上述因素较大者肺活量较大,这与张家口地区初级中学学生平均的身高、体重大于惠州市实验中学附属学校学生的现象较吻合。由表5-12 可以看出惠州市实验中学附属学校学生肺活量优秀所占比例为 22%、16%、40%、7%,良好所占比例为 29%、21%、12%、20%,及格所占比例为48%、51%、47%、62%,不及格所占比例为 1%、12%、1%、11%,尤其是初二女生优秀率最低、不及格率较高,初一优于初二,这反映了惠州市实验中学附属学校学生心肺功能大多数处于及格水平,可能与平时心肺功能锻炼较少有关。

表 5-11 2015 年惠州市实验中学附属学校学生肺活量(n＝457)

平均值和标准差	男生	女生
	$X\pm s$	$X\pm s$
肺活量	2 994.69±665.05	2 320.84±523.58

表 5-12 2015 年惠州市实验中学附属学校学生肺活量等级评价统计表(n＝457)

受测对象	样本数	优秀/%	良好/%	及格/%	不及格/%
初一男生	104	22	29	48	1
初二男生	143	16	21	51	12
初一女生	120	40	12	47	1
初二女生	90	7	20	62	11

(4) 女生一分钟仰卧起坐的现状与分析

仰卧起坐是反映人体腹肌力量的指标,由表 5-13 可得,2015 年惠州市实验中学附属学校女生一分钟仰卧起坐平均成绩为 26.69 个,这一数据和 2014 年马杰、宋军对常州市初中学生体质健康测试"女生的仰卧起坐 12 岁平均成绩为30.11 个和 13～14 岁平均成绩 32.19 个"[1]测试结果相比,说明惠州市实验中学附属学校学生身体腹肌力量低于常州市初级中学学生。由表 5-14 可以看出惠州市实验中学附属学校女生一分钟仰卧起坐优秀所占比例为 0,良好所占比例为 5%、2%,及格所占比例为 78%、69%,不及格所占比例为 17%、29%,这反映了惠州市实验中学附属学校女生的腹肌力量素质大多数处于及格、不及格水平,从而说明惠州市实验中学附属学校女生的腹肌力量素质水平很低,可能与

---

① 马杰,宋军.2014 年常州市初中学生身体素质状况的调查研究[J].运动,2015,(2):66-67.

平时体育课腹肌力量锻炼较少、平时学生对腹肌力量的锻炼较少或者是腹肌力量的锻炼场地较少有关。同时可看出女生腹肌力量随年龄增长平均水平呈现下降趋势，该项指标的优秀率与前面分析的 BMI、坐位体前屈、肺活量，以及 50 m、立定跳远、女生 800 m、男生 1 000 m、引体向上（见后述）的指标优秀率相比，腹肌力量是优秀率最低的指标。

表 5-13　2015 年惠州市实验中学附属学校女生一分钟仰卧起坐成绩($n=210$)

	女生
平均值和标准差	$X \pm s$
仰卧起坐	26.69 ± 9.39

表 5-14　2015 年惠州市实验中学附属学校女生一分钟仰卧起坐等级评价统计表($n=457$)

受测对象	样本数	优秀/%	良好/%	及格/%	不及格/%
初一女生	120	0	5	78	17
初二女生	90	0	2	69	29

（5）50 m 跑的现状与分析

50 m 跑是反映人体的速度素质的重要指标，由表 5-15 可得，2015 年惠州市实验中学附属学校男女生 50 m 跑的平均成绩为 8.28 s 和 9.25 s，这一数据和 2014 年马杰、宋军对常州市初中学生体质健康测试的"男女生 50 m 跑的平均成绩 8.12 s 和 9.11 s"[1]测试结果相比，说明惠州市实验中学附属学校学生速度素质与常州市初级中学学生相差不大。由表 5-16 可以看出惠州市实验中学附属学校学生 50 m 跑，男生优秀所占比例为 43％、39％，良好所占比例为 5％、21％，及格所占比例为 49％、33％，不及格所占比例为 3％、7％，女生优秀所占比例为 10％、7％，良好所占比例为 28％、24％，及格所占比例为 59％、69％，不及格所占比例为 3％、0，这反映了惠州市实验中学附属学校男生优秀率比女生高。在青春发育期，女生的肌肉发育慢于男孩，肌肉体积、重量均低于男生，这主要是由于雄性激素的同化作用引起的。有资料报道，女性上半身伸肌的肌肉力量仅为男性的 2/3，腰部肌肉力量亦为男性的 2/3，下肢爆发力为男性的 3/4。

---

① 　马杰,宋军.2014 年常州市初中学生身体素质状况的调查研究[J].运动,2015,(2):66-67.

表 5-15   2015 年惠州市实验中学附属学校学生 50 m 跑($n=457$)

平均值和标准差	男生	女生
	$\overline{X}\pm s$	$\overline{X}\pm s$
50 m	8.28 ± 1.09	9.25 ± 0.84

表 5-16   2015 年惠州市实验中学附属学校学生 50 m 跑等级评价统计表($n=457$)

受测对象	样本数	优秀/%	良好/%	及格/%	不及格/%
初一男生	104	43	5	49	3
初二男生	143	39	21	33	7
初一女生	120	10	28	59	3
初二女生	90	7	24	69	0

（6）立定跳远的现状与分析

立定跳远是反映人体的弹跳素质的重要指标,由表 5-17 可得,2015 年惠州市实验中学附属学校男女生立定跳远的平均成绩分别为 189.31 cm 和 162 cm,这一数据和 2014 年马杰、宋军对常州市初中学生体质健康测试的"男女生立定跳远的平均成绩分别为 199.9 cm 和 165.7 cm"[1]测试结果相比,说明惠州市实验中学附属学校学生弹跳力素质大多数低于常州市初中学生,女生大多数相差不大。由表 5-18 可以看出惠州市实验中学附属学校学生立定跳远优秀所占比例为 10%、12%、13%、9%,良好所占比例为 30%、33%、19%、20%,及格所占比例为 49%、39%、62%、53%,不及格所占比例为 11%、16%、6%、18%,这与表 5-16 男生 50 m 优秀所占比例为 43%、39%,良好所占比例为 5%、21%,及格所占比例为 49%、33%,不及格所占比例为 3%、7%,女生 50 m 优秀所占比例为 10%、7%,良好所占比例为 28%、24%,及格所占比例为 59%、69%,不及格所占比例为 3%、0 相比较,这反映了男生立定跳远的优秀率明显降低,原本它俩表现一致,男生 50 m 优秀多立定跳远的优秀也应该多,可能是立定跳远需要技术,学生平时没练过,技术掌握不了,场地不适应有关。

表 5-17   2015 年惠州市实验中学附属学校学生立定跳远($n=457$)

平均值和标准差	男生	女生
	$\overline{X}\pm s$	$\overline{X}\pm s$
立定跳远	189.31 ± 24.49	162 ± 18.24

---

[1]   马杰,宋军.2014 年常州市初中学生身体素质状况的调查研究[J].运动,2015,(2):66-67.

表 5-18　2015 年惠州市实验中学附属学校学生立定跳远等级评价统计表(n＝457)

受测对象	样本数	优秀/%	良好/%	及格/%	不及格/%
初一男生	104	10	30	49	11
初二男生	143	12	33	39	16
初一女生	120	13	19	62	6
初二女生	90	9	20	53	18

(7) 女生 800 m、男生 1 000 m 的现状与分析

能够反映人体耐力素质的比较重要指标是女生 800 m、男生 1 000 m 的中长跑成绩,由表 5-19 可得女生 800 m 平均成绩为 241.36 s,男生 1 000 的平均成绩为 297.89 s,这一数据和 2014 年马杰等对常州市初中学生体质健康测试的"女生 800 m 平均成绩为 232.7 s,男生 1 000 m 平均成绩为 261.5 s"[①]测试结果相比,说明惠州市实验中学附属学校的学生耐力素质低于常州市初中学生,这可能与不同区域人群的耐力素质有关,从资料上看北方人群耐力素质明显比南方好。由表 5-20 可以看出惠州市实验中学附属学校女生 800 m、男生 1 000 m 优秀所占比例为 4％、25％、14％、44％,良好所占比例为 8％、21％、17％、20％,及格所占比例为 41％、49％、54％、36％,不及格所占比例为 47％、5％、15％、0,这反映了惠州市实验中学附属学校学生耐力素质大多数处于及格水平比例较高,可能与平时耐力素质练习较少有关。同时可看出该指标优秀率、良好率的女生与 50 m 指标优秀率、良好率的女生比较之下,初二优于初一,耐力素质随年龄增加趋势与 50 m 不同。

表 5-19　2015 年惠州市实验中学附属学校女生 800 m、男生 1 000 m(n＝457)

平均值和标准差	男生	女生
	$\bar{X} \pm s$	$\bar{X} \pm s$
1 000 m 和 800 m	297.89±59.4	241.36±37.20

表 5-20　2015 年惠州市实验中学附属学校女生 800 m、男生 1 000 m 等级评价统计表(n＝457)

受测对象	样本数	优秀/%	良好/%	及格/%	不及格/%
初一男生	104	4	8	41	47
初二男生	143	25	21	49	5
初一女生	120	14	17	54	15
初二女生	90	44	20	36	0

---

① 马杰,宋军.2014 年常州市初中学生身体素质状况的调查研究[J].运动,2015,(2):66-67.

（8）男生引体向上的现状与分析

引体向上显示是反映人体上肢力量好坏的一项重要指标,由表 5-21 可得 2015 年,惠州市实验中学附属学校男生引体向上平均成绩为 4.23 个,这一数据和 2014 年马杰等对常州市初中学生体质健康测试"男生引体向上 12 岁平均成绩为 27.71 和 13～14 岁平均成绩 1.89 个"[①]测试结果相比,从而可以计算出常州市初中学生体质健康测试男生 12～14 岁的平均成绩为 14.8 个引体向上,说明惠州市实验中学附属学校学生上肢力量不及常州市初中学生水平。由表 5-22 可以看出惠州市实验中学附属学校男生引体向上优秀所占比例为 1％、23％,良好所占比例为 4％、16％,及格所占比例为 16％、38％,不及格所占比例为 79％、23％,这反映惠州市实验中学附属学校男生的上肢力量大多数处于及格与不及格水平,除与学生平时上肢力量锻炼较少有关外,评分标准过高也是原因之一,另外,初二学生男生的及格率和优秀、良好率明显高于初一。这一现象与力量素质随着男性个体的年龄增长而增长的现象比较吻合。

表 5-21　2015 年惠州市实验中学附属学校男生引体向上(n＝247)

	男生
平均值和标准差	$X\pm s$
仰卧起坐	4.23±5.70

表 5-22　2015 年惠州市实验中学附属学校男生引体向上等级评价统计表(n＝457)

受测对象	样本数	优秀/％	良好/％	及格/％	不及格/％
初一男生	104	1	4	16	79
初二男生	143	23	16	38	23

四、结论

（1）惠州市实验中学附属学校学生 MBI 正常所占比例均在 73％以上,在国家体制健康测试的各项指标中优秀率最高。

（2）惠州市实验中学附属学校学生身体柔韧素质及格所占比例为 77％、74％、82％、75％,但优秀率较低,最高仅为 9％。

（3）惠州市实验中学附属学校学生身体肺功能及格所占比例为 48％、

---

① 马杰,宋军.2014 年常州市初中学生身体素质状况的调查研究[J].运动,2015,(2):66-67.

51％、47％、62％,但优秀率较低,最高仅为 40％,说明半数左右的学生肺功能水平一般。

（4）惠州市实验中学附属学校学生身体腹肌力量及格所占比例均大于 65％,优秀率为 0,在国家体制健康测试的各项指标中优秀率最低。

（5）惠州市实验中学附属学校学生速度素质优秀所占比例为 43％、39％、10％、7％,随年龄增长速度素质逐渐降低。

（6）惠州市实验中学附属学校男生 50 m 跑优秀所占比例为 43％、39％,男生立定跳远优秀所占比例为 10％、12％,男生立定跳远的优秀率低于 50 m 跑。

（7）惠州市实验中学附属学校的学生耐力素质及格所占比例为 41％、49％、54％、36％,大多数处于及格水平,优秀率较低最高仅为 23％,说明半数左右的学生耐力素质水平一般。

（8）惠州市实验中学附属学校学生上肢的力量素质随着年龄的增长而均有所增强,大多数处于及格与不及格水平,及格率较低,最高仅为 38％,与各项指标相比不及格率最高为 79％。

五、建议

（1）要重视学生柔韧素质的锻炼,加强学生课间课外的柔韧练习,从而使学生养成良好的柔韧练习习惯。

（2）要重视学生耐力素质的锻炼,加强学生课间课外的中长跑训练,让学生养成良好的长跑跑步习惯。

（3）要重视学生的腹肌锻炼,加强学生课间课外的腹肌练习,让学生养成良好的腹肌锻炼习惯。

（4）要重视学生的速度素质的锻炼和弹跳素质的锻炼,加强学生课间课外的速度素质和弹跳素质的锻炼,让学生养成良好的速度和弹跳练习习惯以及对立定跳远的技术掌握。

（5）要重视学生的上肢力量素质的锻炼,加强学生课间课外的上肢力量的锻炼,让学生养成良好的上肢力量锻炼习惯。

惠州市大学生体质健康现状分析
——以惠州学院为例

学生体质健康水平直接影响到青少年一代的健康成长和我国高素质人才培养的质量,关系到千家万户的幸福和国家往更健康稳定的方向发展,提高国民整体素质。21 世纪以来,在高科技生活和社会环境逐渐强大、人的惰性对科技的依赖性逐渐加大以及学生的工作压力逐渐加大的背景下,我国大学生体质健康水平呈现出持续下降的严峻形势,引起了政府、社会各界、学校和家长的广泛关注①②。俗话说,少年弱则国弱,少年强则国强。关心学生体质健康,引导学生积极参加体育锻炼,努力提高学生体质健康水平是当前实施素质教育的主要工作。

2014 年 7 月 18 日,教育部印发了《国家学生体质健康标准》(2014 年修订),要求各学校每学年开展覆盖本校各年级学生的《标准》测试工作,并根据学生学年总分评定等级要求,只有达到良好及以上的学生,方可参加学校各种评优和评奖。

一、研究对象

采用惠州学院 2014 年学生体质测试成绩。

二、研究方法

(1) 文献资料法

充分利用本学院图书馆、网络图书馆等平台,查阅、引用相关专著、期刊文献等;查阅有关《国家学生体质健康标准》的文献和资料,认真思考与本课题相关的现状、背后反映的问题,从而探索出这些问题存在的历史原因以及如何改善乃至创新的对策。

(2) 数据调查法

通过学生、老师、学校方面去收集往届学生体质测试的结果进行分析。

(3) 比较分析法

进行旧标准与新标准的体质健康标准下的各测试项,以及两年来的数据进行比较,反映出惠州学院学生的体质现状,找出问题所在,进而指出学校和学生、老师乃至家长需要如何配合与改进来缓解现阶段学生的体质下滑问题。

(4) 数理统计法

整合了解到的历史数据和成绩,通过数据统计与分析来获得更有说服力的结论。

三、结果与分析

1. 新增指标测试的目的与意义

新修订的《国家学生体质健康标准》适用于全日制普通小学、初中、普通高

---

① 刘静民,邢枉,郭惠珍.《国家学生体质健康标准》大学生评价体系合理性的研究[J].体育文化导刊,2012(3):102-104,120.

② 杨晓.常熟理工学院 2009 年度学生体质健康测试结果分析[J].常熟理工学院学报:自然科学版,2010,24(8):105-109.

中、中等职业学校、普通高等学校的学生,将学生按照年级划分为不同组别,身体形态类中的身高、体重,身体机能类中的肺活量,以及身体素质类中的为各年级学生共性指标。

《标准》的学年总分由标准分与附加分之和构成,满分为 120 分。根据学生学年总分评定等级:90.0 分及以上为优秀,80.0~89.9 分为良好,60.0~79.9 分为及格,59.9 分及以下为不及格[①]。《标准》规定,学生测试成绩评定达到良好及以上者,方可参加评优与评奖;成绩达到优秀者,方可获体育奖学分。测试成绩评定不及格者,在本学年度准予补测一次,补测仍不及格,则学年成绩评定为不及格。普通高中、中等职业学校和普通高等学校学生毕业时,《标准》测试的成绩达不到 50 分者按结业或肄业处理。

《标准》的实施让"健康第一"在学校体育工作中的地位更加明确,实用性也较强,因此有利于促进和激励学生全面发展、有利于学生全面锻炼、增强学生强身健体的责任感。对学校来说,在实现健康发展的测试活动中,因为新的科学仪器、数据采集和录入有相关软件的支撑,从而减轻了战斗在测试一线工作人员的负担。

2. 新增指标评分标准

(1)绝对肺活量值代替肺活量指数

2007 年的旧《标准》中对肺活量测试的规定是:肺活量体重指数=肺活量/体重,计算肺活量体重指数时,肺活量的单位为毫升,测试时保留整数;体重的单位为公斤,测试时保留 1 位小数,计算出指数后,舍去小数,用整数查表评分。2014 年新修订的《标准》中关于肺活量测试规定与旧《标准》有所不同的是以绝对值去进行评分。

(2)引体向上、仰卧起坐由选测项目变为必测项目

2014 年,新修订的《标准》中关于引体向上、仰卧起坐测试规定是由 2007 年标准选测项目改为必测项目。引体向上的测试目的在于测试学生的上肢肌肉力量的发展水平,方法是受试者跳起双手正握杠,两手与肩同宽成直臂悬垂。静止后,两臂同时用力引体(身体不能有附加动作),上拉到下颌超过横杠上缘为完成一次,并记录引体次数。仰卧起坐测试的目的在于测试学生的腹肌耐力,方法是受试者仰卧于垫上,两腿稍微分开,屈膝呈 90 度左右,两手指交叉贴于脑后。另一同伴压住其踝关节,以固定下肢。受试者坐起时两肘触及或超过

---

① 中华人民共和国教育部.教育部办公厅关于《国家学生体质健康标准(2014 年修订)》测试和上报工作通知[EB/OL].(2014-07-18)[2015-10-12]. http://www. csh. edu. cn/MOETC/home/homeAction! toPublicInfoDetails. action? puhlicInfoId=2c95958347a57fe70147c 812356f0071.

双膝为完成一次。仰卧时两肩必须触垫。测试人员发出开始口令后同时开始计时，记录一分钟内受试者完成的次数。

（3）1 000 m、800 m 代替台阶测试

1 000 m、800 m 测试的目的在于测试学生耐力素质的发展水平，特别是心血管呼吸系统的技能及肌肉耐力。测试方法是规定起跑线，并要求集体跑，在口令下后开始起跑，计时员听到口令后也开始计时，当受试者的躯干部到达重点线垂直面时停表，以分、秒为单位记录测试成绩，不计小数。2014 年新修订的《标准》中规定 1 000 m 和 800 m 测试取代台阶测试，也成为必测项目。

（4）BMI（身高体重指数）测试代替身高体重评分

身高和体重测试目的在于评定学生的身体匀称度，评价学生生长发育水平及营养状况。旧标准下的身高体重并不是以指数形式进行评比，而 2014 年新修订的《标准》中关于 BMI 测试的具体标准，是通过公式［体质指数 BMI＝体重（kg）/身高×2（m）］，计算得出 BMI 值，通过 BMI 评分表分析学生处于哪一个等级。

3. 惠州学院 2012 年（2013 年全国未评分）和 2014 年新增指标刚试成绩比较

（1）肺活量测试成绩结果分析

以 2012 年和 2014 年惠州学院学生进行肺活量测试的成绩进行比较可知（表 5-23），2012 年参与测评的学生总数为 16 619 人，2014 年参与测评的学生总数为 16 562 人。2012 年肺活量测试成绩处于及格以上等级比例占 59.38％，其中优秀和良好的等级比例仅占 18.37％，可见以肺活量指数为指标评价测试成绩优秀率较低，及格等级及以下人数占的比例较高。2014 年新《标准》以肺活量绝对值为指标测试成绩，优秀、良好率高于 2007 年标准，达到 30％以上，不及格下降到 31.87％左右，低于 2007 年标准的 40.63％。

表 5-23　惠州学院 2012 年和 2014 年学生肺活量测试成绩等级比例表

	优秀		良好		及格		不及格	
	2012 年	2014 年	2012 年	2014 年	2012 年	2014 年	2012 年	2014 年
人数	666	2 019	2 386	3 329	6 815	5 936	6 752	5 278
比例	4.01％	12.19％	14.36％	20.10％	41.01％	35.84％	40.62％	31.87％

注：2012 年测试标准为肺活量指数，2014 年测试标准为肺活量绝对值。

（2）引体向上、仰卧起坐成绩结果分析

　　惠州学院 2014 年对男生进行引体向上测试、女生进行仰卧起坐测试,成绩结果如下:

　　2014 年引体向上首次作为必测项目,针对男生进行此项测试后,成绩并不理想,超过 66.56％的学生成绩不及格(表 5-24)。袁磊[①]报道牡丹江师范学院2014 年体质测试为例,3 727 名男生在参加各项测试中不及格率最高的项目为引体向上,不及格率高达 94.5％。其中有 1 445 人一个也不能完成,比例为38.8％;433 人只能完成一个,比例为 11.6％;得到优秀(>17 个)的人数仅为14 人,比例仅为 0.4％。高刚[②]对新疆地区 3 408 人的测试发现,13~18 岁引体向上均值分别为 2.01,2.54,3.07,3.97,4.68,5.14 个,与我国 2010 年的"国标"基本吻合。江苏省公布的大学生引体向上均值为 3.8 个[③]。王丽花[④]对甘肃政法学院男生引体向上测试发现,优秀率仅为 0.7％,良好 1.7％,不及格率高达82.6％。很多男生的引体向上为 0。2014 年北京市 10 380 名学生参加了第八届《国家学生体质健康标准》测试赛,引体向上及格率在 10％以下。与以上数据对比,我院引体向上成绩相对较好。

表 5-24　惠州学院 2014 年男学生引体向上测试成绩等级比例表

	优秀	良好	及格	不及格
	2014 年	2014 年	2014 年	2014 年
人数	383	285	1 678	4 669
比例	5.46％	4.06％	23.92％	66.56％

　　注:2012 年无引体向上测试,故无进行数据对比。

　　以 2012 年和 2014 年惠州学院女学生进行仰卧起坐测试的成绩进行比较可知(表 5-25),2012 年女生仰卧起坐测试成绩处于及格以上等级比例占94.36％,2014 年的及格以上等级比例则占 91.95％,优秀和良好率 2014 年均低于 2007 年。说明女生仰卧起坐能力呈下降趋势。

　　①　袁磊,艾东明.高校男生引体向上的现状分析及对策研究[J].当代体育科技,2015,5(14):16-17.
　　②　高刚.新时期优化青少年学生体质健康评价指标研究——以新疆地区为例[D].上海:华东师范大学,2014.
　　③　徐焰,徐荣,蒲毕文.广东省青少年学生体质健康调研[J].体育学刊,2015,22(4):95-98.
　　④　王丽花.普通高校大学生体质健康测试现状分析——以甘肃政法学院学生体质健康测试为例[J].当代体育科技,2015,4(20):231-232.

表 5-25　惠州学院 2012 年女学生和 2014 年女学生仰卧起坐测试成绩等级比例表

	优秀		良好		及格		不及格	
	2012 年	2014 年	2012 年	2014 年	2012 年	2014 年	2012 年	2014 年
人数	163	30	276	99	7 894	7 723	498	687
比例	1.85%	0.35%	3.12%	1.16%	89.39%	90.44%	5.64%	8.05%

（3）1 000 m 和 800 m 跑成绩结果分析

2012 年惠州学院体能测试中有台阶测试一项,2014 年开始以耐力跑类项目替代台阶测试。由表 5-26 成绩比较可知,2012 年执行 2007 年标准,参与测评的学生总数为 16 619 人,台阶测试优秀、良好率达到近 59%,2014 年执行新标准,参与测评的学生总数为 16 562 人,1 000 m、800 m 成绩优秀、良好率为 49%,明显低于 2007 年标准的台阶测试。而不及格比例相差不大,说明耐力跑测试取得高分的难度高于台阶测试。

表 5-26　惠州学院 2012 年和 2014 年学生耐力跑测试成绩等级比例表

	优秀		良好		及格		不及格	
	2012 年	2014 年	2012 年	2014 年	2012 年	2014 年	2012 年	2014 年
人数	4 240	3 821	5 515	4 464	4 252	5 844	2 612	2 523
比例	25.51%	22.95%	33.18%	26.81%	25.59%	35.09%	15.72%	15.15%

（4）BMI（身高体重指数）测试成绩结果分析

由表 5-27 知,2012 年执行 2007 年标准,评价方法为身高体重指标评价,处于正常体重等级的比例占 28.11%,较低体重和营养不良等级的比例占 64.57%,超重和肥胖等级的比例占 7.32%。2014 年执行新标准,以 BMI 为评价指标,正常体重等级的比例占 23.83%,较低体重和营养不良等级的比例占 70.19%,超重和肥胖等级的比例占 5.98%。由此可见,评价方法的改变是导致学生正常体重的比例明显下降的主要原因。

表 5-27　惠州学院 2012 年和 2014 年学生 BMI 测试成绩等级比例表

	正常体重		低体重		营养不良		超重		肥胖	
	2012 年	2014 年	2012 年	2014 年	2012 年	2014 年	2012 年	2014 年	2012 年	2014 年
人数	4 671	3 946	7 788	8 162	2 944	3 463	484	419	732	572
比例	28.11%	23.83%	46.86%	49.28%	17.71%	20.91%	2.91%	2.53%	4.41%	3.45%

四、结论

(1) 2014 年标准与 2007 年标准比较,新增引体向上、仰卧起坐、1 000 m、800 m 测试项目;在评价指标选择上,BMI 代替身高体重、肺活量绝对值代替肺活量指数。

(2) 2014 年新标准以肺活量绝对值为指标评价,测试成绩优秀、良好率高于 2007 年标准,达到 30％以上,不及格下降到 31.87％左右,低于 2007 年标准的 40.63％。

(3) 2014 年执行新标准,1 000 m、800 m 成绩优秀、良好率为 49％,明显低于 2007 年标准的台阶测试。

(4) 2014 年引体向上首次作为必测项目,成绩并不理想,超过 64.95％的学生成绩不及格,但与全国平均水平比较,我院引体向上成绩相对较好。

(5) 以 BMI 为评价指标,正常体重等级的比例下降,仅占 23.83％,较低体重和营养不良等级比例上升占 70.19％。

五、建议

(1) 以肺活量绝对值代替肺活量指数为评价指标,忽略了个体身高与体重优势,其公正性值得进一步探讨。

(2) 男生引体向上与女生仰卧起坐测试数据说明,学生日常生活中上肢肌肉和腹肌的锻炼程度不够,在体育课程以及课外活动中有待加强。

(3) 多项研究表明,1 000 m、800 m 跑难度高于台阶测试,在今后耐力素质锻炼中,应适当增加训练的强度,保证每周锻炼的一定次数,对提高心肺功能有利。

(4) 应引导大学生理解 BMI 指数正常的重要性以及与现代文明病的关系,适当控制体重对长期健康有利。

(5) 结合学生《标准》的成绩分析,宣传《新标准》的意义,学校将每年测试的结果反馈给学生,使学生对自己的身体健康素质现状全面了解,在普及科学健身知识的同时,帮助学生制定个人运动处方与计划。

惠州市国民体质健康现状与分析
——基于 2015 年的数据[①]

影响体质强弱的因素是多方面的,它与遗传、环境、营养、体育锻炼等有着密切的关系。遗传对体质的发展提供了可能性或前提条件,而体质强弱的实际情况,则有赖于后天环境、营养、卫生和身体锻炼等因素。因此,有计划、有目的

[①] 本文发表在《惠州学院学报(自然科学版)》2017 年第 3 期(刘晓辉与王俊合作),略有改动。

地进行科学锻炼,是增强体质最积极有效的手段。在全面建设小康社会的过程中,国民体质研究受到了政府和国民的广泛关注。人类素质的提高很大程度上有赖于体质的增强,所以要求我们必须从整体上提高全民族的体质。

体育锻炼是增强国民体质与健康水平的重要途径。世界上许多国家和社会团体采取很多措施和方法引导民众进行体育健身。其中最受欢迎、最有效的方法之一就是制定和推行各种体育锻炼或体质评级标准。一些国家将它作为一项制度实施,例如,苏联和东欧一些国家推行的《劳卫制》《祖国制》等。另外,美国、德国、加拿大、日本、芬兰、奥地利、新加坡等国家,由政府或社会团体制定出一些体力、运动能力的评级标准,对群众的体力和运动水平进行评级。①②③④随着我国综合国力的快速增强,小康社会、社会主义新农村等惠民工程建设步伐的加快,人民的生活水平得到有效提高。但是,在人们开始享受科学技术和现代文明所带来的便捷、舒适的现代生活的同时,我国的亚健康人群却在悄然增多,青少年体质健康发育水平不断下降。这一现状关系到中华民族的整体素质发展,关系到中华民族的兴亡,严重影响到国家的安全,已经引起国家的高度重视。通过对国民体质健康水平的监测和科学健身指导,可以有效地增强国民的健康意识,提高国民体质健康水平,可以有效地助力"中国梦"的早日实现。⑤⑥

一、研究对象

选取惠州市国民体质检测中心 2015 年数据。

二、研究方法

(1)文献资料法

根据本课题研究的需要,在中国期刊网查阅和收集与本研究领域有关的文献著作及相关文章,对本研究所需的资料进行收集、整理,作为后续研究的主要理论依据。

(2)数理统计与分析法

运用数据处理,采用数据库软件和统计软件(采用统计学分析运算、数据挖掘、预测分析)对 2015 年体质检测数据进行分析处理。编辑制作成图表的形式,可以更加直观地观察出数据的特点,以及理论上的描述、分析及概括总结。

① 罗平,张剑.美国青少年健康体适能教育计划开发概况[J].上海体育学院学报,2009,33(1):86-90.

② 江崇民,于道中,季成叶,等.《国民体质测定标准》的研制[J].体育科学,2004,24(3):33-36.

③ 张丽娜,王诚民,张文波.对国民体质健康研究若干问题的思考[J].理论观察,2015(2):68-69.

④ 陈文鹤.体质测试指标的遴选及其意义[J].体育科研,2008,29(1):9-11.

⑤ 唐宇钧.试论体育对现代国民体质健康的影响[J].吉林体育学院学报,2004(1):133-134.

⑥ 池建.国民体质健康研究的思考[J].北京体育大学学报,2009(12):1-4.

（3）对比分析法

对 2015 年体质测试的整体数据进行横向与纵向的对比分析。

三、研究结果与讨论

1. 惠州市市民身体形态分析

由表 5-28 知,男性身高的平均数值为 171.4 cm,女性身高的平均数值为 160 cm。据国务院新闻办 2015 年 6 月 30 日发布《中国居民营养与慢性病状况报告》中显示,中国男性平均身高为 167.1 cm,女性身高为 155.8 cm。惠州男性市民平均身高高出全国男性平均身高 4.3 cm,女性市民平均身高高出全国女性平均身高 4.2 cm。男性平均身高数值的最大值(174.6 cm)和女性身高数值的最大值(161.8 cm),都出现在 25～29 岁的年龄段中。男性身高数值的最小值(167.1 cm)和女性身高数值的最小值(157.7 cm),都出现在 55～59 岁的年龄段中。

表 5-28　2014—2015 年惠州市不同年龄段男女平均身高变化情况

年龄	男性身高/cm		女性身高/cm	
	2015 年	2014 年	2015 年	2014 年
20～24	172.6	172.7	161.0	159.1
25～29	174.6	172.6	161.8	158.4
30～34	172.2	171.1	161.3	158.6
35～39	172.9	168.7	161.3	158.8
40～44	171.2	170.2	159.2	157.6
45～49	171.6	170.3	158.9	157.5
50～54	169.1	167.6	158.9	158.0
55～59	167.1	167.9	157.7	157.4
均值	171.4	170.1	160.0	158.2

根据 2014 年数据显示,男性平均身高为 170.1 cm,女性平均身高 158.2 cm,总体平均身高为 164.2 cm。所以在 2015 年中,男性平均身高在 2015 年中增高了 1.3 cm,女性平均身高增高了 1.8 cm,总体增高了 1.5 cm。

由表 5-29 知,男性体重的平均数值为 67.6 kg,女性体重的平均数值为 56.3 kg。可以看出男女随着年龄的增长,体重指标在 20～49 岁年龄段呈现上升的趋势,在 50～59 岁年龄段中呈现下降的趋势。随着年龄的增长男性的体重比女性的波动较大,且每个年龄段中,男性的平均体重都高于女性平均体重。男女体重数值的最大值 64.9 kg 都出现在 45～49 年龄段,体重数值的最小值 58.4 kg 都出现在 20～24 年龄段。

表 5-29　2014—2015 年惠州市不同年龄段男女平均体重变化情况

年龄	男性体重/kg		女性体重/kg	
	2015 年	2014 年	2015 年	2014 年
20～24	64.9	66.0	52.0	47.3
25～29	66.8	68.3	54.6	53.4
30～34	68.8	72.5	56.2	54.0
35～39	70.0	67.9	57.4	56.1
40～44	68.5	72.1	56.5	56.9
45～49	71.0	71.6	58.8	59.6
50～54	65.7	66.1	58.6	57.5
55～59	65.1	70.2	56.1	59.2
均值	67.6	69.3	56.3	55.5

根据 2014 年数据显示,总体平均体重为 62.4 kg。其中男性平均体重 69.3 kg,女性平均体重 55.5 kg。2015 年总体平均体重下降了 0.5 kg,其中男性平均体重下降 1.7 kg,女性平均体重上升了 0.8 kg。

参照《国民体质测定标准手册》中身高标准体重评分标准,现将 1 分设定为差、3 分设定为中等、5 分设定为优秀。划分的等级表示被评价者某项指标在整体中所处位置(该整体为受试者所在年龄段和性别人群),评分越大状况越好[1]。

由表 5-30 知,身高标准体重等级中,差的等级占 9.45%,中等的等级占 13.6%,优秀的占 76.95%。男女的优秀等级比重都达到了 75% 以上,女性优秀等级比男性的优秀等级多。可以清晰看出惠州市市民身材不管男女都保持得较好,优秀的水平高。相对于 2014 年身高标准体重的数据,在 2015 年中优秀率总体提高了 5.79%;差的等级减少了 2.89%。

2. 惠州市市民心肺功能分析

(1)肺活量分析

国民体质测试反映肺功能的指标为肺活量,肺活量是肺一次通气的最大能力。在一定程度上可以作为肺通气功能的指标。[2][3]

---

①　国家体育总局.国民体质测定标准手册(成年人部分)[M].人民体育出版社,2003.

②　邵金艇.《国家学生体质健康标准》测试结果动态变化研究[J].内江科技,2010,31(12):40.

③　张宗国,邹晓芸.惠州市国民心肺功能现状研究:基于 2015 年青年(20～39 岁)群体数据[J].惠州学院学报(自然科学版),2016,36(6):99-102.

表 5-30　2014—2015 年惠州市男女身高标准体重等级统计

	差		中等		优秀	
	2015 年	2014 年	2015 年	2014 年	2015 年	2014 年
男性	9.4%	12.4%	15.2%	18.4%	75.4%	69.2%
女性	9.5%	12.2%	12.0%	14.5%	78.5%	73.3%
均值	9.45%	12.3%	13.6%	16.45%	76.95%	71.25%

由表 5-31 知,男性肺活量平均数值为 3 565 mL,女性肺活量平均数值为 2 447 mL,总体肺活量数值为 3 006 mL。可以看出男女随着年龄的增长,肺活量指数以 25～29 岁年龄段为中心,呈现先上升后下降的趋势。每个年龄段中,男性的平均肺活量都比女性的平均肺活量高。随着年龄的增长女性的肺活量相对于男性变化的较为平稳,且男女在 50 岁之后肺活量都出现了明显的下滑。男性在 50～54 岁年龄段和 55～59 岁年龄段的肺活量数值低于男性总体肺活量数值,女性则在 45～49 岁、50～54 岁、55～59 岁年龄段低于女性总体肺活量数值。男性肺活量数值的最大值 3 964 mL 和女性肺活量数值的最大值 2 735 mL 都出现在 25～29 年龄段中。男性肺活量数值的最小值 2 831 mL 和女性肺活量数值的最小值 1 985 mL 都出现在 55～59 年龄段。男女肺活量数值之间最大差值出现在 20～24 岁年龄段中,达到 1 275 mL。

表 5-31　2014—2015 年惠州市不同年龄段肺活量数值变化情况

年龄	男性肺活量/mL		女性肺活量/mL	
	2015 年	2014 年	2015 年	2014 年
20～24	3 862	3 768	2 587	2 457
25～29	3 964	3 790	2 735	2 504
30～34	3 740	3 787	2 671	2 540
35～39	3 670	3 445	2 565	2 332
40～44	3 621	3 550	2 456	2 402
45～49	3 583	3 580	2 387	2 288
50～54	3 248	3 178	2 188	2 332
55～59	2 831	2 945	1 985	1 984
均值	3 565	3 505	2 447	2 355

相比于 2014 年的数据,可以看出不管男性还是女性的肺活量均值在 2015 年都得到了提升。其中男性的最大值比去年多出了 174 mL,女性最大值比去

年多出了 195 mL。

（2）台阶指数分析

台阶试验反映的则是人体在运动过程中心率的变化情况。

由表 5-32 知，男女随着年龄的增长，台阶指数先是整体开始呈现上升趋势，然后 50 岁开始出现下滑，符合人体有氧耐力随年龄增长而降低的生理学原理。男性的台阶指数随着年龄的变化相对女性比较平稳，女性的则有明显的上升。男性在 34 岁之前的台阶指数要比女性的高，在 40 岁开始则是女性的平均台阶指数比男性的高。男性台阶指数总体平均数值为 63 分，女性台阶指数总体平均数值为 63.3 分。男性在 30～49 岁年龄段呈现了明显的上升，但在 50 岁开始出现了急剧下滑的趋势。男性台阶指数数值的最大值 65.3 分和女性台阶指数数值的最大值 66.3 分均出现在 45～49 年龄段中。女性台阶指数数值的最小值 62.1 分出现在 20～24 岁年龄段和 55～59 年龄段。男性的台阶指数数值的最小值 62.2 分则出现在 20～24 年龄段，但是 55～59 岁年龄的台阶指数数值 61.5 分也非常的接近最小值。

表 5-32　2014—2015 年惠州市不同年龄段男女台阶指数数值变化情况

年龄	男性台阶指数		女性台阶指数	
	2015 年	2014 年	2015 年	2014 年
20～24	61.2	65.9	62.1	54.4
25～29	62.7	61.1	62.5	58.1
30～34	62.6	57.1	62.6	57.4
35～39	64.6	59.2	62.8	62.5
40～44	64.4	59.9	64.1	61.4
45～49	65.3	61.9	66.3	63.0
50～54	61.7	63.9	63.6	67.7
55～59	61.5	64.2	62.1	64.5
均值	63.0	61.6	63.3	61.1

相比于 2014 年台阶指数的数据，可以发现 2015 年中男女的台阶指数都得到了提升，其中在男性台阶指数提升了 1.4 分，女性提升了 2.2 分。

3. 惠州市市民上肢力量分析

（1）握力分析

握力反映人体前臂和手部肌肉力量。由表 5-33 知，2015 年数据中，总体握力差占 10.3％，稍差占 31.15％，中等占 32.2％，良好占 19.7％，优秀占 6.7％。

男性差和稍差两个等级百分比之和超过了 40％,女性也达到 38.9％。男性握力优秀等级只占了 3.1％,女性占到 10.3％。

表 5-33 2014—2015 年惠州市男女握力等级统计

	差		稍差		中等		良好		优秀	
	2015 年	2014 年	2015 年	2014 年	2015 年	2014 年	2015 年	2014 年	2015 年	2014 年
男性	11.4％	9.6％	32.6％	35.1％	35.3％	30.1％	17.6％	18.4％	3.1％	6.8％
女性	9.2％	18.0％	29.7％	36.8％	29.1％	28.0％	21.7％	12.6％	10.3％	4.6％
均值	10.3％	13.8％	31.15％	35.9％	32.2％	29.1％	19.65％	15.5％	6.7％	5.7％

与 2014 年数据相比优秀率上升了 1％,良好和中等等级水平上升了 7.3％。差和稍差的等级水平下降了 8.2％。

由表 5-34 知,可以看出随着年龄增长,总体的握力水平从 25 岁开始呈现缓慢的下降。每个年龄段中,男性的握力都比女性的握力大。男性握力数值为 43.5 kg,女性平均数值为 27.7 kg,总体握力的平均数值为 35.5 kg。男性和女性的握力在 20～24 岁、25～29 岁、30～34 岁、35～39 岁和 40～44 岁年龄段都分别高于他们的总体数值,而 45～49 岁、50～54 岁和 55～59 岁年龄段则都分别低于他们的总体数值。男性握力数值的最大值 45.6 kg 出现在 20～24 岁年龄段和 30～34 岁年龄段,女性数值最大值 29.9 kg 出现在 25～29 岁年龄段。男性握力数值的最小值 38.3 kg 和女性握力数值的最小值 24.4 kg 都出现在 55～59 岁年龄段中。

表 5-34 2014—2015 年惠州市不同年龄段男女握力变化情况

年龄	男性握力/kg		女性握力/kg	
	2015 年	2014 年	2015 年	2014 年
20～24	45.6	45.9	28.2	25.0
25～29	45.5	44.0	29.9	24.3
30～34	45.6	43.6	29.4	25.1
35～39	45.1	45.8	28.8	25.9
40～44	44.1	43.9	28.1	26.2
45～49	42.4	46.2	27.5	25.3
50～54	41.7	42.0	25.5	26.2
55～59	38.2	39.4	24.4	24.7
均值	43.5	43.8	27.7	25.3

与 2014 年数据相比,握力的总体水平上升。其中,男性握力总体水平下降,女性握力总体水平上升。

(2)俯卧撑和仰卧起坐分析

俯卧撑反映人体上肢、肩背部肌肉力量及持续工作能力。仰卧起坐反映人体腰腹部肌肉的力量及持续工作能力。

由表 5-35 知,在男性俯卧撑中,良好水平的 36.5% 和优秀水平的 43.4% 占到了绝大比重。差和稍差水平相加未超过 10%。在女性仰卧起坐中,良好水平的 37.2% 和优秀水平的 32.5% 占到绝大比重。差和稍差的水平未超过 10%。与 2014 年数据相比,男性俯卧撑优秀率降低了 1.3%,但是中等和良好水平增加了,同时差和稍差的等级水平也下降了 3.6%。女性仰卧起坐的优秀率则有所上升,同时差和稍差的水平同样下降。

表 5-35 2014—2015 年惠州市男性俯卧撑和女性仰卧起坐等级统计

	差		稍差		中等		良好		优秀	
	2015 年	2014 年	2015 年	2014 年	2015 年	2014 年	2015 年	2014 年	2015 年	2014 年
男性	1.8%	4.3%	4.1%	5.2%	14.2%	16.4%	36.5%	29.3%	43.4%	44.8%
女性	0.8%	4.1%	6.6%	13.5%	22.9%	23.0%	37.2%	32.4%	32.5%	27.0%

由表 5-36 知,男性俯卧撑和女性仰卧起坐都随着年龄的增长,整体呈现数量下降的趋势。男性俯卧撑总体平均数值为 34 个,女性仰卧起坐总体平均数值为 24 个。男性在 30～34 岁和 35～39 岁两个年龄段中的数值低于总体俯卧撑数值,女性也在这两个年龄段中的数值低于总体仰卧起坐的数值。男性在 20～24 岁年龄段中,俯卧撑的个数达到了最大值平均数 37 个,女性则在 25～29 岁年龄段中,仰卧起坐达到最大值平均数 26 个。男性的俯卧撑在 30～39 岁年龄段中,平均 33 个俯卧撑是整体中的最小值,女性的仰卧起坐则是 35～39 岁年龄段中的 22 个为最小值。与 2014 年数据相比,男性俯卧撑和女性仰卧起坐总体都提高了 1 个。但是,男性在 20～24 岁年龄段中的个数下降了 4 个,女性的 20～24 岁的仰卧起坐也相对少了 6 个。

表 5-36 2014—2015 年惠州市不同年龄段男性俯卧撑和女性仰卧起坐变化情况

年龄	男性俯卧撑/个		女性仰卧起坐/个	
	2015 年	2014 年	2015 年	2014 年
20～24	37	41	24	30
25～29	34	33	26	22

表 5-36(续)

年龄	男性俯卧撑/个		女性仰卧起坐/个	
	2015 年	2014 年	2015 年	2014 年
30～34	33	29	23	20
35～39	33	29	22	20
均值	34	33	24	23

4. 惠州市市民下肢力量(纵跳)分析

由表 5-37 知,男女随着年龄的增长,纵跳的数值呈现明显的下降趋势,男性比女性更加明显。但是,在整体中男性的纵跳都要比女性的纵跳高。男性在 30～34 岁和 35～39 岁年龄段中的纵跳数值低于男性总体纵跳平均数值 37.9 cm,女性在这两个年龄段同样低于女性总体纵跳平均数值 26.3 cm。男性纵跳数值的最大值 41 cm 出现在 20～24 岁年龄段中,女性纵跳数值的最大值 27.6 cm 出现在 25～29 岁年龄段中,男性纵跳数值的最小值 34.6 cm 和女性纵跳数值 2 的最小值 24.9 cm 都出现在 35～39 岁年龄段中。男女纵跳数值之间最大差值出现在 20～24 岁年龄段,达到 14.0 cm。最小差值出现在 35～39 岁年龄段,有 9.7 cm。与 2014 年数据相比,纵跳的整体水平下降。从数值上对比可以看出,主要是因为男性的纵跳总体均值下降了 0.9 cm 导致,其中男性纵跳在 25～29 岁年龄段下降的较为明显,女性纵跳整体水平保持的相对稳定。

表 5-37　2014—2015 年惠州市不同年龄段男女纵跳变化情况

年龄	男性纵跳/cm		女性纵跳/cm	
	2015 年	2014 年	2015 年	2014 年
20～24	41.0	41.9	27.0	27.7
25～29	39.1	40.9	27.6	26.4
30～34	36.8	37.0	25.6	24.8
35～39	34.6	35.4	24.9	26.4
均值	37.9	38.8	26.3	26.3

由表 5-38 知,在总体百分比中,差的等级占 1.8%,稍差的等级占 10.9%,中等的等级占 23.3%,良好的等级占 32.1%,优秀的等级占 31.9%。在男性纵跳等级中,优秀等级占到了 26.4%,中等等级和良好的水平较高,差和稍差水平之和超过 10%。在女性纵跳等级中,优秀的比重占的最大,达到了 37.5%,中等的水平也相对比较高,差和稍差水平之和为 10.7%。与 2014 年数据相比,纵

跳的优秀率下降了 1.6％,主要是因为男性纵跳水平的成绩所导致。纵跳中,不管男性还是女性,差和稍差中所占的比率都有所上升。

表 5-38　2014—2015 年惠州市男女纵跳等级统计

年份	差		稍差		中等		良好		优秀	
	2015 年	2014 年	2015 年	2014 年	2015 年	2014 年	2015 年	2014 年	2015 年	2014 年
男性纵跳	2.3％	2.6％	12.5％	11.2％	28.3％	19.8％	30.5％	34.5％	26.4％	31.9％
女性纵跳	1.3％	1.4％	9.4％	5.4％	18.1％	17.6％	33.7％	40.5％	37.5％	35.1％
均值	1.8％	2.0％	10.9％	8.3％	23.3％	18.7％	32.1％	37.5％	31.9％	33.5％

5. 惠州市市民柔韧性(坐位体前屈)分析

由表 5-39 知,随着年龄的增长,男女坐位体前屈指数整体水平逐渐下降,男性比女性下降的速度更快。从整体看,女性的坐位体前屈指数都要比男性的坐位体前屈指数高,而 20～24 岁则相反。坐位体前屈指数不是完全随着年龄下降的。女性 25～29 岁年龄段、40～44 岁年龄段和 50～59 岁年龄段的坐位体前屈指数比前一年龄段有明显的上升,男性在 40～44 岁年龄段中比前一年龄段有所上升。男性坐位体前屈数值的最大值 10.1 cm 出现在 20～24 岁年龄段中,女性坐位体前屈的数值最大值 10.8 cm 则出现在 25～29 岁年龄段中。男性坐位体前屈的数值最小值 1.9 cm 出现在 55～59 岁年龄段,女性的坐位体前屈的最小值 6.1 cm 出现在 45～49 岁年龄段中。男女坐位体前屈数值之间最大差值出现在 55～59 岁年龄段中,达到 4.9 cm。坐位体前屈数值之间最小差值在 20～24 岁年龄段中,差值是 0.2 cm。

表 5-39　2014—2015 年惠州市不同年龄段男女坐位体前屈变化情况

年龄	男性坐位体前屈/cm		女性坐位体前屈/cm	
	2015 年	2014 年	2015 年	2014 年
20～24	10.1	3.9	9.9	10.0
25～29	8.1	4.4	10.8	7.4
30～34	5.6	−0.8	8.9	4.5
35～39	4.2	2.4	6.9	2.8
40～44	5.3	1.0	8.4	6.7
45～49	4.3	0.2	6.1	10.6
50～54	2.4	−2.3	6.3	8.9

表 5-39(续)

年龄	男性坐位体前屈/cm		女性坐位体前屈/cm	
	2015 年	2014 年	2015 年	2014 年
55~59	1.9	-1.5	6.8	8.5
均值	5.3	0.9	8.0	7.4

与 2014 年数据相比,坐位体前屈总体水平有较大提升。男性坐位体前屈总体水平增长了 4.4 cm,女性坐位体前屈总体水平增长了 0.6 cm。男性在整个年龄段中的坐位体前屈平均成绩都有明显的增长,女性在 30~34 岁和 45~49 岁年龄段均值增加的较为明显。

由表 5-40 知,从总体评价看,差的等级占 17.5%,稍差的等级占 27.8%,中等的等级占 29.7%,良好的等级占 17.8%,优秀的水平占的最低,只有 7.2%。男性和女性坐位体前屈占比重最多的都是中等等级,占比重最少的都是优秀等级。男性坐位体前屈中,差和稍差的等级比重之和占到了男性坐位体前屈的45.9%。女性坐位体前屈中,差和稍差的等级比重之和占到了女性坐位体前屈的 44.7%。与 2014 年数据相比,坐位体前屈的优秀率中,男性的成绩提高了1.3%,但是女性的成绩却减少了 2.8%。其中变化最大的男性差的等级水平,降低了 17.5%,男性在中等等级水平的比率增加明显,增加了 14.2%。

表 5-40 2014—2015 年惠州市男女坐位体前屈等级统计

	差		稍差		中等		良好		优秀	
	2015 年	2014 年	2015 年	2014 年	2015 年	2014 年	2015 年	2014 年	2015 年	2014 年
男性	16.5%	34.0%	29.4%	31.2%	30.5%	16.3%	18.8%	14.9%	4.8%	3.6%
女性	18.5%	21.8%	26.2%	25.7%	29.0%	23.4%	16.9%	16.9%	9.4%	12.2%
均值	17.5%	27.9%	27.8%	28.4%	29.7%	19.8%	17.8%	15.9%	7.2%	8.0%

6. 惠州市市民选择反应能力分析

由表 5-41 知,男女随着年龄的增长,选择反应时整体呈现上升的趋势。男性整体的选择反应时比女性整体的选择反应时快。从表中可以看出男性选择反应时的均值为 0.49 s,女性的选择反应时为 0.53 s,总体选择反应时为 0.51 s。女性 45~49 岁年龄段和 55~59 岁年龄段中,选择反应时比前一年龄段上升0.05 s 的最为明显。男性的 30~34 岁年龄段和 35 岁年龄段的选择反应时间相同,45~59 岁年龄段的选择反应时上升的趋势明显,其中 55~59 岁年龄段上升了 0.05 s,最为明显。男性选择反应时的最大值 0.59 s 和女性选择反应时的最大值 0.62 s 均出现在了 55～59 岁年龄段中,男性选择反应时的最小值 0.43 s 和女性反应时的最小值 0.48 s 则同时出现在了 20～24 岁年龄段中。男女选择反应时数值之间最大差值 0.06 s 出现在 45～49 岁年龄段中,选择反应时数值最小差值 0.02 s 出现在 30～34 岁年龄段中。

表 5-41　2014—2015 年惠州市不同年龄段男女选择反应时变化情况

年龄	男性选择反应时/s		女性选择反应时/s	
	2015 年	2014 年	2015 年	2014 年
20～24	0.43	0.43	0.48	0.47
25～29	0.44	0.45	0.48	0.49
30～34	0.47	0.45	0.49	0.51
35～39	0.47	0.49	0.51	0.52
40～44	0.48	0.50	0.52	0.54
45～49	0.51	0.48	0.57	0.59
50～54	0.54	0.54	0.57	0.57
55～59	0.59	0.55	0.62	0.84
均值	0.49	0.49	0.53	0.57

与 2014 年数据相比,总体水平得到了提高。其中,男性选择反应时在每个年龄段中变化不大,男性总体的均值没有发生改变。女性则在 55～59 岁年龄段中的选择反应时,得到了明显的改善。

由表 5-42 知,在选择反应时总体等级评定中,良好的等级占的比重最大,有 41.4%,差的等级占的比重最小,为 1.7%。男性优秀的比重占到了 14.4%,女性优秀的比重占到了 13.6%。男性差和稍差的等级比重占到了 11.4%,女性差和稍差的等级比重占到了 14.8%。与 2014 年数据相比,女性选择反应时中等、良好和优秀率都在降低。男性选择反应时虽然优秀率上升了 5.5%,但是差的等级水平也上升了 3.7%。

表 5-42　2014—2015 年惠州市不同年龄段男女选择反应时等级统计

	差		稍差		中等		良好		优秀	
	2015 年	2014 年	2015 年	2014 年	2015 年	2014 年	2015 年	2014 年	2015 年	2014 年
男性	1.4%	5.0%	10.1%	9.2%	30.3%	30.9%	43.8%	35.1%	14.4%	19.8%
女性	2.1%	8.0%	12.7%	14.9%	32.6%	32.2%	39.0%	36.0%	13.6%	8.9%
均值	1.7%	6.5%	11.4%	12.1%	31.5%	31.5%	41.4%	35.6%	14.0%	14.3%

四、结论

（1）惠州市市民男性和女性的平均身高均高于中国男性和女性的平均值。身高标准体重的优秀率保持着较高水平。

（2）惠州市市民 45～49 岁年龄段的人群肺活量最优秀,50 岁之后肺活量出现了明显的下降,整体来看,女性优于男性。

（3）惠州市市民握力水平优秀率在所有指标中最低,男性握力水平随年龄下降比较明显。

（4）惠州市市民的纵跳的成绩在 20～24 岁年龄段的男性群体保持着较高的水平,而 30～39 岁年龄段的男性群体则出现了下滑,女性则保持着相对稳定的状态。

（5）惠州市市民人体柔韧性随着年龄的增长整体水平逐渐下降,男性市民比女性市民的变化更为明显。大部分人的柔韧性维持在稍差和中等水准。

（6）惠州市大部分市民的选择反应能力维持在中等以上水平,男性出现明显两极分化。女性市民 55～59 岁年龄段的选择反应能力下降不明显。

附1 惠州学院近三年引体向上成绩现状与分析
——以 2018—2020 年的数据为例[①]

落实"健康第一"的指导思想,满足社会发展对人体健康的需求,突出对发展和改善学生的体质健康有直接影响,体现了现代社会对健康的具体要求,从而满足社会发展对于体质健康的要求[②]。促进学生积极地参加体育锻炼,增强学生的体质和提高健康水平,把学生培养成为德、智、体、美全面发展的高素质人才。

随着中国特色社会主义新时代的到来,习近平总书记也对体育提出更高的要求,同时党的十八大以后,党中央明确提出将全民健身上升为国家战略。学校体育作为我国发展体育事业、建设体育强国的一个重要环节,仍然存在基础薄弱的短板,学生体质健康状况仍然不容乐观[③]。依据《国家体质健康标准》对南开大学在校 10 089 名本科生进行了体质健康标准测试。调查结果显示:南开大学学生身高标准体重主要表现为正常体重人群比例较低,超重、肥胖学生人

---

① 本文完成于 2020 年 5 月(张宗国、刘晓辉、许叶林三人合作),略有改动。

② 王震,吕毓虎.《国家学生体质健康标准》指标选择和评价的问题与对策[J].广东青年职业学院学报,2013,27(92):39-46.

③ 曾令斌.学生引体向上训练实践研究[J].当代体育科技,2016,6(22):24-25.

数较多，比例较大，身体形态均程度较差。女生柔韧素质良好，男生上肢肌肉力量素质较高，全校学生下肢肌肉爆发力素质较高，但基本处于中等水平，且女生表现比起男生相对较好。[①] 表明在今后的体育课程和课外活动中应提高运动负荷，提升耐力素质，在自身的体育锻炼中降低身体成分中脂肪含量，同时应多加强科学健身的知识，发挥体育教育的健康教育功能，并结合体质健康标准测试的监测，从而达到全面促进学生体质健康的目的。

一、研究对象

惠州学院在校学生引体向上测试数据。

二、研究方法

（1）文献资料法

通过学校图书馆查阅相关文献资料以及数据库，以体质健康、上肢力量、突出的体质问题等为关键词进行查询，整理有关课题研究相关的文献，为本课题的研究调查提供详细的理论支撑。

（2）数理分析法

对收集的数据均使用 EXCEL 软件分类、统计并进行分析、综合。

（3）逻辑分析法

根据体质测试结果得到的数据进行逻辑推理，提炼课题上肢力量的测评数据，分析归纳如何提高大学生的体质健康问题。

三、结果与分析

1. 惠州学院引体向上的测评的基本数据情况

近三年来惠州学院的学生引体向上的测评成绩总体水平偏低，达不到标准，从近三年的基本数据情况来看 2018 年参加体测的人数为 7 082 人，引体向上成绩平均值为 5 个，最大值为 31 个，最小值为 0，不及格人数为 5 847 人，2019 学年参加体质测试人数为 7 664 人，平均值为 4 个，最大值为 30 个，最小值为 0，不及格人数为 6 620 人，而 2020 年体质测试人数为 7 920 人，平均值为 5 个，最小值为 0，不及格人数为 6 480 人（附表 1）。从参加体测的人数来看，说明惠州学院的男大学生人数越来越多。理论上，大学男生正处于各项身体指标的人生峰值，近三年来仍有多数男生引体向上的完成量为 0，不及格人数高达 80%，其中 2019 年的平均值相对其他两年更小，不及格人数也是三年最多。总体上可知 2019 年男大学生的引体向上成绩是三年间较差的一年。

---

① 袁磊，艾东明.高校男生引体向上的现状分析及对策研究[J].当代体育科技，2015,5(14)：16-17.

附表 1　近三年惠州学院引体向上的测评的基本数据

年度	N/人数	平均值	最大值	最小值
2018	7 082	5	31	0
2019	7 664	4	30	0
2020	7 920	5	30	0

2. 惠州学院引体向上的测评的基本方法

测试方法:采用高单杠或高横杠进行测试,杠的粗细以测试者手能握住为准。测试者面向单杠,自然站立;然后跃起正手握杠,双手分开与肩同宽,身体呈直臂悬垂姿势,为完成一次[①](评分标准见附表 2~附表 3)。

附表 2　大学生引体向上次数与分值关系表

年级段	分值	0	10	20	30	40	50	60	64	68	72	76	80	85	90	95	100
大一大二	次数	0~4	5	6	7	8	9	10	11	12	13	14	15	16	17	18	19
大三大四	次数	0~5	6	7	8	9	10	11	12	13	14	15	16	17	18	19	20

附表 3　引体向上加分指标评分表

加分	10	9	8	7	6	5	4	3	2	1
次数	10	9	8	7	6	5	4	3	2	1

注:在到满分的基础上每增 1 个加 1 分,至 10 分封顶。

3. 近三年惠州学院学生引体向上测试数据统计与分析

(1) 近三年引体向上的变化趋势

近三年惠州大学体测引体向上次数平均数为 5.2,4.2,5.0。由折线图看近三年惠州大学体测引体向上次平均数逐年先递减后递增(附图 1),2019 年为转折点,处于波谷;说明 2019 年男大学生引体向上成绩最差,而 2020 年相比 2019年较为理想,有着 0.8 值小幅度上涨。三年平均数都处于(4,6)区间波动,这与达到及格的次数相差甚远。近三年男大学生引体向上次数中位数分别为 5,3,4,由折线图可看出中位数随着年份先递减后递增,2018 年中位数为极大值,2019 年为波谷,2018 到 2019 年有差值为 2 的下跌,2019 年到 2020 年有着差值为 1 的上涨。说明惠州学院男大学生引体向上距离及格线依然有着很大差距,

---

①　周铭扬,王政,姚阳,等.《国家学生体质健康标准》中引体向上的"阿喀琉斯之踵"分析[J].哈尔滨体育学院学报,2018,36(3):90-96.

引体向上不及格的学生依然很多,这与上述平均数变化情况相吻合。而近三年引体向上众数(这些数据中出现次数最多的那个)都为 0,说明引体向上测试中一个也做不了的同学是最大群体,三年都是如此状况,十分令人担忧。而近三年引体向上次数标准差则呈递增变化趋势,2018 年到 2019 年有 0.18 值的微小增加,2019 年到 2020 年有 0.54 值的微小增加。说明 2020 年学生引体向上成绩分散程度最大,学生愈发向两极分化,未来标准差有继续增大趋势的可能性。据 2018 年贵州职业学院对在校男生引体向上的抽样调查中($N=500$)极小值为 0,极大值为 30,平均值为 7.7,标准差为 3.9[①],极大值与极小值与惠州学院的相差不大,但平均值比惠州学院多 2 个以上,但仍处于不及格范围,标准差也较低,说明两极分化不大。

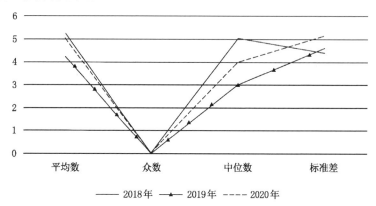

— 2018年 —▲— 2019年 ---- 2020年

附图 1　近三年惠州学院引体向上的数据变化趋势

(2) 近三年引体向上的对比分析

① 近三年引体向上的等级分布(附表 4)

附表 4　近三年惠州学院引体向上等级关系表

年度	人数	优秀率/%	良好率/%	及格率/%	不及格率/%
2018	7 083	1.1	1.2	15.2	82.5
2019	7 664	1.7	2.4	9.6	86.3
2020	7 920	3.1	4.0	11.0	81.9

①　王少林.中学男生引体向上的现状分析及对策:以南京外国语学校为例[J].西部素质教育,2017 (13):90.

由附表 4 可知 2020 年是近三年惠州学院体测引体向上优秀率最高的一年,其优秀率为 3.1%,说明 2020 年引体向上具有优秀水平的分布最为密集,而良好率最高的一年也是 2020 年,为 4.0%,相比 2018 年的 1.2% 和 2019 年的 2.4%,2020 年引体向上良好层次学生分布占比有着明显优势。2020 年优秀率和良好都是最高的,相加总和为 7.1%,因此 2020 年优秀以及良好等级学生最为集中,具有更多引体向上水平较好的学生。而 2018 年引体向上体测及格率为三年最高,分布在及格水平的学生相较两年更多。而近三年引体向上体测不及格率最高为 2019 年,达到 86.3%,说明 2019 年不及格等级的学生分布的情况最为密集,具有最大不及格学生群体。通过表 5 可发现近三年等级分布都有共同点,每年大部分学生都分布在不及格层次,不及格率都超过了 80%。据 2019 年楚雄师范学院体质健康测试数据显示($n = 8\,146$)优秀率占 7.15%、良好率占 3.25%、及格率占 25.63%、不及格率高达 63.93%,是所有测试项目中最不理想的[1]。由此可知,及格率比惠州学院近三年来都要高,不及格率远远低于惠州学院,说明惠州学院大学生引体向上水平现状令人担忧,形势非常严峻。

② 近三年引体向上与其他项目比较

由附表 5 可以看出,近三年惠州学院所有的项目各年体测成绩的极大值都为 100,极小值都为 0,说明无论哪个项目,每年惠州学院每个项目都十分优秀,能得分满分的学生包括 0 分的学生也是普遍存在。每年每个项目差值为 100,达到理论上的最大值,说明最好的学生和最差的差距相当大,应该采取正确的措施缩小差距,减少项目 0 分学生的数量。近三年惠州学院每年引体向上评分成绩的平均数都是当年体质测试所有项目平均值中的最小值,2018 年为 20.1,2019 年为 15.4,2020 年为 20.1,先减后增,最后 2020 年与 2018 年成绩一样。而每年体测坐位体前屈评分成绩平均数都是所有项目的最大值,2018 年为 73.3,2019 年为 77.2,2020 年为 73.3,呈递增的趋势。其中 2018 年到 2019 年上涨 3.9,成绩提升十分理想。近三年中 1 000 m 的何不则平均成绩平均值变化最为稳定,成绩在(61.2,62.1)小区间波动。各年体测中引体向上评分成绩标准差都为所有项目最高值,而立定跳远评分成绩标准差相对较高。50 m 评分成绩标准差均为最小值,且三年间逐年递减。可看出惠州学院学生引体向上成绩分散程度最为疏散,学生之间水平差异为所有项目最大,50 m 评分成绩分散程度最为密集,学生之间水平差距为所有项目中最小。其中引体向上和 50 m 标准差的差值为 17.4,17.7,20.6,差距越来越大,说明惠州学院的学生引体向上成绩和 50 m 相比,分散程度的差距愈发之大。

---

① 许志良.高职学生体质测试影响原因与对策研究[J].当代体育科技,2015,5(17):36-37.

附表5　近三年惠州学院引体向上与其他项目的评分成绩比较表

项目	极大值			极小值			平均值±标准差		
	2018年	2019年	2020年	2018年	2019年	2020年	2018年	2019年	2020年
50 m	100	100	100	0	0	0	72.9±9.0	73.2±8.0	71.6±8.3
立定跳远	100	100	100	0	0	0	62.6±18.3	63.4±19.0	58.7±22.1
坐位体前屈	100	100	100	0	0	0	73.3±15.4	77.2±14.5	77.3±15.2
1 000 m	100	100	100	0	0	0	62.1±14.6	61.2±16.8	61.3±17.5
引体向上	100	100	100	0	0	0	20.1±26.4	15.4±25.7	20.1±28.9

　　从附表6进行分析,将惠州学院近三年各年体测中引体向上与其他项目中相对比,2018年、2019年体质测试项目中优秀率、良好率、及格率都是引体向上最低,2020引体向上优秀率仅比最低的1 000 m大1.3%,良好率和及格率都是当年所有项目中最低。优秀率和良好率最高的项目都是坐位体前屈,其优秀率更是逐年递增,2020年达到了24.8%,而引体向上在2020年优秀率仅为3.1%。而2020年惠州学院体测中坐位体前屈良好率为15.8%,引体向上良好率为4%。说明无论引体向上优秀等级的学生还是良好等级的学生,跟坐位体前屈相比还是远远不够的。50 m的优秀率逐年递减,2020年的优秀率为3.5%,及格率逐年递增,2020年其及格率已经达到了90.1%,这是十分理想的数字。引体向上的优秀率逐年递增,2020年引体向上优秀率为3.1%,与50 m的优秀率相差不大。而2020年引体向上及格率为11%,说明引体向上及格的学生相对50 m而言,已经十分缺乏。近三年惠州学院体测50 m不及格率都在(1%,2%)区间波动,而近三年引体向上不及格率在(81.9%,86.3%)区间波动,说明引体向上不及格的学生相比50 m占比太多了,2020年立定跳远的及格率为60.6%,为三年立定跳远及格率的最小值,相比前两年立定跳远体测的及格率70.5%和87.6%,出现了很大的滑坡,立定跳远不及格率更是逐年递增,相比2018年到2019年0.5%的涨幅,2019年到2020年9.1%涨幅可谓明显增大,不及格的学生大幅增多。而近三年引体向上不及格率之间的变化相比立定跳远相对稳定。说明在惠州学院学生体质测试中所观测的体质能力中,上肢力量能力是最差的,普遍学生都缺乏良好的上肢力量。据2016年东莞职业技术学院的在校男生(n=3 490)体质测试中引体向上的成绩分析,优秀达到652人,占18.7%,良好人数为440,

占 12.6％，及格人数为 1 427，占 40.9％，不及格有 971 人，占 27.8％[①]，与惠州学院相比较，不及格率相对较低，上肢力量素质相对较好。

附表 6　2018—2020 年惠州学院引体向上与其他项目比较表

项目	优秀率/%			良好率/%			及格率/%			不及格率/%		
	2018 年	2019 年	2020 年	2018 年	2019 年	2020 年	2018 年	2019 年	2020 年	2018 年	2019 年	2020 年
50 m	5.6	5.1	3.5	5.6	6.3	4.7	87.4	87.6	90.1	1.4	1.0	1.7
立定跳远	3.1	6.2	4.7	5.6	7.0	6.6	70.5	87.6	60.6	18.5	19.0	28.1
坐位体前屈	14.8	23.1	24.8	13.6	16.1	15.8	67.1	57.8	56.1	4.5	2.6	3.3
1 000 m	1.2	1.8	1.8	4.8	6.1	8.2	66.5	62.5	59.3	27.5	29.6	30.7
引体向上	1.1	1.7	3.1	1.2	2.4	4.0	15.2	9.6	11.0	82.5	86.3	81.9

4. 影响惠州学院引体向上的测评成绩的因素

（1）锻炼因素对引体向上测评的影响

当代大学生从小就没有养成自我锻炼的意识与习惯，运动意识淡薄并且存在不规律的生活习惯，很多大学生在进入大学后，生活纪律散漫，抽烟喝酒更是常见，生活没有规律，生物钟颠倒。手机、网络几乎占了他们课外生活的全部时间，以至于缺少必要的运动时间，这都是造成当代大学生引体向上成绩下滑的重要因素[②]。

（2）体重因素对引体向上测评的影响

由附表 7 可得近三年惠州学院体测中，各年体重在 50 kg 以下的学生引体向上的次数平均数都是最大的，随着体重每增加百分之十，所有其区间学生引体向上次数平均数几乎都下降，引体向上得分率较高的学生基本上体重在 50～70 kg 区间上。由附表 8 中可得每年体测引体向上次数为 0 的学生在各个体重区间都高，每个区间都超过 60％，其中包括 90 kg 以上的同学中"0"分率都是超过 90％，其中 2018 年体重在 91～100 kg 和 100 kg 以上的学生，2020 年 100 kg 以上的男大学生"0"分率都超过 98％，这表明这些学生是引体向上项目的"困难户"，几乎所有学生在引体向上体测中一个也做不了。上述说明男大学生体测引体向上次数与体重息息相关，呈反比关系，"0"分率与体重呈正比关系。

---

① 甄桂美.高职学生体质健康现状分析及对策研究[J].教育与职业,2013,6(30):179-180.
② 袁伟男.不良行为习惯对大学生体质健康影响的研究[J].吉林体育学院学报,2010,6(4):86-87.

附表 7　近三年惠州学院引体向上次数与体重关系表

年份	50 kg 以下	51～60 kg	61～70 kg	71～80 kg	81～90 kg	91～100 kg	100 kg 以上
2018	6.3 次	6.0 次	4.9 次	3.7 次	2.7 次	1.3 次	1.3 次
2019	5.2 次	4.7 次	4.1 次	3.1 次	2.6 次	1.6 次	1.6 次
2020	6.1 次	5.9 次	4.9 次	3.4 次	2.0 次	1.8 次	1.1 次

附表 8　近三年惠州学院引体向上"0"分率与体重关系表

年份	71～80 kg	81～90 kg	91～100 kg	100 kg 以上
2018	66.8%	80.0%	98.3%	98.1%
2019	70.0%	85.5%	93.4%	92.8%
2020	62.2%	88.5%	92.7%	98.7%

（3）体育课程对引体向上测评的影响

体育课程教学内容单一，活动量相对较少，在大学里虽然开设了比较全面的体育课程项目，但运动负荷、密度、平均心率都达不到要求[1]。即使开体育选修课，学生们也是倾向于选择室内、运动负荷低的项目。影响了学生们的基础力量素质训练，从而导致学生引体向上的成绩普遍低下，造成大学生形成"爱上体育课，不爱体育运动"的不良习惯[2][3]。因此，提高体育课程中力量训练的占比时间以及规范课堂纪律，认真执行教学计划，将成为提高学生引体向上成绩的重要一步。

（4）课外活动对引体向上测评的影响

在体育课程训练密度不足以提高学生身体素质的时候，课外活动中的力量素质的自我锻炼便成了提高引体向上成绩的重要因素之一，再加上引体向上又是个人项目，是一项独自完成的运动项目，相对于集体或能锻炼到全身的项目（如篮球、足球、羽毛球）而言，引体向上并未受到学生们的喜爱，在课外锻炼的时间里，基本上没人会去练习引体向上这一个动作。

（5）场地不足对引体向上测评的影响

在不少学校中都不同程度地存在着场地不足、体育器材设施少、学校的硬

---

① 杨大为,李启晓,陈广辉,等.论引体向上对大学生的作用及科学练习方法[J].当代体育科技,2018,8(15):27-28,31.

② 杨晓慧.当代大学生生活方式问题及对策研究[J].东北师大学报,2006,7(6):189-193.

③ 李菊红,赵斌.中国与巴基斯坦部分大学生体质健康影响因素分析[J].首都体育学院学报,2011,23(3):285-288.

件设施配备不齐,在一定程度上限制了学生对引体向上的练习。在执行引体向上的测试中,基本都是利用学校的单杠或者是国家规定的测试仪器来进行测试。但是能在校园内进行辅助练习的场地器材少之又少,这样一来,直接影响了学生引体向上的测评成绩。其次,除了硬件环境得以保障,我们更要提高引体向上项目在学生心目中的地位,改变学生练习引体向上只为应付体质健康测试的观念,在增加单杠的数量的同时,还需要配备防护的设备,确保学生在单独锻炼时的安全。

(6)技术因素对引体向上测评的影响

在多年的体质测试过程中发现,学生对体质测试项目的测试方法均不太了解,怎么样才能达到最大的肺活量,坐位体前屈要充分热身等项目。更有不少学生对引体向上的动作以及测试方法都不熟悉,当然也跟学生自己的态度有关系。同时,在测试中发现学生手握杠时距离太宽或是太窄、身体晃动太大等较多问题,都是对动作、测试方法和要求不了解造成的,这对引体向上成绩造成了极大的影响[1]。

四、结论

(1)近三年学生总体上引体向上的水平偏低,超过80%生不及格,2018年为三年总体水平最好一年。

(2)近三年引体向上0次的学生偏多,引体向上成绩分散,学生水平差异大。

(3)2020年引体向上达到优秀和良好等级的学生为近三年最多,2019年不及格的学生最多。

(4)近三年体质测试中引体向上评分成绩的平均值为所有测试项目最差。

(5)影响引体向上的测评因素包括锻炼因素、体重因素、体育课程、课外活动、场地不足、技术问题。

五、建议

(1)开展多样化的校内竞赛来激发学生锻炼的兴趣。

(2)惠州学院应该加大上肢力量相关器材的投入,使更多的学生得到锻炼,并组织举办与引体向上相关的交流活动,让学生了解上肢力量对人体的重要性,使其提高对引体向上锻炼的积极性,从而鼓励学生更多投入和参与引体向上的锻炼活动。

(3)体育课要有针对性的力量练习,加大锻炼的强度与密度。

---

① 王冬.微课在高校体育教学中创新应用:以引体向上教学为例[J].体育科技文献通报,2017,25(9):35-36.

（4）从引体向上成绩与其他项目比较分析来看,在教学训练时可以多练习俯卧撑,加强上肢、胸部、背部的练习,提高肌肉力量,从而提高引体向上的锻炼效果。

（5）在教学方面加强教学内容的改革与创新,对引体向上的锻炼设置针对性的内容。

（6）将微视频融入体育教学以加强学生对动作的了解。

附 2　惠州市国民健康现状与分析

——基于 2015 年中年(40～59 岁)群体数据①

随着社会经济和科学技术的快速发展,人们的体力劳动逐渐减少,但是,来自社会和家庭的压力却在逐渐增大,处于"亚健康"状态人群逐渐扩大。因而,从 2000 年起,我国每 5 年进行一次全国范围内的国民体质监测工作。国民体质健康关系到国家和每个人的切身利益。每个公民强健的体魄,不仅决定整个国民的健康水平,而且是中国民族的伟大复兴的根本保证。②③ 体质检测结果反映了身体机能和健康状况,并能为提供科学的锻炼原则和方法提供依据。如:人的心肺功能水平的高低、肌肉力量的强弱、平衡能力的优劣、各种身体成分的比例是否合理等,既能反映受试者参加体育锻炼现状、锻炼的方法是否恰当、锻炼效果是否显著,又可以发现人体某些潜在的亚健康状态,从而提醒人们消除各种潜在威胁健康的因素。④ 本研究试图以惠州市中年(40～59 岁)群体数据进行统计分析,了解惠州市中年的国民体质健康现状基本情况,并结合文献资料,认真统计分析,探索国民体质健康存在问题,提出相关建议。

一、国民体质测定概述

1. 测定分类

《国民体质测定标准》(成年人部分)的适用对象为 20～59 岁周岁的中国成年人、按年龄、性别分组,每 5 岁为一组。男女共计 16 个组别。国民体质测试指标包括身体形态、机能和素质三类⑤。本文主要以 40～59 岁的中年人为研究对象,按照国家国民体质监测中心的分组方法,分为 40～44 岁、45～49 岁、50～54 岁、55～59 岁四组。40～59 岁身体形态测试指标为身高、体重;机能测试指标为肺活量和台阶试验;素质测试指标为握力、坐位体前屈、选择反应时、闭眼

---

①　本文发表在《惠州学院学报(自然科学版)》2016 年第 6 期(刘晓辉与陈培民合作),略有改动。

②　江崇民,于道中,季成叶,等.《国民体质测定标准》的研制[J].体育科学,2004,24(3):33-36.

③　谢凤玲.关于国民体质监测运动处方系统的初步研究[J].河北体育学院学报,2004,18(3):95-97.

④　池建.国民体质健康研究的思考[J].北京体育大学学报,2009,33(12):1-4.

⑤　谢凤玲.关于国民体质监测运动处方系统的初步研究[J].河北体育学院学报,2004,18(3):95-97.

单脚站立。

2. 具体测试方法

身体形态测试指标中,身高反映人体骨髓纵向生长水平。使用身高计测试,精度为 0.1 cm。体重反映人体发育程度和营养状况。使用体重秤测试,精度为 0.1 kg[①]。机能测试指标中,肺活量反映人体肺的容积和扩张能力。使用肺活量计测试,测试时,受试者深吸气至不能再吸气,直至呼尽为止。测试两次,取最大值,记录以毫升为单位。台阶指数反映人体心血管系统机能水平。使用台阶(男子台高 30 cm,女子台高 25 cm)、秒表和节拍器(频率为 120 次/分)或台阶试验仪测试。素质测试指标中,握力反映人体前臂和手部肌肉力量,使用握力计测试。坐位体前屈反映人体柔韧性,使用坐位体前屈测试仪测试。反应时测试使用反应时测试仪测试。测试时,受试者中指按住"启动键",等候信号宣布,当任意信号键宣布信号时(声、光同时发出),以最快速度去按该键;信号不见后,中指再次按住"启动键",等候下一个信号宣布,共有 5 次信号。闭眼单脚站立测试时,受试者自然站立,当听到"开始"口令后,抬起任意一只脚,同时测试员开表计时,当受试者支撑脚移动或抬起脚着地时,测试员停表。测试两次,取最好的结果,记录以秒为单位,保留小数点后一位,小数点后第二位数按"非零进一"的原则进位。如 10.11 s 记录为 10.2 s。

二、研究对象

以 2015 年惠州市 40～59 岁成年人为研究对象,按照国家国民体质监测中心的分组方法,分为 40～44 岁、45～49 岁、50～54 岁、55～59 岁四组。

三、研究方法

(1)文献资料法

根据研究目的和研究内容的需要,通过网络资源在中国期刊网、万方数据库、中国知网、维普中文数据库等广泛收集相关文献资料。全面系统地了解国内外成年人体质的研究现状,为本文的研究提供了科学参考和理论依据。

(2)数理统计法

对获取的数据进行数理统计。

(3)逻辑分析法

利用体育统计分析的方法,结合归纳、比较、判断、演绎等逻辑方法进行分析。对惠州市成年人体质变化的趋势进行系统分析,并根据所学知识提出合理的建议。

---

① 刘晓辉.《国家学生体质健康标准》身高体重指标评分标准述评[J].惠州学院学报,2014,34(6):124-128.

四、结果分析与讨论

1. 惠州市市民身高与体重分析

（1）惠州市市民身高分析（附表 9）

附表 9　男女身高统计表　　　　　　　　　　　　　　　单位:cm

	40～44 岁	45～49 岁	50～55 岁	55～59 岁
男（惠州）	170.3±5.5	170.3±6.3	171.9±5.5	170.7±4.5
女（惠州）	159.7±4.9	159.2±4.9	158.4±5.2	159±5.8
男（全国）	169.0±6.2	168.7±6.6	168.3±5.2	167.5±4.6
女（全国）	157.8±5.1	157.7±5.2	157.7±5.1	156.8±5.7

统计结果显示,惠州市中年人男性 40～44 岁年龄组平均身高为 170.3±5.5 cm,45～49 岁为 170.3±6.3 cm,50～55 岁为 171.9±5.5 cm,55～59 岁为170.7±4.5 cm。惠州市中年人女性 40～44 岁年龄组平均身高为 159.7±4.9 cm,45～49 岁为 159.2±4.9 cm,50～55 岁为 158.4±5.2 cm,55～59 岁为 159±5.8 cm。成年男性与女性身高的均值比较,男性均大于女性,显示成年男性较成年女性体型高大。性平均身高。

（2）惠州市市民体重分析（附表 10）

附表 10　男女体重统计表　　　　　　　　　　　　　　　单位:kg

	40～44 岁	45～49 岁	50～55 岁	55～59 岁
男（惠州）	70.8±9.5	71.0±11.2	73.9±9.3	72.9±12.9
男（全国）	71.2±9.6	71.2±10.9	70.6±9.6	69.1±13.0
女（惠州）	60.2±7.2	60.8±7.1	59.5±7.5	59.4±7.6
女（全国）	59.0±7.1	59.7±7.2	60.4±7.4	59.6±7.5

统计结果显示,惠州市中年人男性 40～44 岁年龄组平均体重为 70.8±9.5 kg,45～49 岁为 71.0±11.2 kg,50～55 岁为 73.9±9.3 kg,55～59 岁为 72.9±12.9 kg。惠州市中年人女性 40～44 岁年龄组平均体重为 60.2±7.2 kg,45～49 岁为 60.8±7.1 kg,50～55 岁为 59.5±7.5 kg,55～59 岁为 59.4±7.6 kg。成年男性与女性体重的均值比较,男性均大于女性,显示成年男性较成年女性体型粗壮。与全国相比,惠州市 50～55 岁、55～59 岁男性平均体重高于全国男性平均体重,惠州市 40～44 岁、45～49 岁女性平均体重低于全国女性平均体重。

（3）惠州市市民身体质量指数分析

2. 惠州市市民肺活量分析(附表 11)

附表 11　肺活量得分情况统计表　　　　　单位:%

年龄段	40～44 岁		45～49 岁		50～55 岁		55～59 岁		均值
性别	男	女	男	女	男	女	男	女	
1 分	8	11	7	9	9	12	15	12	10.38
2 分	20	20	14	26	15	16	20	14	18.13
3 分	53	49	53	44	56	37	45	41	47.25
4 分	12	17	17	11	17	18	17	20	16.13
5 分	7	3	9	10	3	17	3	13	8.11

　　统计结果显示,惠州市中年人 40～59 岁年龄组肺活量根据《国民体质测定标准》评定标准得分 80％左右集中在 2 分、3 分和 4 分上。惠州市中年人各个年龄阶段男性和女性肺活量得分最高的是 3 分,平均在 46.9％,惠州市中年人男性 40～44 岁年龄组肺活量得 3 分为 53％,45～49 岁为 53％,50～54 岁在为 56％,55～59 岁为 45％;女性 40～44 岁年龄组肺活量得分 3 分为 49％,45～49 岁为 44％,50～54 岁为 37％,55～59 岁为 41％。得分为 1 分和 5 分的较少,在 25％左右。这与每个人的身体素质有关系,通过有规律持续锻炼,可以使得呼吸肌功能增强,提高肺活量。[①]

3. 惠州市市民台阶指数分析(附表 12)

附表 12　台阶指数得分情况统计表　　　　　单位:%

年龄段	40～44 岁		45～49 岁		50～55 岁		55～59 岁		均值
性别	男	女	男	女	男	女	男	女	
1 分	6	12	10	7	7	11	12	10	9.38
2 分	18	19	12	12	15	13	17	16	15.25
3 分	60	46	55	41	59	42	42	45	48.75
4 分	10	20	20	30	16	18	19	17	18.75
5 分	6	3	3	10	3	16	10	12	7.87

　　统计结果显示,惠州市中年人 40～59 岁年龄组台阶指数根据《国民体质测定标准》评定标准得分 80％左右集中在 2 分、3 分和 4 分上。惠州市中年人各个年龄

---

① 张丽娜,王诚民,张文波.对国民体质健康研究若干问题的思考[J].理论观察,2015(2):68-69.

阶段男性和女性台阶指数得分最高的是 3 分,惠州市中年人男性 40～44 岁年龄组台阶指数得 3 分为 60%,45～49 岁为 55%,50～54 岁为 59%,55～59 岁为 42%;女性 40～44 岁年龄组台阶指数得分 3 分为 46%,45～49 岁为 41%,50～54 岁为 42%,55～59 岁为 45%。得分为 1 分和 5 分的很少,在 30% 以下。这与每个人的心血管系统机能有关系,得分高,反映心血管系统的机能水平越高,反之亦然。所以经常参加体育运动,可以提高心血管系统的机能水平[①]。

4. 惠州市市民握力分析(附表 13)

附表 13　握力得分情况统计表　　　　单位:%

年龄段	40～44 岁		45～49 岁		50～55 岁		55～59 岁		均值
性别	男	女	男	女	男	女	男	女	
1 分	10	13	12	13	11	14	13	16	12.75
2 分	14	18	14	12	15	14	17	16	15
3 分	53	46	53	51	52	43	43	42	47.88
4 分	16	16	16	18	14	17	16	17	16.25
5 分	7	7	5	6	8	12	11	9	8.12

统计结果显示,惠州市中年人 40～59 岁年龄组台阶指数根据《国民体质测定标准》评定标准得分 80% 左右集中在 2 分、3 分和 4 分上。惠州市中年人男性 40～54 岁三个年龄组握力得分在 3 分的占到 50% 以上;女性四个年龄段得分均在 50% 以下,其中在 1 分和 5 分得分都在 10% 左右,且 1 分得分高于 5 分得分。惠州市中年人随年龄的增长握力呈下降趋势,与全国的平均数变化规律基本一致。通过握力得分反映出惠州市中年人整个身体状况还有待于加强,这项能力可以通过一些体育锻炼方式和专门的健身器材来进行提高[②]。

5. 惠州市市民坐位体前屈分析(附表 14)

附表 14　坐位体前屈得分情况统计表　　　　单位:%

年龄段	40～44 岁		45～49 岁		50～55 岁		55～59 岁		均值
性别	男	女	男	女	男	女	男	女	
1 分	8	12	10	7	7	11	13	10	9.75
2 分	16	17	12	12	15	13	18	16	14.88

①　汪浩.惠州市 2000 年国民体质测试结果分析[J].体育学刊,2003,1:56-58.
②　陈文鹤.体质测试指标的遴选及其意义[J].体育科研,2008,1:9-11.

附表 14（续）

年龄段	40~44 岁		45~49 岁		50~55 岁		55~59 岁		均值
性别	男	女	男	女	男	女	男	女	
3 分	54	45	55	40	59	40	42	45	47.5
4 分	13	16	20	31	16	19	17	17	18.62
5 分	9	10	3	10	3	17	10	12	9.25

　　统计结果显示,惠州市中年人 40~59 岁年龄组台阶指数根据《国民体质测定标准》评定标准得分 80% 左右集中在 2 分、3 分和 4 分上。惠州市中年人男性四个年龄段中坐位体前屈 3 分平均为 52.5%,得分为 5 分各个年龄段均在 10% 以下,平均为 6.25%,得分 4 分以上的占男性中年人总数的 22.75%;女性四个年龄段中坐位体前屈 3 分平均为 42.5%,其他年龄段在 30% 之下,得分 4 分以上的占女性中年人总数的 33%。惠州市中年人坐位体前屈实验,在 4 分之上的较少。随着年龄的增长,中年人的肌肉伸展性、弹性以及关节韧带的灵活性开始减退,同年龄组男性中年人的柔韧性明显好于女性中年人。因为随着年龄的增加,身体素质会有所下降,所以灵活性开始减退。男性中年人的柔韧性明显好于女性中年人,可能是因为男性比较注重锻炼身体,会经常外出活动,女性则很少活动。[①]

　　6. 惠州市市民选择反应能力分析(附表 15)

附表 15　选择反应时得分情况统计表　　　　　　　　单位:%

年龄段	40~44 岁		45~49 岁		50~55 岁		55~59 岁		均值
性别	男	女	男	女	男	女	男	女	
1 分	13	10	9	11	14	11	14	11	11.63
2 分	16	17	12	12	14	13	17	17	14.75
3 分	53	50	52	45	48	42	41	41	46.5
4 分	10	15	16	20	15	21	19	18	16.75
5 分	8	8	11	12	9	13	9	13	10.38

　　统计结果显示,惠州市中年人 40~59 岁年龄组台阶指数根据《国民体质测定标准》评定标准得分 80% 左右集中在 2 分、3 分和 4 分上。惠州市中年人 40

---

　　① 曾庆欣,杨婷,张建军.我国国民体质监测的现状与对策[J].西安体育学院学报,2004,21(3):71-72,84.

123

～50 岁两个年龄组得分在 3 分的占到 50％以上,50～60 岁年龄段得分在 50％以下,其他年龄段得分差别相对其他评价项目,差距变小。惠州市中年人四个年龄组男性得分 3 分与同年龄段女性差距不大,说明惠州市中年人神经系统肌肉系统的协调性和快速反应能力相差不大[1]。

7. 惠州市市民闭眼单脚站立分析(附表 16)

附表 16 闭眼单脚站立得分情况统计表 单位:％

年龄段	40～44 岁		45～49 岁		50～55 岁		55～59 岁		均值
性别	男	女	男	女	男	女	男	女	
1 分	7	11	9	7	8	12	10	11	9.38
2 分	19	19	11	12	16	13	15	15	15
3 分	56	45	52	42	50	41	45	43	46.75
4 分	11	21	20	29	17	19	17	17	18.88
5 分	7	4	8	10	9	17	13	14	10.25

统计结果显示,惠州市中年人 40～59 岁年龄组台阶指数根据《国民体质测定标准》评定标准得分 80％左右集中在 2 分、3 分和 4 分上。惠州市中年人男性 40～44 岁年龄组闭眼单足站得 3 分为 56％,45～49 岁为 52％,50～54 岁为 50％,55～59 岁为 45％;女性 40～44 岁年龄组闭眼单足站立得分 3 分为 45％,45～49 岁为 42％,50～54 岁为 41％,55～59 岁为 43％。惠州市中年人男性各个年龄段闭眼单足站立时间得 3 分的平均人数高于同年龄段女性,说明男性的平衡能力优于女性。但 4 分和 5 分之和,女性优于男性[2]。

五、结论

(1)在身高方面,50～55 岁男性平均身高最高,40～44 岁女性平均身高最高,男性身高大于女性,随着年龄的增长有下降趋势。

(2)在体重方面,50～55 岁男性平均体重最重,45～49 岁女性平均体重最重,男性体重大于女性。惠州市中年人成年男性较成年女性体型高大、体型粗壮。

(3)惠州市中年人肺活量、台阶指数、握力处于中等水平,随年龄的增长呈下降趋势,并且男性高于女性。

(4)惠州市中年人男性与女性反应时差距不大,说明惠州市中年人神经系

① 张丽娜,王诚民,张文波.对国民体质健康研究若干问题的思考[J].理论观察,2015(2):68-69.
② 唐宇钧.试论体育对现代国民体质健康的影响[J].吉林体育学院学报,2004(1):133-134.

统、肌肉系统的协调性和快速反应能力相差不大。

（5）随着年龄的不断增长，中年男性的平衡能力呈现下降趋势，中年人的肌肉伸展性、弹性以及关节韧带的灵活性开始减退，男性中年人的柔韧性明显好于女性中年人。

六、建议

（1）惠州市中年人身体素质、心血管系统机能等整个身体状况还有待加强，需要通过一些体育锻炼方式和专门的健身器材来进行提高，增强呼吸功能锻炼，提高肺活量、提高心血管系统的机能水平。

（2）体育相关部门要制定相应的法律法规等政策，对居民体质健康实施运动干预，推动全民健身全面开展。

（3）加大资金投入力度，统筹城乡体育事业发展，缩短城乡之间居民体质健康水平的差距。

（4）加强社会体育指导员的规范化管理和培训工作制度化，提高对社会体育指导员的培养质量，广泛宣传全民健身意识，对体育健身设施予以保护并及时督促群众体育运动的开展。

（5）加大对体育场馆开放度，实现场馆最大利用率，以满足惠州市居民的体育健身需求。

附 3 惠州市国民心肺功能现状研究

——基于 2015 年青年（20～39 岁）群体数据[①]

为了加强我国的国民体质健康，2003 年我国实施了《国民体质测定标准》，这是执行《中华人民共和国体育法》和《全民健身计划纲要》的有效措施[②]，这一制度不但能够让我们在一定时期内了解和掌握成年人身体状况，而且能评估我市成年人一定的生活质量以及身体素质。改革开放以来，随着我国的经济发展迅速，人们不再满足于衣食住行，而在这个基础上对提高自身的体质状况和健康水平有着更高的要求。但是，在不断地提高我们的生活质量的同时，我们的国民体质却开始下降，心脏病、心绞痛、心肌梗死等疾病愈发地年轻化，这些疾病的出现使政府与市民意识到危机，从而重视起自身的身体体质。国民意识到自身体质存在不足的情况时也会利用自己工作之余或者放学之际进行锻炼，提

---

① 本文发表在《惠州学院学报（自然科学版）》2016 年第 6 期（张宗国与邹晓芸合作），略有改动。

② 刘晓辉.《国家学生体质健康标准》身高体重指标评分标准述评[J].惠州学院学报，2014,34(6)：124-128.

高自己的体质,防止疾病的发生。心肺功能是由氧运输系统通过肺呼吸和心脏活动推动血液循环向机体输送氧气和营养物质,从而满足各种人体生命活动物质和能量代谢需要的生理学过程,与人体体质健康和竞技运动能力有着极为密切的关系[①]。心肺功能是由肺活量和台阶测试来评定。肺活量是测定人体呼吸的最大通气能力,肺活量的大小主要取决于胸廓发育水平以及呼吸肌强弱[②]。台阶测试是由台阶、电子台阶测试仪、秒表测定,是一项评价心血管系统的定量负荷试验。这两个测试由于一些不当的操作会使测试者成绩偏差较大,如:测试肺活量时,测试者吹气时漏气、吸气不足、仪器有缺陷;台阶测试时,时间没有把握好等。本次研究单项指标评定采用 5 分制评分法,每一个年龄段的评分标准相同,即 5 分、4 分、3 分、2 分、1 分分别对应优秀、良好、中等、稍差、差。

通过文献资料法、数理统计法和对比分析法,对惠州市 2015 青年(20～39 岁)心肺功能所得的数据进行数理统计与分析,了解惠州市青年的心肺功能中肺活量与台阶测试的基本现状,所有数据采用 SPSS 17.0 for Windows 软件进行分析,差异显著性检验采用 T 检验,以 $P > 0.05$ 为不显著性差异,$P < 0.05$ 为显著性差异,$P < 0.01$ 为非常显著性差异,通过数据分析肺活量与台阶测试存在的问题和影响因素,从而提出有针对性的建议,为提高该市国民的心肺功能的发展提供参考。

一、研究对象

惠州市 2015 年青年(20～39 岁)群体。其中,惠州市男性(20～39 岁)440 人,女性(20～39 岁)460 人,总样本量为 900 人。测肺活量的人数为:男 440 人、女 460 人,台阶测试人数为:男 438 人、女 460 人。

二、研究方法

(1)文献资料法

阅读相关书籍、杂志,通过对中国期刊全文数据库、中国教育网等相关的网站查阅有关的数据资料,并对以上文献资料进行了系统的整理和分析。

(2)对比分析法

对惠州市心肺功能 2015 年青年(20～39 岁)群体与武汉城市的心肺功能现状进行比较分析、性别进行对比。

(3)数理统计法

将调查的所有数据进行统计分析处理,并运用统计学方法进行比较、分析。

---

① 孙亮.有氧健身操对高校青年女教师体质的影响[D].大连:大连理工大学,2009.

② 张宗国,刘晓辉.广东省普通高校大学生心肺功能动态变化研究——基于《国家学生体质健康标准》数据库的分析[J].山东体育学院报,2010,26(11):54-57,83.

三、研究结果与分析

1. 惠州市国民心肺功能现状与分析

由附表 17 可知:2015 年惠州市青年(20~39 岁)肺活量指数以及台阶指数总体而言处于中等水平,说明 2015 年惠州市国民心肺功能能力良好,体现在肺活量指数均值为 3 201,所占的比例最多为 38%,属于中等水平;台阶指数为62.44,所占的最多比例为 40.2%,属于良好水平。

附表 17　2015 年惠州市青年(20~39 岁)肺活量指数以及台阶指数(N2=900)

项目		指数	优秀	良好	中等	稍差	差
肺活量	$\overline{X} \pm S$	3 201±815.134	11%	29.1%	38%	16.8%	5.1%
台阶测试	$\overline{X} \pm S$	62.44±9.364	23.6%	40.2%	22.1%	10.0%	4.1%

在表格中可看出肺活量评分所占比例依次如下:中等为 38%、良好为29.1%、稍差为 16.8%、优秀为 11.0%、差为 5.1%,这反映了在肺活量项目中大部分青年是处于中等水平,而处于良好的比例也远远大于稍差和差的比例。同时也可以看出台阶指数评分所占比例依次如下:良好为 40.2%、优秀为23.6%、中等为 22.1%、稍差为 10.0%、差为 4.1%,表明惠州市青年在台阶测试上是属于中等偏上的水平。

肺活量与台阶测试中稍差与差所占的比例也不小,说明有一小部分青年自身的心肺功能处于低值,青年应该重视和提高心肺功能能力。

(1)惠州市国民肺活量现状与分析

由附表 18 可知:惠州市青年(20~39 岁)肺活量指数总体处于中等偏上水平。男肺活量中等所占的比例为 40.0%,为最大比例,其次是良好 31.3%,最后是差 4.2%,而女肺活量良好占的比例最大为 41.3%,优秀占了 20.6%,中等占了 23.4%,差占了 2.8%,这个数据说明了女肺活量指数处于优秀水平,只有极小部分女肺活量处于差的级别。

附表 18　2015 年惠州市青年(20~39 岁)肺活量指数(N 男=440　N 女=460)

性别		肺活量	优秀	良好	中等	稍差	差
男	$\overline{X} \pm S$	* 3 798.15±599.39	10.0%	31.3%	40.0%	14.5%	4.2%
女	$\overline{X} \pm S$	2 627.94±535.71	20.6%	41.3%	23.4%	11.9%	2.8%

注:* 为男女肺活量相比,$P < 0.01$ 存在非常显著性差异。

经过男、女肺活量的数据分析得到:男肺活量均值为 3 798.15、标准差为

599.39、均值的标准误差为 28.584,而女肺活量均值为 2 627.94、标准差为 535.71、均值的标准误差为 24.984,在均值方程的 T 检验中得出:T=30.913、P=0.00,由于 0.00<0.01 为非常显著性差异,说明男肺活量远远高于女肺活量,这需要提高女肺活量从而提高评分比例。有研究表明:男性在承受负荷时较女性能达到较高的运动强度,完成更多的负荷量[①]。无论在身体形态上,还是在身体机能上,男性比女性都占有一定的优势。

(2)惠州市国民台阶测试指数现状与分析

由附表 19 可知:惠州市青年(20～39 岁)台阶测试指数总体处于优秀水平。男台阶指数良好所占的比例为 39.0％是最大比例,其次优秀是 27.0％、中等是 20.6％、稍差是 7.9％,最后差是 5.4％,前三个比例相差不大可看出男台阶指数处优秀水平,而女台阶指数所占的比例最大为 41.3％,优秀占了 20.6％、中等占了 23.4％,差仅占了 2.6％,这个数据说明了女台阶指数也处于优秀水平,只有极小部分女台阶指数处于差的级别。

附表 19　2015 年惠州市青年(20～39 岁)台阶指数(N 男＝438　N 女＝460)

性别		台阶指数	优秀	良好	中等	稍差	差
男	$\bar{X}\pm S$	62.72±9.95	27.0％	39.0％	20.6％	7.9％	5.4％
女	$\bar{X}\pm S$	62.22±8.15	20.6％	41.3％	23.4％	12.1％	2.6％

经过男女台阶指数的数据分析得到:男台阶指数均值为 62.72,标准差为 9.95、均值的标准误差为 0.476,而女台阶指数均值为 62.22、标准差为 8.15、均值的标准误差为 0.409,在均值方程的 T 检验中得出:T=0.822,P=0.411,由于 0.411>0.05 为不显著性差异,说明男台阶指数与女台阶指数不存在显著性差异。根据张宗国等的《国家学生体质健康标准》数据库的分析表明:台阶成绩反映个体心血管机能定量负荷时动员快慢、潜力大小、恢复快慢水平,相比于肺活量更易表现出后天锻炼效应[②]。

(3)2015 年惠州市国民心肺功能与武汉市、辽宁省相比较

肺活量的大小主要取决于胸廓发育水平以及呼吸肌强弱。通过惠州市国民心肺功能的数据分析得到男、女肺活量指数分别为:3 798.15±599.39、2 627.94±535.71,武汉市的男、女肺活量指数分别为:3 153.9±894、12 217.4

---

① 宋宪强.运动心肺实验对不同人群心肺功能的评价及应用研究[D].太原:山西大学,2005.
② 张宗国,刘晓辉.广东省普通高校大学生心肺功能动态变化研究——基于《国家学生体质健康标准》数据库的分析[J].山东体育学院报,2010,26(11):54-57,83.

±594.7[①]。由数据看出惠州心肺功能总体水平明显高于武汉市。惠州成人男、女肺活量的平均指数分别为 3 798.15、2 627.94,武汉男、女肺活量的平均指数分别为 3 153.9、2 217.4,从肺活量指数来看惠州的男女肺活量明显大于武汉市,存在显著性差异。

台阶测试是一种测量心血管机能的方法,指数越大,表明心血管机能越好。惠州成人男、女台阶测试的平均指数分别为 62.72、62.22,武汉男、女台阶测试的平均指数分别为 53.8、55.3,从台阶测试指数来看惠州的男女台阶指数均大于武汉,存在显著性差异。

又通过对辽宁省给出的数据分析,男、女肺活量指数分别为:3 686.5、2 636.6,男、女台阶测试的平均指数分别为:56.71、56.84[②]。与惠州的数据相比,惠州市男肺活量高于辽宁省的,女肺活量稍低于辽宁省,但相差不大;而惠州市男、女台阶指数均高于辽宁省,均存在显著性差异。

通过与武汉市、辽宁省国民的心肺功能相比较,说明惠州市随着经济发展国民愈发注重身体锻炼,心肺功能能力逐渐提高。

2. 影响惠州市国民心肺功能的因素与分析

影响惠州市国民心肺功能的因素是多方面的,有来自自身内部机能的变化,也有来自外界的影响,包括心理因素等。根据上面数据得出以下几点说明:

(1)先天遗传因素。每个人的遗传因素都是不一样的,无论好、坏都能影响到自身的身体素质,进而影响到心肺功能。

(2)性别因素。在进行心肺功能多种比较时,发现性别存在明显的差异。惠州市 2015 年男肺活量远远高于女肺活量。通过研究表明:男性在承受负荷时较女性能达到较高的运动强度,完成更多的负荷量,说明性别、遗传等先天因素对生理指标能产生一定影响[③]。

(3)锻炼程度。随着经济的发展,人们总是忙于工作而忘了锻炼,使自身的身体素质愈来愈差。只有积极地锻炼自身素质,才能提高免疫力,预防疾病的发生。有研究表明体育锻炼可使呼吸肌发达,胸围增大,肺和胸廓弹性增强,肺活量增大。

(4)其他因素。不良的饮食习惯也会危害心肺功能的健康,每一个人的体质都不一样,对某些食物、药物产生过敏反应从而导致哮喘发作,进而影响心肺

---

① 张晶.2005 年武汉市城镇 20～59 岁人群体质状况的分析[D].武汉:华中师范大学,2008.

② 孙艳.2008 年辽宁省 20～39 岁青年劳动者体质健康状况与原因分析[J].辽宁工业大学学报(社会科学版),2010,12(6):131-133.

③ 宋宪强.运动心肺实验对不同人群心肺功能的评价及应用研究[D].太原:山西大学,2005.

功能。有研究表明:胆固醇和脂肪含量高的食物过量摄入会导致脂肪代谢异常,通常饮食结构中高脂肪、高胆固醇食物占比重较大的人群,其心、脑血管病发生率较大[①]。

四、结论

(1)2015 年惠州市青年(20～39 岁)肺活量指数以及台阶指数总体而言处于中等水平,体现在肺活量指数均值为 3201,所占的比例为 38%,属于中等水平;台阶指数为 62.44,所占的比例为 40.2%,属于良好水平,但肺活量与台阶测试中稍差与差所占的比例也不小。

(2)惠州市青年(20～39 岁)肺活量指数总体处于中等偏上水平,经过独立 T 检验得出:男肺活量均值为 3 798.15、标准差为 599.39,女肺活量均值为 2 627.94、标准差为 535.71。$T=30.913$、$P=0.00$,结果表明 $P<0.01$,成年人男、女的肺活量为非常显著性差异,说明男肺活量远远高于女肺活量。

(3)惠州市青年(20～39 岁)台阶测试指数总体处于优秀水平,经过独立 T 检验得出:男台阶指数均值为 62.72、标准差为 9.95,女台阶指数均值为 62.22、标准差为 8.15。$T=0.822$、$P=0.411$,结果表明 $P>0.05$ 为不显著性差异,说明男台阶指数与女台阶指数不存在显著差异。

(4)通过与武汉市、辽宁省的国民心肺功能相比,惠州心肺功能总体水平明显高于武汉市、辽宁省。惠州男女在肺活量指数、台阶指数方面均高于武汉市、辽宁省,存在明显的差异。说明 2015 年惠州市国民越来越重视自身的身体素质,从而使心肺功能比例有着上升的趋势。

五、建议

(1)2015 年惠州市国民心肺功能总体状况处于良好,但在肺活量与台阶测试中仍存在一些偏差的人群,我们的政府应加强对心肺功能的宣传工作,积极响应《全民健身条例》的号召,促进惠州市国民提高身体素质,强化心肺功能,积极形成体育锻炼的习惯,这样不但会让国民身体素质提高,而且还会让国民在情感上有着积极上进的作用。

(2)惠州市青年(20～39 岁)肺活量指数总体处于中等偏上水平,但数据表明:男肺活量远远高于女肺活量,女肺活量指数偏差。政府应加强居民小区服务管理,积极完善小区设备的建设,定期开展一些体育项目,如:羽毛球比赛、乒乓球比赛等具有娱乐性、健康性的活动;也可以通过一些耐力训练的活动加强肺活量,如:慢跑、游泳、骑自行车、爬山等,既可促进青年身心健康,又可提高自身的心肺功能。

---

① 刘璐.不同体质水平成年人心脏功能变化特征的比较研究[D].北京:北京体育大学,2010.

（3）通过与武汉市、辽宁省的国民心肺功能相比,惠州国民心肺功能总体水平明显高于武汉市、辽宁省,说明 2015 年惠州市国民越来越重视自身的身体素质,从而使心肺功能比例有着上升的趋势。但不能因为日常的体育锻炼而忽略了定期去医院检查心肺功能,有些疾病是不易被察觉的,需要去医院检查,防止心肌梗死、心衰竭等疾病发生。

第六章　体质健康标准的国内外比较

一、各国体质健康测试管理机构比较

学生体质健康测试是各国政府及民间组织对本国学生体质健康状况进行测评和监督的一项重要工作,但各国的具体工作名称和做法不尽相同(表 6-1)。

表 6-1　各国学生体质健康测试情况一览表①②③④⑤

国家	管理结构	评价标准	测试研究机构
美国	政府和社团	FITNESSGRAM 测试;最佳健康计划	体制与运动总统委员会;美国健康、体育、娱乐、舞蹈联盟等
俄罗斯	体育部等政府和组织	劳动与卫国制度	教育与科学部、卫生部
日本	文部省	体力与运动能力测定	文部省"关于体力调查方法研究委员会"
欧盟	教育与技能部、卫生部	欧盟统一测试标准	尤罗菲特委员会
中国	教育部、国家体育总局	国家学生体质健康标准	由各级教育行政部门管理,体育行政部门指导,学校组织实施

二、测试项目与指标体系的比较

(一)美国

最早的主要测量项目有:直腿仰卧起坐、立定跳远、引体向上(男)/改良引体向上(女)、50 码跑(45.72 m)、往返跑 600 码(548.64 m)跑/走、垒球掷远、水中运动(选测)。20 世纪 60—70 年代,美国体育界对身体素质测定内容经过长期的论证后,认为身体素质应包含提高运动成绩相关运动素质和增进健康相关

---

① 马忠利,李永彬.新时期俄罗斯《劳卫制》与中国《国家体育锻炼标准施行办法》对比研究[J].成都优育学院学报,2015(5):12-16.

② 李红娟,王正珍,罗曦娟.美国青少年体质测定系统的演进[J].北京体育大学学报,2013,36(10):51-58,70.

③ 刘新华.日本体力监测系统的建立与实施[J].体育科学,2005,25(10):47-52.

④ 张宝强.20 世纪 50 年代以来美国促进学生体质健康的举措及其启示[J].体育学刊,2010,17(3):52-56.

⑤ 中华人民共和国教育部,国家体育总局《国家学生体质健康标准解读》编委会.国家学生体质健康标准解读[M].北京:人民教育出版社,2007.

的健康素质,而高水平的速度、爆发力和上肢力量对人体健康没有特别的直接关系。因此,1975 年的美国体质普查中取消了垒球掷远与往返跑;1985 年立定跳远和 50 m 也被删除,增加了 1 英里跑(反映心血管功能)和坐位体前屈(腰背柔韧性),从而完成了由测试"运动技术指标"向测试"健康指标"的过渡。①

从 2012 年起,学生体质测试系统演变成为一个全国性的学生体质促进协作项目"总统青少年健身计划(Presidential Youth Fitness Program)"②,建立了独立的健康相关体质测试和教育系统:FIT-NESSGRA,并开发了教育评估与报告软件系统。该测试系统的测试指标包括 1 英里跑/走、体脂含量(%BF)、身体质量指数(BMI)、坐位体前屈、仰卧起坐、引体向上和曲臂悬垂。

目前,在美国还有另一个由美国健康、体育、娱乐、舞蹈联盟 1998 年公布的测试 Physical Test。该测试框架下的指标包括 1 英里跑/走、皮下脂肪厚度、身体质量指数、坐位体前屈和引体向上。这两组测试指标的选择都与人体的健康有关,可以归纳为四个方面:① 心肺功能;② 肌肉力量与耐力;③ 身体柔韧性;④ 身体成分。这四个方面的良好状态,提供和保障了人们安全地从事肌肉活动的能力,即具备了优良的体质水平。

2012 年 9 月 10 日,美国健康、运动营养总统委员会发布了"总统青少年健身计划",引导全美青少年科学锻炼③。美国政府对提升学生体质健康的手段主要是通过鼓励政策来引导学生进行体质锻炼。学生将测试结果输入一套体质报告软件管理系统中后系统就会将测试结论和建议自动打印出来。政府定期对体质测试优秀的学生发放证书,拥有此证书的学生在结业和升学方面享有一定的优待。

(二)日本

日本早在 1879 年就开始对学生身体活动能力进行调查。1963 年文部省制定了《小学低、中年级运动能力测验实施要案》。1996 年日本文部省成立了"关于体力调查方法研究委员会",制定了新的体力测定框架和指标,并于 1999 年正式开始实行。新指标体系重新划分了年龄组,增加了健康评价的内容并设置了各年龄组通用测定指标,更有利于纵向比较(表 6-2)。新的体力与运动能力评价中学生的指标也更为系统全面:握力、仰卧起坐和立定跳远分别测定学生

① 李红娟,王正珍,罗曦娟.美国青少年体质测定系统的演进[J].北京体育大学学报,2013,36(10):51-58,70.

② 李红娟,王正珍,罗曦娟.美国青少年体质测定系统的演进[J].北京体育大学学报,2013,36(10):51-58,70.

③ 李红娟,王正珍,罗曦娟.美国青少年体质测定系统的演进[J].北京体育大学学报,2013,36(10):51-58,70.

的上肢力量、腹肌力量和下肢力量的指标;坐位体前屈测试学生身体的柔韧性;反复横跨、20 m 往返跑和立定跳远可以反映受试者的灵敏性和爆发力;长跑则考察了学生的耐力;掷球则反映全身的协调能力。

表 6-2　日本现行学生体力与运动能力评价指标统计表[①]

年龄段	测试项目
小学生(11 岁)	握力、仰卧起坐、坐位体前屈、反复横跨、20 m 往返跑、50 m 跑、立定跳远、掷球
中学生(13 岁)	握力、仰卧起坐、坐位体前屈、反复横跨、20 m 往返跑、50 m 跑、立定跳远、掷球、长跑
高中生(16 岁)	握力、仰卧起坐、坐位体前屈、反复横跨、20 m 往返跑、50 m 跑、立定跳远、掷球、长跑

　　日本将 1 500 m 快走或跑(男)、1 000 m 快走或跑(女)或 20 m 往返跑作为评定耐力的指标,这使选择的余地扩大了,进一步提高了受试者的兴趣;测试指标中握力、仰卧起坐、坐位体前屈分别能反映学生的上肢力量、腹肌力量和柔韧性;反复横跨作为测定学生灵敏性的指标;立定跳远则能反映学生下肢力量的情况。

　　(三) 俄罗斯

　　2014 年,俄罗斯修订并恢复了《劳卫制》。普京的总统令中明确指出:"恢复《劳卫制》是为了继续完善国家体育政策,构建有效身体教养体系,发展人体潜能,巩固人民健康。"俄罗斯新的"劳卫制"以其体育教养体系为依托。其体育教养体系包括了从幼儿到老年,从学校到社会,从人的思想道德品质到身体运动能力一整套完整的体系,学生体质健康测试是其中重要的组成部分。

　　如表 6-3 所示,根据新版《劳卫制》章程的规定,所有在校生必须定期通过体育锻炼测试,通过测试的学生将被授予勋章。学生参加《劳卫制》测试的成绩是俄罗斯各高校录取学生时加分或给予奖学金的重要依据。现行的俄罗斯"劳卫制"的测试内容主要分为必测内容与选测内容,必测内容以速度、耐力、柔韧等为考核内容,根据不同年龄设定考核指标。选测内容主要包括实用技能、速度力量和协调能力的测验,其中实用技能包括 1～5 km 滑雪、1～5 km 越野跑、10～50 m 游泳和射击等;速度力量类包括立定跳远、掷球等项目;协调能力包括 6 m 定点掷网球等,合计 29 项。项目内容较为广泛,冬夏季项目均有涉及,为参加测试的学生提供了更大选择空间。与我国的体质健康测试指标相比,俄

---

　　① 刘新华.日本体力监测系统的建立与实施[J].体育科学,2005,25(10):47-52.

罗斯的劳卫制明显超越了我国标准。

表6-3 俄罗斯现行劳卫制初级(6~8岁)测试标准①

测验		男			女		
		铜牌	银牌	金牌	铜牌	银牌	金牌
必测项目	跑步 3×10 m/s	10.4	10.1	9.2	10.9	10.7	9.7
	30 m 跑步/s	6.9	6.7	5.9	7.2	7.0	6.2
	改良仰卧起坐/次	5	6	13	4	5	11
	俯卧撑/次	7	9	17	4	5	11
	站姿体前屈	手指点地	手指点地	手掌触地	手指点地	手指点地	手掌触地
自选项目	跳远/cm	115	120	140	110	115	135
	6 m 掷网球/次	2	3	4	2	3	4
	1 km 滑雪/min	8.45	8.30	8.00	9.15	9.00	8.30
	2 km 滑雪/min	不限时	不限时	不限时	不限时	不限时	不限时
	不计时游泳/m	10	10	10	10	10	10
	测验次数	8	8	8	8	8	8

(四)欧盟

英国的学生体质健康测试工作与美国较为接近,只是英国采用了欧盟统一的测试标准。在具体的评价指标选择方面,国际上对体质健康评价研究最早最为系统的有两个国际组织,即国际体力研究委员会(ICPFR)和国际生物学发展规划理事会(IBP)。目前各国使用的评价指标基本上是以两大组织的标准为依据(表6-4)。

表6-4 国际体力研究委员会和国际生物学发展规划理事会的体质健康评价指标②

项目	国际体力研究委员会	国际生物学发展规划理事会
耐力	——	哈佛台阶测试
弹跳力	立定跳远	立定跳远
力量	引体向上(男);屈臂悬垂(女)	引体向上(男);斜身引体(女)

---

① 马忠利,李永彬. 新时期俄罗斯《劳卫制》与中国《国家体育锻炼标准施行办法》对比研究[J]. 成都优育学院学报,2015(5):12-16。

② 甄志平,毛振明.《国家学生体质健康标准》指标体系结构与嬗变研究[J]. 西安体育学院报.2008,25(2):1-9。

表 6-4(续)

项目	国际体力研究委员会	国际生物学发展规划理事会
速度	50 m 疾跑	50 码疾跑
灵敏性	10 m 穿梭往返跑	10 码穿梭往返跑
腰腹力	30 s 仰卧起坐	60 s 仰卧起坐
长距离	1 000 m 或 2 000 m(男);800 m 或 1 000 m(女),600 m(儿童)	600 码
投掷力	—	投垒球
柔韧性	坐位体前屈	—
测力器测验	握力	握力、背力、拉力、推力、伸腿力量、屈体力量

　　欧盟国家一般采用统一测试标准来测定学生的体质健康状况。这样有利于各国之间的学生体质健康水平的相互比较,以及对各个国家身体健康教育开展情况进行对比,以便更好地开展各国国民的体质健康教育。各国通过签订相关的学生体质健康测试协议并成立相应的委员会来协调各国学生体质测试相关事宜,落实体质测试过程中的具体工作以及对各国学生体质测试的结果进行比较和评定,最终提出合理的改进建议。从测试内容来看,欧洲各国在体质健康测试中的测试内容主要集中于身体成分、有氧能力、肌肉力量和肌肉耐力、柔韧性以及速度与平衡方面(表 6-5)。

表 6-5　欧洲各国统一使用的体质测定方法[①]

测试的素质	测试内容	测试方法
一般耐力	心—呼吸耐力	逐步加快速度的穿梭跑、PWCI70 测试
最大力量	静力、爆发力	握力计、立定跳远
力量耐力	两臂的力量耐力、躯干的力量耐力	单杠悬垂、仰卧起坐
速度素质	跑速、两臂运动速度	10×5 m 跑、两臂交叉运动
柔韧	脊椎的灵活性	坐位体前屈
平衡	身体平衡	坐位体前屈
人体测试	身高、体重、人体组成	测定身高、量体重、测定 5 种皮肤与脂肪皮褶

---

　　① 甄志平,毛振明.《国家学生体质健康标准》指标体系结构与嬗变研究[J].西安体育学院报.2008,25(2):1-9.

（五）新西兰

新西兰在 20 世纪 50—70 年代,使用的体质测试指标是 Kraus Weber 的 6 项腰背肌力量和柔韧性最低水平的测试,但由于一些原因没能取得成功。后来由于 1989 年颁布了"The New Zealand Fitness Test"(6～15 岁)。从表 6-6 中可以直观地看出,使用身高、体重、皮褶卡尺度指标来客观评价学生的身体成分;用 9 min 跑(6～8 岁)、12 min 跑(10～15 岁)和台阶试验(12～15 岁)来评定学生的心血管功能;新西兰还把仰卧起坐作为评定腹部肌肉力量和耐力的指标,简单实用。最后在柔韧性上选择坐位体前屈作为评定指标。指标评价的内容体现了与健康有关的体质评价内容:即身体成分、心血管系统的功能、肌肉的力量和耐力、柔韧性。而在测试指标的选择上,都考虑到了指标选择的代表性、有效性和客观性。根据本国的实际情况,都采用了一些操作简便易行、结果可靠有效的指标。如身体成分的评价都采用身高、体重两个常规身体形指标,心肺功能的评价都有台阶试验,肌肉力量和耐力的评价都有仰卧起坐和坐位体前屈两个指标。

表 6-6　新西兰测试指标①

测试对象分组	评价指标
6～15	身高、体重、皮褶卡尺度 9 min 跑(6～8 岁)、12 min 跑(10～15 岁) 台阶试验(12～15 岁) 仰卧起坐 坐位体前屈

（六）中国(以 2014 年修订的指标体系为准)

小学学段由原来的 3 组增至 6 组,初中、高中学段各由之前的 1 组增至 3 组,大学学段则由 1 组增至 2 组。更细致的分组,缩小了各组学生的年龄差,对于研究各年龄段学生在体质方面存在的共性问题及原因,无疑可以提供更为准确的参考数据。

取消选测项目。2014 年《标准》不再有选测项目,而是根据各阶段学生身体发育的不同情况,设置了符合不同年龄段学生的测试项目。而投掷实心球及篮球、排球等球类运动在学生体测舞台上的"谢幕",也恰恰反映了新版《标准》更加注重对学生身体机能和素质的考察,而减少了对运动能力的考察(表 6-7)。

———————————

① 甄志平,毛振明.《国家学生体质健康标准》指标体系结构与嬗变研究[J].西安体育学院报.2008,25(2):1-9.

表 6-7　中国体质健康测试指标①

测试对象	单项指标	权重(%)
小学一年级至大学四年级	体重指数(BMI)	15
	肺活量	15
小学一、二年级	50 m 跑	20
	坐位体前屈	30
	1 min 跳绳	20
小学三、四年级	50 m 跑	20
	坐位体前屈	20
	1 min 跳绳	20
	1 min 仰卧起坐	10
小学五、六年级	50 m 跑	20
	坐位体前屈	10
	1 min 跳绳	10
	1 min 仰卧起坐	20
	50 m×8 往返跑	10
初中、高中、大学各年级	50 m 跑	20
	坐位体前屈	10
	立定跳远	10
	引体向上(男)/1 min 仰卧起坐(女)	10
	1 000 m 跑(男)/800 m 跑(女)	20

三、各国标准具体的比较

依据中国体育科学学会体质研究分会定义的体质概念范畴,选择其中与健康密切相关的身体形态发育水平、身体素质和运动能力发展水平所涵盖的内容对比各国在此概念上使用的测试指标项,表5列出了各国主要使用的青少年体质健康测评体系。各国建立的测评体系可分为以下几类(本文只归类主要维度):① 身体成分/身体形态:身高、体重、BMI、体脂率(生物电阻抗)、皮褶厚度、腰围、胸围、上臂围、臀围、小腿围、骨密度;② 心肺适能(有氧能力):PACER 测试(20 m 往返跑)、1 英里跑/走、步行测试、1 000 m/1 500 m 跑、800 m/1 000 m 跑、肺活量、50 m×8 往返跑、踏车试验(PWC170);③ 肌肉力量和耐力:握力、球类掷远、90°俯卧撑、修正后/传统引体向上、屈臂悬垂、1 min 跳绳、立定跳远、

① 中华人民共和国教育部,国家体育总局《国家学生体质健康标准解读》编委会. 国家学生体质健康标准解读[M].北京:人民教育出版社,2007.

踢球、单脚跳、卷腹、仰卧起坐、平板支撑;④ 柔韧:双臂后触伸、坐位体前屈;
⑤ 速度:50 m 跑、4×10 m 往返跑、折返跑(5 m)10×5 m 往返跑;⑥ 平衡性:单
脚踏板站立、平衡移动测试(后退);⑦ 基本动作技能:障碍跑(走、跑、跳、投等)、
反复横跨、双手交叉敲击圆盘;⑧ 健康:视力(表 6-8)。

表 6-8　各国家(地区)青少年体质健康测评体系①②③④⑤⑥

测试名称 (来源)	受测人群 年龄	测试项目	组件评估	参考
FITNES SGRAM (美国)	8～30	PACER 测试(推荐)或 1 km 跑/ 走或步行测试(针对中学生) 皮褶厚度或 BIM 或生物电阻抗 分析 基于节拍的卷腹 俯卧背伸 90 度俯卧撑(推荐)或修正后引 体向上或屈臂悬垂 坐位体前屈或双臂后触伸	心肺适能 身体成分/身体形态 腹肌力量耐力 躯干伸肌的力量和柔软性 上肢力量和耐力	Plowman 等,2013
日本体力测 定(日本)	6～19 (共同指标)	握力 仰卧起坐 坐位体前屈 50 m 跑 立定跳远 反复横跨	上肢力量 腹肌力量耐力 柔韧性 速度 下肢力量、协调性 协调性、爆发力	日本文部省 体育局

① 马忠利,李永彬.新时期俄罗斯《劳卫制》与中国《国家体育锻炼标准施行办法》对比研究[J].成
都优育学院学报,2015(5):12-16。
② 李红娟,王正珍,罗曦娟.美国青少年体质测定系统的演进[J].北京体育大学学报,2013,36
(10):51-58,70.
③ 刘新华.日本体力监测系统的建立与实施[J].体育科学,2005,25(10):47-52.
④ 张宝强.20世纪50年代以来美国促进学生体质健康的举措及其启示[J].体育学刊,2010,17
(3):52-56.
⑤ 中华人民共和国教育部,国家体育总局《国家学生体质健康标准解读》编委会.国家学生体质健
康标准解读[M].北京:人民教育出版社,2007.
⑥ 甄志平,毛振明.《国家学生体质健康标准》指标体系结构与嬗变研究[J].西安体育学院报.
2008,25(2):1-9.

表 6-8(续)

测试名称 (来源)	受测人群 年龄	测试项目	组件评估	参考
ALPHA-FIT(欧洲)	6~17	握力 立定跳远 4×10 m 往返跑 20 m 往返跑 身高、体重、BMI 腰围 皮褶厚度	下肢或肩膀的柔韧性 上肢力量 下肢力量 速度 心肺适能 身体成分/身体形态 身体成分/身体形态	Garzon, 2012
CAPL (加拿大)	8~12	PACER 测试 障碍跑 平板支撑 握力 坐位体前屈 身高、体重、BMI 腰围	心肺耐力 基本动作技能 躯干力量耐力 上肢力量 柔韧性 身体成分/身体形态 身体成分/身体形态	HALO, 2014
中国	小学一年级~大学四年级	体重指数(BMI) 肺活量 50 m 跑 坐位体前屈 1 min 跳绳 1 min 仰卧起坐 50 m×8 往返跑 引体向上(男)/1 min 仰卧起坐(女) 1 000 m 跑(男)/800 m 跑(女)	速度 柔韧性 下肢力量、协调 耐力 腹肌力量耐力 下肢力量 腹肌力量耐力 下肢力量、耐力	教育部印发的《国家学生体质健康标准(2014年修订)》

（一）中外青少年体质健康测评体系相同点

各国青少年体质健康测评体系指标评价的内容大体是一致的,衡量体质的指标都经历了由身体形态—身体素质与运动能力—兼顾机能—健康指标的演变过程。多数测试项目各国通用,但是各国评价维度的侧重点存在差异。中、美、日、欧各自主要使用的青少年体质健康测试关注了身体成分/身体形态、心肺适能(有氧能力)、肌肉力量和耐力、柔韧性等;而身体成分测试不在日本体力测定指标体系中,需另行测试。在身体成分维度上,中、美、加、欧都使用 BMI

作为测评项目;在心肺适能(有氧能力)上,美、加、欧、日都使用了 PACER 作为测评项目;在上肢肌肉力量和耐力上,中、美、欧都使用了屈臂悬垂或引体向上作为上肢肌肉力量和力量耐力的测评项目,加(PLAY)、日都选用了投掷球类来测评上肢力量,同时加、欧、日也都选用了握力来反应上肢静态肌力;在下肢肌肉力量上,中、欧、日都使用立定跳远作为测评项目;在腹部肌肉力量和耐力上,中、欧、日都使用了仰卧起坐作为测评项目。在柔韧性上,中、美、加、欧和日皆使用坐位体前屈作为测评项目。①②③④⑤⑥

(二)中外青少年体质健康测评体系不同点

各国家(地区)在测试指标维度的侧重点以及测评项目设置上存在差异,由表 6-9 可见,中国《学生体质健康标准》和日本体力测定测试维度最多;美国 FITNESSGRAM 测试指标项最多;而加拿大 CAPL 仅基本动作技能这一个维度就包含了至少 7 种测试动作,另外加拿大 PLAY 和 Passport for Life2 个测试体系测试项目设置丰富多样,目的是为了增加青少年的运动兴趣;而欧洲 Eurofit 训练法的测试内容更为简单,Eurofit 训练法包含的维度和项目能更全面针对青少年身体素质进行测评。⑦⑧⑨

---

① 马忠利,李永彬.新时期俄罗斯《劳卫制》与中国《国家体育锻炼标准施行办法》对比研究[J].成都优育学院学报,2015(5):12-16.

② 李红娟,王正珍,罗曦娟.美国青少年体质测定系统的演进[J].北京体育大学学报,2013,36(10):51-58,70.

③ 刘新华.日本体力监测系统的建立与实施[J].体育科学,2005,25(10):47-52.

④ 张宝强.20 世纪 50 年代以来美国促进学生体质健康的举措及其启示[J].体育学刊,2010,17(3):52-56.

⑤ 中华人民共和国教育部,国家体育总局《国家学生体质健康标准解读》编委会.国家学生体质健康标准解读[M].北京:人民教育出版社,2007.

⑥ 甄志平,毛振明.《国家学生体质健康标准》指标体系结构与嬗变研究[J].西安体育学院报.2008,25(2):1-9.

⑦ 杜冬琴.中日体质健康测定标准的比较研究[D].南京:南京师范大学,2008:15-19.

⑧ 邵朋飞.加拿大中小学生体育素养测评工具 CAPL 的修订研究[D].上海:华东师范大学,2017:28-33.

⑨ 任玉红,乙广贤,扈盛.青少年特发性脊柱侧弯筛查方法的比较[J].湖北体育科技,2019,37(10):893-895,936.

表 6-9　各国家(地区)选取的测试指标维度和项目数量①②③④⑤

	美国	日本	欧洲	加拿大	中国
维度	6	7	5	6	7
指标项	13	11	9	9	12

第一,身体成分/身体形态的不同点。欧、美和加各自增选腰围或皮褶厚度或生物电阻抗分析身体成分的测试,中国则缺乏直观的身体成分测试。心肺适能(有氧能力)的不同点从耐力跑距离上看,美国的距离最长,男女均为 1 英里;日本为男生 1 500 m,女生 1 000 m;而中国则是男生 1 000 m,女生 800 m。中国以往体系中男生为 1 000 m,女生为 800 m,新体系则将男生的测试距离缩短,可能与中国学生近年来心肺耐力水平下降等因素有关。美、欧、加、日选取PACER 体能测试作为此维度的推荐测评项。

第二,肌肉力量和耐力的不同点。从测试项设置来看,美国似乎更重视上肢力量,设置了 3 个可选测试项,而没有针对下肢力量的测试;加拿大 2 个测试体系(Passport for Life 和 CAPL)都有涉及核心力量,皆用平板支撑来测试核心力量和耐力;而中、欧、日对上下肢及腹部肌肉力量与耐力都设置有测评项,虽然看似较为全面,但是项目设置上值得商榷。中国取消握力测试后目前只有1 min 跳绳体现小学生的上肢力量,而初、高中和大学阶段只有男生以引体向上测试上肢力量,女生这项维度缺乏。据 2014 年体质监测数据显示,中国青少年男生体质指标维度的最弱项是上肢肌肉力量(引体向上),合格率只有 18.7%⑥。美国用节奏卷腹来测试腹部肌肉力量和耐力,而中、日和欧仍采用仰卧起坐。近年来越来越多的研究显示,仰卧起坐的发力部位更多在大腿和髋部,

①　李红娟,王正珍,罗曦娟.美国青少年体质测定系统的演进[J].北京体育大学学报,2013,36(10):51-58,70.

②　刘新华.日本体力监测系统的建立与实施[J].体育科学,2005,25(10):47-52.

③　张宝强.20 世纪 50 年代以来美国促进学生体质健康的举措及其启示[J].体育学刊,2010,17(3):52-56.

④　中华人民共和国教育部,国家体育总局《国家学生体质健康标准解读》编委会.国家学生体质健康标准解读[M].北京:人民教育出版社,2007.

⑤　邵朋飞.加拿大中小学生体育素养测评工具 CAPL 的修订研究[D].上海:华东师范大学,2017:28-33.

⑥　邵朋飞.加拿大中小学生体育素养测评工具 CAPL 的修订研究[D].上海:华东师范大学,2017:28-33.

而腹部只是辅助发力部位①②。美、加的测试体系中较少针对下肢力量,侧重发展下肢柔韧性,加拿大重视下肢的移动技巧及灵活、控制力,其3个测试体系里都包含有体现这些特征的测试项目③。

第三,柔韧性的不同点。美国除了有各国通用的坐位体前屈(下肢柔韧性),还有评价上肢柔韧性的双臂后触伸。

第四,平衡性、速度、基本运动技能的不同点。加拿大重视对身体的控制、平衡/稳定性,在其3个测评体系中都有所体现,EUROFIT也设有平衡性测试;除美国外,其他国家都有速度类测评;加拿大侧重于基本运动技能测试,设置了丰富多样的运动技能测试项目以提高青少年的体育运动兴趣。EUROFIT和日本体力测定通过双手交叉敲击圆盘和反复横跨测试身体协调性,本文将其也归于基本运动技能类④⑤⑥。

第五,其他不同点。日本重视饮食、睡眠、运动3者之间的平衡,体质健康测试中也涉及了3方面的日常生活记录。美国和加拿大的测评体系中也包含了评估青少年认知能力的问题量表,PLAY中还有给家长和教师使用的对学生体育素养的客观评估量表。日本青少年体质健康测评标准以年龄为单位进行分组,具有系统性、完整性和可比性;而中国《国家学生体质健康标准》和加拿大Passport for Life在青少年阶段是按照学制阶段的年级为单位进行分组⑦⑧⑨。杜冬琴的研究认为体能和学制并不直接相关,按年龄分段为好。但中国按学制组织测试符合国情,且测试更为方便⑩。

---

① 李红娟,王正珍,罗曦娟.美国青少年体质测定系统的演进[J].北京体育大学学报,2013,36(10):51-58,70.

② 张宝强.20世纪50年代以来美国促进学生体质健康的举措及其启示[J].体育学刊,2010,17(3):52-56.

③ 邵朋飞.加拿大中小学生体育素养测评工具CAPL的修订研究[D].上海:华东师范大学,2017:28-33.

④ 李红娟,王正珍,罗曦娟.美国青少年体质测定系统的演进[J].北京体育大学学报,2013,36(10):51-58,70.

⑤ 刘新华.日本体力监测系统的建立与实施[J].体育科学,2005,25(10):47-52.

⑥ 邵朋飞.加拿大中小学生体育素养测评工具CAPL的修订研究[D].上海:华东师范大学,2017:28-33.

⑦ 李红娟,王正珍,罗曦娟.美国青少年体质测定系统的演进[J].北京体育大学学报,2013,36(10):51-58,70.

⑧ 刘新华.日本体力监测系统的建立与实施[J].体育科学,2005,25(10):47-52.

⑨ 邵朋飞.加拿大中小学生体育素养测评工具CAPL的修订研究[D].上海:华东师范大学,2017:28-33.

⑩ 杜冬琴.中日体质健康测定标准的比较研究[D].南京:南京师范大学,2008:15-19.

（三）中外青少年体质健康测评体系优缺点

青少年体质健康促进工作的国际趋势是以终身体育和终身健康为最终目标。美、加、欧、日已从单纯的监测学生体质和对运动成绩的评估发展到树立健康生活理念、培养终身体育意识以全面促进健康；在肯定体质健康测试的重要性和强调测试结果反馈的基础上，全面调动参与体育运动的积极性，倡导学生形成健康的生活方式。中国的学生体质健康测试侧重于宏观统计，便于国家掌握学生的体质健康状况，促进学校体育工作的开展以及测试标准的顶层设计，而缺乏将测试结果做个体分析并反馈给学生和家长，而且将学生达标测试所反映的身体素质与体质水平等同起来。由于各国关注青少年体质健康的侧重点不同，从测试指标项的异同比较可知各国测评体系存在两方面问题：① 测试指标项不全面问题；② 指标项的科学性问题。目前中国青少年体质健康测评体系中尚有缺失，因此要进一步完善青少年体质健康测评体系，全方面评估以更好地促进青少年的体质健康水平。

四、国际借鉴

第一，完善青少年体质健康促进政策，营造全民参与体育大环境。借鉴国外青少年体育促进政策，充分发挥政府主导作用，激励青少年积极参与体育运动，引导、培养青少年终身体育锻炼意识。社会、学校和家庭全方位参与，营造重视体育的氛围。美、加、日的国家决策机构与社会组织联系紧密，将体质研究工作的开展与个体健康、学校体育、健身教育融为一体，使体育、卫生、保健、娱乐等多方面的工作同步展开，而我国各部门之间的实际联动机制得不到保障，社会体育组织参与度低。学校对体育课的重视程度增加会显著提高有氧能力指标的合格率，因此强化学校的体育意识显得尤为重要。同时，从国外青少年体质健康促进体系来看，家长参与对青少年体育意识形成具有重要的良性促进作用，如加拿大的体系中不仅包含孩子对自身体育表现的自评，也有家长、教师对孩子体育能力的客观评价[①]。此外，建议借鉴国外建立青少年体质测试在线数据库，开发青少年体质健康促进系统，既可为学校、家长时时提供学生体质健康信息，又便于纵向跟踪青少年体质健康发展情况，为各项政策的制定提供数据支撑。

第二，完善《国家学生体质健康标准》中的指标体系，增加反映上肢力量的握力测试为全年龄段测试指标。目前国内的测试现状显示引体向上并不能很好的对青少年的上肢力量素质进行分级评估，且体重对测试结果影响较大。国

---

① 邵朋飞.加拿大中小学生体育素养测评工具 CAPL 的修订研究[D].上海：华东师范大学，2017：28-33.

外普遍使用握力测试来评估上肢力量,因而建议重新将握力测试纳入《国家学生体质健康标准》。增加反映心肺适能的 PACER 测试,替换 1 000 m、800 m 跑继脉搏、呼吸、体温和血压之后,有氧能力被美国医学界列为"生命第五征"①。传统的 1 500 m、1 000 m 和 800 m 跑,其本质评估的是速度耐力,而不是心肺适能。PACER 测试是国际上被广泛使用的作为评估心肺适能的测试项目。它使用比长距离跑步、滑雪或游泳更小的空间。美、加、欧、日都使用 PACER 测试来反映心肺适能,因此建议将 PACER 替换传统的耐力跑作为反映青少年心肺适能的测试项目。②③④

第三,将反映核心力量耐力的仰卧起坐更改为卷腹,增设平板支撑为选测项目。越来越多的研究提倡相对安全性更高的卷腹或平板支撑来评估腹部核心力量。基于节拍的卷腹可避免被试者在测试开始时就全速全力动作,在消除竞争性因素的环境里逐渐提速,使被试者最大化地专注于测试过程,且动作的稳定性更高,从而有效地对腹部力量与耐力进行个体评测。美、加、欧等国家和地区都使用卷腹作为腹肌力量耐力的测评项目,因此建议采用基于节拍的卷腹作为反映核心力量耐力的测评项目。平板支撑既是测试指标,也是健身手段,加拿大测评体系(CAPL 和 Passport for Life)都用其作为躯干力量耐力/核心力量评估的必测项⑤⑥,平板支撑对核心力量的价值现已得到公认,因此建议将其作为选测项目纳入评估核心力量耐力的范畴。

第四,增设反映平衡能力和基本动作技能的选测项目。平衡能力是人体在静态或动态中维持身体平衡的能力,实现需要靠视觉、肌肉力量、神经系统等多重机制相互协调,对人体的重要性毋庸置疑。考虑到我国《国家学生体质健康标准》中平衡能力的测评项目有所缺失,建议将闭眼单脚站立测试(反映平衡能力)作为选测项目纳入。中小学生的走、跑、跳、投等基本动作技能是他们学习和掌握专项运动技能的基础,也是日常体力活动中必不可少的基本身体能力。加拿大青少年体质健康测评体系 CAPL 中的"障碍跑/CAMSA"涉及的基本动作技能包括跑步过程中做单脚跳、滑行、双足跳、跳步、接球、投掷、踢球等动作,

---

①　刘新华.日本体力监测系统的建立与实施[J].体育科学,2005,25(10):47-52.

②　李红娟,王正珍,罗曦娟.美国青少年体质测定系统的演进[J].北京体育大学学报,2013,36(10):51-58,70.

③　刘新华.日本体力监测系统的建立与实施[J].体育科学,2005,25(10):47-52.

④　杜冬琴.中日体质健康测定标准的比较研究[D].南京:南京师范大学,2008:15-19.

⑤　刘新华.日本体力监测系统的建立与实施[J].体育科学,2005,25(10):47-52.

⑥　邵朋飞.加拿大中小学生体育素养测评工具 CAPL 的修订研究[D].上海:华东师范大学,2017:28-33.

并依据年龄、性别建立了不同的等级标准。因此建议将基本动作技能类的项目作为选测项目。

第五，增加脊柱形态测试，全面评估学生身体形态。目前还没有国家将脊柱形态测试列入其体质健康测评体系中，但当前青少年脊柱形态不良人数的比例较高且有上升趋势，而且其对青少年身心健康有着严重的威胁。尽早发现脊柱形态不良问题并进行干预，防止进一步发展为脊柱侧凸，建立相应的普查机制显得尤为重要。站立位正位全脊柱 X 线片是诊断脊柱侧弯的金标准，但因其存在医疗辐射大、操作困难等问题，并不适用于脊柱健康的普查。国内外已有研究证明，Adams 前屈试验结合脊柱测量尺测量躯干旋转角度，以及 Spinal Mouse 辅助测试脊柱矢状面形态与活动能力在普查中易于实行，具有有效性、可靠性，是脊柱形态初筛的简便快捷方法[①]。

人类的身体素质、运动能力在其儿童和青少年时期发展很快，在成年到老年时期逐渐下降。儿童时期养成良好的生活和运动习惯、提高身体素质和运动能力，对于成年后保持体力活动水平和运动能力有直接关系。为了应对青少年体质健康水平的下降以及新健康问题的出现，了解青少年体质健康测评体系的关键结构和组成要素是提高青少年体质水平的重要环节。我国青少年体质健康测评体系应牢牢把握青少年体质健康研究趋势和前沿，紧密结合我国青少年体质健康问题的实践，继续完善指标体系，用少而有效的指标全面反映个体体质健康水平，运用科学易操作的评分系统对个体做出客观准确评估，以更好地指导青少年体质健康的促进工作，提升青少年的体育素养水平，吸引更多的青少年积极主动参与体育运动，养成终身体育锻炼习惯，最终实现青少年体质健康水平的改善。

---

① 任玉红,乙广贤,扈盛.青少年特发性脊柱侧弯筛查方法的比较[J].湖北体育科技,2019,37(10):893-895,936.

第七章　影响《国家学生体质健康标准》因素

影响《国家学生体质健康标准》的主客观因素

　　《学生体质健康标准》自 2002 年试行以来,经各地教育部门和各级各类学校认真组织推广,取得了很好的经验。根据新的形势,国家体育总局将《学生体质健康标准》正式更名为《国家学生体质健康标准》,并从 2007 年开始在各级各类学校全面实施。2014 年教育部印发了《国家学生体质健康标准》修订方案,这是教育部在认真总结各地实施现行《国家学生体质健康标准》的基础上,结合新时期青少年体质健康状况和学校体育工作实际而修订的,对体质测试分值、项目及具体工作流程等诸多方面进行了修改。明确指明它是"评价学生综合素质、评估学校工作和衡量各地教育发展的重要依据",学生体质健康水平已不仅仅是学生、学校的事情,更是应引起各地教育系统重视的大事。此外,2014 年新版《国家学生体质健康标准》要求从注重学生体质情况、运动能力,转变为更为关注学生的综合素质、"内外兼修"。

　　《国家学生体质健康标准》要求:学生测试成绩评定达到良好及以上者,方可参加评优与评奖;成绩达到优秀者,方可获体育奖学分;普通高中、中等职业学校和普通高等学校学生毕业时,《国家学生体质健康标准》测试成绩达不到 50 分者按肄业处理[①]。由此看来,《国家学生体质健康标准》测试成绩不仅反映学生个体的健康水平,而且关系到学生的切身利益。大家对《国家学生体质健康标准》的关注程度逐步提高,研究工作也逐步展开,尤其是对各级学校、不同区域测试数据和结果的分析研究铺天盖地。但针对学生在测试中遇到的实际问题的研究少有提及。在我们已完成近 5 年的实际测试中发现,充分的准备活动、合理的测试顺序对测试结果影响较大;测试时间段的选择是另一主要因素,在已测试的约 4 万人中共有 23 人发生不同程度的晕厥,时间皆在上午 9 点以前,很显然,与这个时间段学生的体能较差、不习惯运动有关。因此,研究影响《国家学生体质健康标准》测试结果的因素,对如何提高学生体质健康水平等

---

　　①　国家学生体质健康标准解读编委会.国家学生体质健康标准解读[M].北京:人民教育出版社,2007.

级、客观评价学生的健康水平具有重要意义。

一、研究对象

随机抽取惠州学院、广东药学院、韶关学院等 5 所在校学生 500 人作为调查对象，其中，抽取惠州学院学生 60 人（男生 20 人，女生 40 人）作为测试对象。

二、研究方法

查阅并研究相关资料，针对《国家学生体质健康标准》测试的有关问题进行调查。采用"华夏汇海"牌《国家学生体质健康标准》测试仪及软件。被实验学生按规定测试顺序完成大学生体质健康的身高、体重、肺活量、握力、立定跳远、台阶试验 6 项项内容测试，1 周后，先让被试者完成充分的准备活动（休息 15 min）再进行相同内容的测试。间隔 1 周，同一批测试对象按照人为规定的下列项目顺序（顺序 1：台阶试验～立定跳远～握力～肺活量～身高～体重；顺序 2：台阶试验～肺活量～握力～立定跳远～身高～体重；顺序 3：握力～肺活量～身高～立定跳远～体重～台阶试验；顺序 4：身高～体重～肺活量～立定跳远～握力～台阶试验），每周完成一个顺序的测试，连续进行 4 周。实验结果用平均值标准差表示，采用 SPSS 13.0 统计软件进行方差分析，以 $P \leqslant 0.05$ 为显著性差异，$P \leqslant 0.01$ 为非常显著性差异水平。

三、结果与分析

1. 影响测试结果的主观因素

（1）准备活动对测试结果的影响及分析

由表 7-1 可知：做准备活动和不做准备活动相比，肺活量和肺活量指数的测试结果显著提高，存在非常显著的差异（$P \leqslant 0.01$）。肺活量是人体在最大吸气后，尽力所能呼出的最大气量。准备活动对肺活量的影响主要是通过影响呼吸肌的收缩能力起作用。人体主要的呼吸肌为膈肌和肋间内、外肌。其中，辅助呼吸肌有：腰方肌、腹直肌、腹内斜肌、胸锁乳突肌、胸大肌、胸小肌等，这些都可起到辅助呼吸运动的功能。在安静状态下，人体吸气是主动的，呼气是被动的，参与呼吸的肌肉数量少，仅有肋间内肌、肋间外肌、膈肌，有无做准备活动对其影响不大。由于肺活量是人体在最大吸气后，尽力所能所呼出的最大气量，不但吸气是主动的，呼气也是主动，并且参与肌肉数量多。因此，如何提高呼吸肌的力量和收缩能力是提高肺活量的重要前提。

已有的研究结果表明，准备活动提高肌肉收缩能力的机制主要表现在：① 准备活动可提高神经系统兴奋性，使大脑皮层处于最佳的兴奋状态，运动中枢间的神经联系加强，兴奋在神经纤维和神经-肌肉接点的传递速度加快，可募集更多的肌纤维参与工作，从而提高呼吸肌肉收缩力量，增强呼吸功能，达到提

表 7-1　本研究测试对象准备活动前、后测试结果一览表

项目	未做准备活动($n=60$)	做准备活动($n=60$)
身高/cm	160.25 ± 6.86	160.25 ± 6.86 **
体重/kg	52.84 ± 7.80	52.84 ± 7.80 **
肺活量/mL	$2\,430.08\pm660.58$	$2\,736.38\pm697.96$ **
肺活量指数	45.93 ± 11.17	52.00 ± 12.60 **
握力/kg	30.78 ± 9.77	32.57 ± 10.11 **
握力指数	57.41 ± 13.78	60.85 ± 14.08 **
立定跳远/cm	178.80 ± 37.86	186.48 ± 37.26 **
台阶	66.44 ± 13.21	68.85 ± 14.08 **

注:** 表示 $P\leqslant0.01$,呈非常显著性差异。

高肺活量的目的;② 增强氧运输系统的活动功能,使肺通气量、吸氧量提高,从而提高肺活量;③ 体温适度升高。准备活动时,由于肌肉频繁地收缩和舒张,促进体内的物质和能量代谢,使产热过程加强,体温升高。研究发现:体温每上升 1 ℃,代谢率增加 13%。希尔(Hill)曾发现哺乳动物的肌肉温度升高 2 ℃时,肌肉收缩速度约增加 20%。体温适度升高能使神经传导速度加快,肌肉收缩速度增加。另有研究发现:温度升高对提高肺通气量也起着重要作用,其作用机制主要是通过体温升高提高呼吸中枢对 CO_2 的敏感性,使运动中肺通气量的慢速增长期和运动后的慢速减少期与体温变化的规律相一致;④ 准备活动可降低呼吸肌肉的黏滞性,增强弹性,达到提高肺活量的目的。

　　握力、立定跳远主要是反映个体的力量素质和爆发力能力。从表 1 中数据可知:做准备活动后的握力、握力指数和立定跳的测试结果比不做准备活能动测试结果显著提高,呈非常显著性差异($P\leqslant0.01$)。准备活动对力量和爆发力的影响主要表现在:① 准备活动提高肌肉最大动员能力:研究表明[1],参与收缩的肌纤维数量愈多其收缩产生的张力愈大,所表现出抗阻力能力就愈强。握力和立定跳远属力量和爆发力项目,主要工作肌为快肌纤维,快肌纤维的兴奋阈值高,只有在大强度的刺激时才进入活动。准备活动可通过提高体温、神经中枢的兴奋性等途径降低快肌纤维的兴奋阈值,募集更多的肌纤维参与工作,达到提高握力、立定跳远成绩的目的;② 准备活动能提高各肌群协调性能力:人体运动时,在中枢神经的控制下,一个动作的完成通常需各肌群同步协调,准备活动可提高肌肉工作的协调能力,使支配各肌群的中枢能够准确而及时地产生兴

---

　　[1]　丁素文,闫双挪.大学生运动心肺功能的比较研究[J].体育学刊,2003,10(3):42-43.

奋或抑制过程,并能够适时互相转换,使主动肌、协同肌、对抗肌的工作更加协调,从而增大肌肉力量。尤其立定跳远动作,对普通大学生来说具有一定的技术要求,需一定的协调性才能更好地完成。通过对肌电图的研究表明,准备活动后,肌肉动作电位集中,肌肉收缩与舒张高度协调;③ 准备活动能提高酶的活性:运动生物化学原理表明①②③④⑤:反应速度随温度的增高而加快。对于酶促反应,在一定的温度范围内,随温度的升高,催化反应也会加快。运动训练和比赛前要求运动员做准备活动,重要原因之一是准备活动能提高肌肉的温度,有利于提高酶的活性,以适应训练和比赛中快速的物质代谢要求。酶促反应的加快,不仅使总能量(ATP)产生增多,而且供能速率也加快,是提高力量和爆发力的又一重要原因;④ 准备活动能改善身体解剖结构:主要表现在扩大关节运动的活动幅度、增强韧带的抗拉能力、提高肌肉弹性,减低黏滞性;⑤ 准备活动能提高兴奋在神经纤维和中枢间传导的速度:人体的随意运动或反射活动都是在中枢神经系统的控制和整合下完成的,从感受器将刺激能量转化为神经冲动(兴奋),到神经传导、突触传递、中枢间功能活动的逐渐协调和肌肉收缩都需要时间,准备活动可明显提高其传导速度,缩短传导时间,增强神经对肌肉的支配作用,提高肌肉力量和收缩速度。

台阶试验是一项有一定强度和持续时间的周期性运动,在《标准》测试项目中,男子 1 000 m、女子 800 m 跑为同组相互替代项目,即无条件测试台阶试验的学校,可以选择测试 1 000 m 或 800 m 跑项目代替⑥⑦。从这一点讲,台阶测试和男子 1 000 m 或女子 800 m 跑具有相近的负荷量。所不同的是台阶测试具有明确的时间和运动量限制,属于典型的定量负荷运动。

人在相对安静状态,如果没有通过准备活动就进行激烈的体育运动,往往感到不适应。如,动作不协调、力量和速度等素质无法充分发挥,运动成绩不能达到正常水平等。这种现象在延续一段时间后,才能逐步消除,这种延续现象

① 冯伟.运动疲劳产生机理与诊断[J].山西师大体育学院学报,2002,17(1):83-83.

② 戴艳.运动性疲劳的产生机制及恢复措施的研究[J].沈阳体育学院学报,2004,23(3):333-335.

③ 季钢,侯令忠.学生体质健康标准在中学实施中的问题研究[J].北京体育大学学报,2006,29(2):253-255.

④ 杨运华,龙明莲.运动性疲劳的诊断与恢复手段的研究综述[J].凯里学院学报,2011,29(06):90-93.

⑤ 李建龙.运动性疲劳的生化机制研究现状[J].山西医科大学学报,2004,35(2):203-204.

⑥ 国家学生体质健康标准解读编委会.国家学生体质健康标准解读[M].北京:人民教育出版社,2007.

⑦ 季钢,侯令忠.学生体质健康标准在中学实施中的问题研究[J].北京体育大学学报,2006,29(2):253-255.

叫惰性作用。准备活动的作用首先是人体通过肌肉的活动,克服各种机能(特别是内脏神经系统的机能)活动的惰性,尽快适应运动强度的需求,运动生理学将这种过程称为进入工作状态。

台阶试验这一定量负荷的运动项目,对于不经常参加剧烈运动的部分普通大学生来说,应属于大强度运动项目。所以,在运动进行到某一时间,测试者常常产生一些难以忍受的生理反应,如呼吸困难、胸闷、心率剧增、肌肉酸软无力、动作迟缓不协调,甚至产生停止运动的念头等,这种机能状态称为"极点"。机能越差,这一反应越明显。"极点"产生的原因主要是内脏器官的功能惰性与肌肉活动不相称,致使供氧不足,大量乳酸积累使血液的 pH 值向酸性方面偏移。这不仅影响神经肌肉的兴奋性,还反射性地引起呼吸、循环系统活动紊乱,这些功能的失调又使大脑皮质运动动力定型暂时遭到破坏。研究表明:良好的准备活动能推迟"极点"的出现和减弱"极点"的反应,尽快使人体的机能活动达到一个较高的变动范围不大的水平上(稳定状态),并保持更长时间。其最终结果表现为:在完成整个定量负荷(台阶测试)的过程中其平均心率和最高心率降低,在测试后的恢复期心率恢复加快,台阶指数提高,这是准备活动提高台阶指数的生理学机制所在。

(2) 不同测试顺序对测试结果的影响及分析

由表 7-2 知:肺活量成绩在顺序 2 中最低,为 2 430.08±660.58 mL,和其他 3 个顺序中肺活量 3 005.80±877.05 mL、2 766.50±788.96 mL 和 2 758.48±760.23 mL 相比均呈显著性差异($P \leqslant 0.05$),受测试顺序影响最大,肺活量指数则呈非常显著差异($P \leqslant 0.01$);立定跳远在顺序 1 中成绩最差,为 171.80±37.86 cm,和其他 3 个顺序成绩 180.10±37.11 cm、84.52±38.14 cm 和 185.42±37.08 cm 相比均呈显著性差异($P \leqslant 0.05$);身高、体重、握力和台阶试验成绩在不同的测试顺序中相互比较均未呈显著性差异,可以认为不同测试顺序对其无影响。

其原因是:顺序 2 与其他顺序的最大区别是台阶试验后随即进行肺活量测试,提示台阶试验的测试过程影响了肺活量的测试成绩。其机制是:台阶试验是反映学生心血管机能水平的项目。测试时间 3 min,再进行 3 min 的恢复。对于不经常参加剧烈运动的部分普通大学生来说,台阶试验是一项有一定强度和持续时间的周期性运动。测试过程中产生的运动性疲劳及疲劳后不完全恢复是导致肺活量测试成绩最低的主要原因。其具体的影响机制可能为:① 耐力测试项目很容易使脑 5-羟色胺(5-HT)浓度升高引起运动性中枢疲劳[①]。② 能

① 戴艳.运动性疲劳的产生机制及恢复措施的研究[J].沈阳体育学院学报,2004,23(3):333-335.

量代谢受到影响：对于普通大学生长达 3 min 的耐力运动，机体供能的主要来源是糖的无氧酵解和有氧氧化，运动强度的大小是决定肌糖原消耗的主要因素。有报道称，人体在从事 $650 \sim 800V O_2 max$ 中等强度和大强度持续重复性运动时，肌肉疲劳发生与肌糖原排空程度高度相关。在大强度运动时，机体主要以糖酵解供能为主，但供能的时间仅持续 40 s 左右，而后的时间里要依靠糖的有氧氧化供能[1]。在顺序 2 中，结束台阶试验后，马上进行肺活量测试，此时机体能源的消耗所带来的疲劳尚未完全消除，再加上供氧系统的限制，磷酸肌酸无法恢复到最高水平，难于达到肺活量测试的要求。这是造成肺活量测试成绩最差的原因。在其他顺序中肺活量皆存台阶试 4 的前而不受其影响。

表 7-2　本研究不同测试顺序的测试结果一览表

	顺序 1 耐力→立定跳远→握力→肺活量→身高→体重	顺序 2 耐力→肺活量→握力→立定跳远→身高→体重	顺序 3 握力→肺活量→身高→立定跳远→体重→耐力	顺序 4 身高→体重→肺活量→立定跳远→握力→耐力
身高/cm	160.25±6.85	160.25±6.85	160.25±6.85	160.25±6.85
体重/kg	52.84±7.80	52.84±7.80	52.84±7.80	52.84±7.80
肺活量/mL	3 005.80±877.05 *	2 430.08±660.58	2 766.50±788.96 **	2 758.48±760.23 *
肺活量指数	56.69±13.69 **	45.93±11.17	52.24±12.38	51.98±12.12 *
台阶试验指数	66.44±13.21	68.85±14.31	66.46±13.20	66.83±13.58
握力/kg	30.78±9.77	32.65±9.97	32.61±10.35	33.43±11.01
握力指数	57.41±13.78	61.07±14.27	60.85±14.21	61.78±14.08
立定跳远/cm	171.80±37.86	180.10±37.11 #	184.52±38.14 #	185.42±37.08 #

注：* 表示顺序 1.3.4 和顺序 2 比较 $P \leqslant 0.05$ 呈显著差异，** 表示顺序 1 和顺序 2 比较 $P \leqslant 0.01$ 呈非常显著差异；# 表示顺序 2.3.4 和顺序 1 比较 $P \leqslant 0.05$ 呈显著差异。

立定跳远是一项测试大学生下肢肌肉爆发力及身体协调能力发展水平的项目。因此，学生良好的心态和神经系统的兴奋性都是取得好成绩的前提。顺序 1.2 都是先进行台阶试验，在 3 min 的台阶登踏运动中，机体不仅产生中枢疲劳、能量减少，而且由于糖无氧酵解肌肉产生一定量的乳酸。乳酸与外周疲劳之间的因果关系主要是通过乳酸产生的 H^+ 起作用。因此，H^+ 是导致肌肉疲劳的直接物质，直接阻碍了神经肌肉接点兴奋的传递。研究认为，疲劳时肌力下降在很大程度上取决于神经肌肉传递障碍的程度。在进行大强度运动时，骨骼

---

① 冯伟.运动疲劳产生机理与诊断[J].山西师大体育学院学报,2002,17(1):83-83.

肌出现疲劳状态,就是与运动神经末梢释放乙酰胆碱量减少有关[1]。乳酸的产生增加,影响神经冲动传向肌肉,反过来抑制糖酵解,使 ATP 再合成速度减慢,导致肌纤维最大力量、最大收缩速度和放松能力等下降。影响立定跳远成绩的关键是髋、膝关节的伸肌群、踝关节的跖屈肌群的爆发式收缩能力。台阶试验后如果肌肉疲劳未完成恢复即开始立定跳测试,将会直接影响其成绩,尤其对下肢力量差的学生影响更大。

（3）学生对体质健康测试的态度和认知水平对测试结果的影响

① 学生对体质健康测试的态度对测试结果的影响

由表 7-3 可知,78.2%的同学关注自己的健康水平,56.2%的同学重视每年一次的体质健康测试,51.2%的同学关注自己的体质健康测试的结果等级,但有一多半的同学对体质健康的水平等级对评优和学业的影响不甚关注,近 70%的同学对测试的要求和方法、测试前准备工作漠不关心,超过 90%的同学没有进行过测试前的辅导和针对性锻炼。从以上数据看出,随着社会的发展和民众对健康关注的提高以及高校贯彻教育部、国务院下发的《国家学生体质健康标准》和"阳光体育运动"的文件要求,对高校在校大学生的健康教育产生一定效果、对健康意识的培养产生很大影响,多数同学在理论层面上开始关注自己的健康水平,但在具体对待体质健康测试问题上的态度却不令人满意。原因是:关注自己健康水平的人明显多于关注体质健康测试结果等级的人,测试结果是健康状况和水平的反映。按道理讲,关注测试结果等级比只关注自己的健康水平更直接。并且,测试结果不但反映个体的健康水平,还与评优、毕业等直接关系。后面的调查更反映大学生对体质健康测试态度的问题,95%以上的同学没有测前辅导和锻炼,就像其他科目考前没有复习和准备一样,能说你非常认真对待这个事情吗? 在大家对体育锻炼能提高健康水平没有异议的前提下,绝大多数学生未进行测前锻炼准备,说明目前多数学生对大学生体质健康测试还未达到认真积极对待的程度。

表 7-3 本研究调查对象对体质健康测试的态度调查结果一览表($n=500$)

调查内容	是		一般		否	
	n	%	n	%	n	%
十分重视每年一次的体质健康测试	281	56.20	92	18.40	127	25.40
十分关注体质健康测试的结果等级	256	51.20	154	30.80	90	18.00

① 冯炜权.对运动疲劳机理的再认识[J].北京体育大学学报,2003,26(4):433-437,443.

表 7-3(续)

调查内容	是		一般		否	
	n	%	n	%	n	%
十分关注自己的健康水平	391	78.20	96	19.20	8	2.60
十分关注测试的结果等级对评优和学业的影响	240	48.00	153	30.60	107	21.40
十分关注测试的具体要求和方法	193	38.60	147	29.40	160	32.00
十分认真做好每次测试前的准备工作	172	4.40	199	39.80	129	55.80
十分积极地寻求老师或同学进行测前辅导	16	3.20	92		484	96.80
十分积极地对较差项目进行测前锻炼	25	5.00	154		475	95.00

② 学生对体质健康测试的认知水平对测试结果的影响

由表 7-4 可知,57.3％的同学了解在测试前需补水或运动饮料,但还有近一半的同学不具备这方面的知识;61.2％的同学了解测试前 1~2 天需保存体力,但只有 41.2％的同学了解测试前 1~2 天不宜进行大负荷运动,其实这两个问题是统一的,保存体力除了适当增加营养、避免运动损伤外,主要的就是不要进行大负荷运动,这 3 个问题属于运动和测验的常识,从侧面说明多数同学的运动保健常识比较薄弱。准备活动和测试顺序对测试结果的影响属测试方法和技巧问题,在不违背测试条例和要求的前提下,可以通过准备活动和采用比较有利的测试顺序获得较好的测试成绩,这两个问题我们已通过实验进行研究,并达到预期的结果。学生对这两个问题的认识模糊尤其是测试顺序对测试结果产生的影响不理解也在情理之中。

表 7-4　本研究调查对象对体质健康测试认知水平调查结果一览表($n＝500$)

调查内容	是		不甚清楚		否	
	n	%	n	%	n	%
是否了解测试前需补水或运动饮料	286	57.30	107	21.50	106	21.20
是否了解测试前 1~2 天需保存体力	306	61.20	61	12.30	132	26.50
是否了解测试前 1~2 天不宜进行大负荷运动	206	41.20	160	32.10	133	26.70
是否了解准备活动对测试结果产生影响	241	48.20	180	36.10	78	15.70
是否了解测试顺序对测试结果产生影响	81	16.20	191	38.20	228	45.60

2. 影响测试结果的客观因素

(1) 仪器因素

① "肺活量测试仪"存在明显的设计缺陷。原因是:"肺活量测试仪"设计要求与肺活量的概念内涵矛盾。肺活量是指在最大用力吸气后,再最大用力吹气所能吹出的气体量。胸廓大小和呼吸肌力量是决定肺活量大小的主要因素,吹气速度快慢对其大小影响不明显,而"肺活量测试仪"在吹气的速度上有明确要求,以中等吹气速度最好,并且,中速均匀用力吹气比快速爆发式用力所吹的肺活量值明显增大,未按这一要求做的会影响肺活量成绩。

② 体重计的承重板面面积太小,脚超过 44 码的个体无法将重心放在最佳的电子重量敏感器部位,导致体重测量误差增大。

③ 立定跳远跳垫硬度普遍过大,存在损伤、膝关节的健康风险,从心理层面影响学生成绩正常发挥。

(2) 环境温度因素

外界温度的高低对人体运动能力的影响是被大家公认的事实。按照教育部的文件要求,每年的 12 月 31 日前为测试数据上报的最后期限。所以,多数学校都将体质健康测试工作安排在第一学期,但北方地区气温变化较大,如果安排在第一学期的前半段(9～10 月份)气温适宜,适于运动,同一个体的运动能力测试部分比较容易发挥出相对较好成绩,尤其对体质较差的学生,当测试成绩处在及格和良好临界值时,易取得较高成绩等级;如果安排在 12 月份,东北地区已是严冬季节,气温很低,学生很难发挥出应有水平,对体质较差的学生影响更大。

(3) 时间因素

① 时间因素对体重和身高的影响:个体在一昼夜中以早晨体重最轻,晚饭后体重最重,相差约 2 kg 左右,对同一身高段(如 160.0～160.9 cm)的个体,体重相差 0.1 kg,得分最高相差 40 分,即 53.6 kg 体重得 60 分,53.7 kg 体重得 100 分[①];个体在一昼夜中以早晨身高最高,下午最低,相差约 2～3 cm,对同一体重(如 53.1 kg)在 146.0～146.9 cm 身高段得 100 分,在 144.0～144.9 cm 身高段的 60 分,其实身高仅相差 1.1 cm[3]3.按照教育部文件的测试规则要求,对是否必须在同一时间测量身高和体重未提出明确的严格规定,对于体重较轻的同学在早晨测量身高、下午测量体重易取得较高成绩等级;而对于体重较重或超重的同学,在早晨测量身高和适当控制体重(如不吃早餐)则易取得较高成绩等级;另一方面,说明身高、体重两项指标的评分方法存在漏洞,受人为因素

① 冯伟.运动疲劳产生机理与诊断[J].山西师大体育学院学报,2002,17(1):83-83.

的影响较大,如何使身高、体重指标更科学地反映个体体质健康水平还有待进一步研究。

② 时间因素对体能的影响:研究发现[1]:人在一天中会出现两个功能高潮,一个是上午 10~11 时,另一个是下午 5~6 时,这和人体各种生理功能如心率、吸氧量、儿茶酚胺等的排泄量在一天中的节律变化有关;对运动能力的节奏研究指出,周节律和年节律也有一定规律,在一周中最好的工作能力表现在星期三和星期四,年节奏中工作能力第一高潮在 5—6 月,第二高潮在 8—10 月。在已完成的近 4 万人的测试中共有 23 人出现晕倒症状,时间都是在上午的 8 时左右,很明显和人体在这一时间段体能较差、不习惯运动有关。因此,体质健康测试时间安排在第一学期的 9—10 月,每天的时间段在上午 9 时以后比较科学合理。

（4）项目因素

按教育部规定,选测项目可在规定的不同类别里面选取,但每年至少有两项不得重复,在同一类别的项目之间只能选其一作为测试项目。如 50 m 跑、立定跳远、跳绳、篮球运球、足球运球、排球垫球为同一类项目,但同类项目并不同性。如 50 m 跑、立定跳远属典型爆发力项目,跳绳为协调性、技巧性项目,而篮球运球、足球运球、排球垫球则是技术性较强项目。有些同学选 50 m 跑、立定跳远项目测试可能得满分,而足球运球可能不及格。

（5）其他因素

如个别学生顶替测试、受轻伤、生病、情绪不佳、女生月经周期等也会影响测试成绩。

四、结论

（1）影响《标准》测试结果的主观因素为准备活动、测试顺序和学生对体质健康测试的态度和认知水平。实验和调查结果表明:有无准备活动、不同测试顺序以及学生对测试的态度和认知水平都将对《标准》测试结果产生不同程度影响。

（2）影响《标准》测试结果的客观因素,如指标评价的科学性、仪器的精确度,测试环境温度的较大变化,测试时间安排的时段差异,测试项目选择的异同等,也将对《标准》测试结果产生一定影响。

五、建议

（1）在测试前应针对性做好准备活动,休息 15 min 左右开始测试比较合理;台阶试验安排在所有测试项目的最后测试最合理;如果先进行台阶试验,依次安排测身高、体重、握力、立定跳远或肺活量也比较合理。

（2）相关部门应加强学生对《标准》、运动保健等有关知识的宣传和学习,使

---

① 王步标,华明,邓树勋.人体生理学[M].北京:高等教育出版社,1996:598,599.

学生重视《标准》测试、提高对《标准》认知水平。

（3）为了客观评价学生健康水平,测试时间安排在每学年的第一学期,环境温度相对适宜的季节比较合理。

（4）进一步提高某些指标评分标准的科学性和测试仪器的准确性。

惠州学院体质健康班级测试赛与平时测试总成绩比较与分析
——以 2020 年测试成绩为例[①]

十八大以来,党中央高度重视国民的体质健康情况。大学生作为当代国家建设和发展的重要骨干力量,整体的体质健康状况对于国家的繁荣发展和前途命运有着直接的影响[②]。根据最新的统计数据显示,大学生的总体体质健康呈现下降的趋势。大学生是我们国家现代化建设的后备主要力量,国家对学生体质健康的重视程度越来越高,他们的体质健康影响着民生福祉和国家长远竞争力。近年来,大学生由于学习压力过大或外界因素的影响,缺少体育运动锻炼,造成体质健康下滑的状况。《国家学生体质健康标准》(以下简称《标准》)是促进学生体质健康发展、激励学生积极进行身体锻炼的教育手段。高校在开展学生体质健康测试中存在着很多需要反思的内容,我国教育部门在《关于深化本科教育教学改革全面提高人才培养质量的意见》中明确指出加强学生体育课程考核,不能达到《标准》合格要求者不能毕业。部分学生在每年定期的体质测试前突击运动应付考试,不能够很好地落实教育部提出的每天运动一小时的要求。受学生自身态度、学校教育、家庭等因素影响,高校学生在体质测试后对运动的积极性不高。高校每年都会有运动会项目的举行,但参加的学生基本都是各二级学院水平较高的学生,不能保证让每位同学去参与,以至于让运动水平一般或运动水平较差的学生失去展示自己的平台。

为了增强惠州学院学生的体质健康,按照全国教育大会精神和《国务院关于实施健康中国行动的意见》《国务院办公厅关于强化学校体育促进学生身心健康全面发展的意见》等文件要求。2020 年 11 月 14 日惠州学院创新体质健康测试形式,在各二级学院 2019 级中随机抽取一个班级参加惠州学院体质健康班级测试赛。体质健康班级测试赛采用《标准》中的方法和评定标准,对惠州学院全体学生 18 036 人的总成绩和参加体质健康班级测试赛 604 人的成绩数据

---

① 本文完成于 2021 年 5 月(张宗国与丘选合作),略有改动。

② 徐一新.西藏民族学院藏汉族大学生《国家学生体质健康标准》测试成绩对比分析[D].陕西:陕西师范大学,2015.

进行数理统计,对比分析两种测试形式的总体情况和各单项指标情况,并进行综合分析,找出其中的差异,为激发学生自觉参与锻炼、提高运动能力和团队意识作为参考依据,为促进学生体质健康提出可行性建议。

一、研究对象

以惠州学院 2020 年体质健康班级测试赛成绩和惠州学院 2020 年全体在校生体质健康测试总成绩为研究对象,免测和因病、因伤等特殊情况不能参加的学生除外,共 18 640 人,其中体质健康班级测试赛 604 人,男生 188 人,女生 416 人;全体在校生 18 036 人,男生 7 726 人,女生 10 310 人(表 7-5)。

表 7-5 惠州学院 2020 年体质健康班级测试赛和全校学生人数统计表

	男生/人	女生/人	总人数/人
体质健康班级测试赛	188	416	604
全体学生	7 726	10 310	18 036

二、研究方法

(1)文献资料法

本文根据研究的需要,通过查阅惠州学院图书馆、中国知网和超星数字图书馆等途径查找相关的资料,为本文的研究提供坚实的理论基础。

(2)对比分析法

根据《标准》对惠州学院 2020 年体质健康班级测试赛成绩和全体在校生体质健康测试总成绩的整体情况和各个单项数据进行对比与分析,通过对比分析研究本次创新体质健康测试形式能否提高学生体质,并提出可行性建议。

(3)数理统计法

运用 Excel2016 软件对惠州学院体质健康班级测试赛和总成绩进行数理统计并进行研究分析,采用 SPSS 软件,利用单独样本 T 检验对惠州学院全体学生总成绩和班级测试赛的 BMI、肺活量、50 m 跑、立定跳远、坐位体前屈、800 m(女)/1 000 m(男)、仰卧起坐(女)/引体向上(男)的数据进行分析研究。

(4)逻辑分析法

通过研究、归纳和总结等方法,对体质健康班级测试赛和全体学生总成绩的 BMI、肺活量、50 m、立定跳远、坐位体前屈、耐力跑、仰卧起坐(女)/引体向上(男)的数据进行分析和处理,概括出影响学生体质健康的原因,并提出具有可行性的解决办法。

三、结果与分析

1. 惠州学院体质健康班级测试赛与全校总成绩比较与分析

根据《标准》，体质健康成绩 90.0 分及以上为优秀，80.0～89.9 分为良好，60.0～79.9 分为及格，59.9 分及以下为不及格[1]。根据表 7-6 可知，惠州学院班级测试赛平均分为 71.43 分，全校总成绩平均分为 70.01 分，班级测试赛成绩明显优于全校学生总成绩。但两者均低于李强在广州体育学院学报中指出的 2015 年广东省大学体质健康总体平均成绩 72.18 分，国家学生健康标准设定的优秀率为 25％、良好率 50％、及格率 23％、不及格率 2％[2]。惠州学院 2020 年体质健康的水平较为一般，不及格的人数达到近 10％，而达到良好及以上水平的人数也仅仅才有 9.4％，基本是处于合格线的范围，优秀、良好和不及格率均没到达国家水平，体质健康水平令人担忧。影响这其中的原因可能与学生自身的思想、生活习惯、运动水平和场地器材等情况有关。

表 7-6　惠州学院 2020 年体质健康班级测试赛和全体在校生总成绩分布情况 [n(%)]

样本	$\overline{X}\pm S$	优秀	良好	合格	不合格
班级测试赛	71.43±7.63	1(0.2)	59(9.7)	509(84.3)	35(5.8)
总成绩	70.01±8.41	151(0.8)	1 608(8.9)	14 563(80.8)	1 714(9.5)

2. 惠州学院体质健康班级测试赛与总成绩各项测试指标比较分析

(1) 惠州学院体质健康班级测试赛与全体学生 BMI 成绩比较分析

BMI 是指身体质量指数即体重(kg)/身高(m)的平方，通过用于衡量人体健康和胖瘦的指标。在大学生的测试标准中，轻体重指标值小于 18.5，正常指标值为 18.5～23.9，超重指标值为 24～27.9，肥胖指标为大于 28。从表 7-7 中的数据可得，惠州学院体质健康班级测试赛成绩和全校学生总成绩的 BMI 平均值：男生分别为 21.72、21.83，女生分别为 20.32、20.26。男生中班级测试赛比全校学生的 BMI 指标低，女生中班级测试赛比全校学生的 BMI 指标高，但均处于正常水平。周伟在湖北省大学生体质健康现状审视与对策研究中指出的全国男大学生 BMI 平均值 21.56 和全国女大学生 BMI 平均值为 20.36[3]。惠州学院男生的 BMI 指标超过全国大学生的平均水平，而女生的 BMI 指标低于全国大学生水平。通过比较惠州学院体质健康班级测试赛的 BMI 指标和全校

---

① 教育部.教育部关于印发《国家学生体质健康标准》(2014 年修订)的通知[s].教体艺[2014]5号.

② 张琴,肖国强,石真玉.广东省大学生体质健康现状分析[J].中国临床康复,2003,7(15):2256.

③ 周伟.湖北省大学生体质健康现状审视与对策研究[D].武汉:武汉理工大学,2019.

学生总成绩的 BMI 指标,P 值均>0.05,无显著性差异,产生的原因可能与身高和体重短时间内不会有明显的变化。

表 7-7　BMI 情况$[n(\%)]$

样本		$\overline{X} \pm S$	轻体重	正常	超体重	肥胖	P
班级测试赛	男生	21.72±3.29	22(11.7)	127(67.6)	32(17.0)	7(3.7)	0.67
总成绩	男生	21.83±3.43	1 077(13.9)	5 076(65.7)	1 203(15.6)	370(4.8)	
班级测试赛	女生	20.32±2.43	108(25.9)	269(64.7)	36(8.7)	3(0.7)	0.68
总成绩	女生	20.26±2.65	2 607(25.3)	6 917(67.1)	620(6.0)	166(1.6)	

注:男生中班级测试赛与总成绩 $P=0.67$,女生中班级测试赛与总成绩 $P=0.68$(下同)。

研究表明,在男生 BMI 指标中,全体学生总成绩的轻体重和肥胖占比大于班级测试赛;在女生 BMI 指标中,全体学生总成绩的正常和肥胖占比大于班级测试赛。惠州学院体质健康班级测试赛成绩和全校学生总成绩的 BMI 指标正常体重的占比都在七成以下,轻体重、超体重和肥胖的比重较高,出现这种情况与日常的饮食、运动的强度和科学的摄入营养有关。因此,大学生要形成良好的饮食习惯,保证营养的摄入和充足的运动。

(2)惠州学院体质健康班级测试赛与全体学生肺活量指标成绩比较分析

肺活量是测试者尽力吸气后用最大的力量呼出的气体量。肺活量指标的高低与受试者年龄、性别、呼吸机强弱以及胸围等有密切关系,可作为评价肺功能的指标之一[①]。从表 7-8 的数据可知,惠州学院体质健康班级测试赛成绩和全校学生总成绩的肺活量平均值:男生分别为 3 982.1 mL、4 007.9 mL,女生分别为 2 693.8 mL、2 662.3 mL。通过对比,全体学生总成绩的肺活量比体质健康班级测试赛的肺活量男生高出 25.7 mL,女生高出 31.3 mL。体质健康班级测试赛的肺活量平均值均低于全体学生总成绩的肺活量平均值。但两种测试形式的肺活量平均值均高于聂涛在高校新生体质健康现状调查分析与发展对策中指出的全国大学生肺活量男生平均值 3 924.6 mL,女生肺活量平均值 2 574 mL[②]。通过比较惠州学院体质健康班级测试赛的肺活量指标和全校学生总成绩的肺活量指标,P 值均>0.05 无显著性差异,产生的原因可能与锻炼因素影响较小、意志力和能量消耗较小有关。

---

① 徐一新.西藏民族学院藏汉族大学生《国家学生体质健康标准》测试成绩对比分析[D].陕西:陕西师范大学,2015.

② 聂涛,李秋良.高校新生体质健康现状调查分析与发展对策[J].广州体育学院学报,2016,36(05):5-9,17.

表 7-8 肺活量情况[$n(\%)$]

样本		$\overline{X}\pm S$	优秀	良好	合格	不及格	P
班级测试赛	男生	3 982.1±642.7	16(8.5)	39(20.7)	121(64.4)	12(6.4)	0.58
总成绩	男生	4 007.9±642.4	842(10.9)	1 285(16.6)	5 135(66.5)	464(6.0)	
班级测试赛	女生	2 662.3±413.0	33(7.9)	59(14.2)	311(74.8)	13(3.1)	0.15
总成绩	女生	2 693.8±442.3	898(8.7)	1 325(12.9)	7 830(75.9)	257(2.5)	

全体学生总成绩中男生和女生的优良率分别为 27.5% 和 21.6%,体质健康班级测试赛中男生和女生的优良率分别为 29.2% 和 22.1%,通过比较发现全体学生总成绩肺活量比体质健康班级测试赛肺活量的优良率低。肺活量的高低决定着肺通气、肺换气和组织运输氧气和代谢废物的能力。因此,学生要多参与体育锻炼,加强有氧运动,提高呼吸机和心血管的能力,达到增强体质的目的。

(3)惠州学院体质健康班级测试赛与全体学生 50 m 跑指标成绩比较分析

50 m 是田径的短跑项目,在体质健康测试中主要测试人体的反应速度和移动速度,是学生进行身体练习和掌握运动能力的基础。人体各运动素质都与速度素质存在不可分割的联系。从表 7-9 可知,班级测试赛成绩中男生、女生的 50 m 平均速度为 7.8 s 和 9.6 s,全体学生总成绩中男生、女生的 50 m 平均速度为 7.9 s 和 9.7 s。张国华在韩山师范学院大学生体质状况研究中指出全国大学生男生的 50 m 跑平均成绩为 7.6 s,女生平均成绩为 9.6 s[①]。在男生中,班级测试赛和总成绩的平均成绩都没有达到全国水平;在女生中,班级测试赛的平均成绩与全国大学生平均水平持平,而全体学生的总成绩均没有达到全国大学生平均水平。通过比较惠州学院班级测试赛成绩和全体学生总成绩,P 值均>0.05 无显著性差异。50 m 跑成绩与学生神经、肌肉等兴奋性较高和参加体育锻炼的习惯和身体的协调性有关。因此,学生要加强日常的体育锻炼,并在运动时进行多元化的练习,使身体得到全方位的提高。

表 7-9 50 m 情况[$n(\%)$]

样本		$\overline{X}\pm S$	优秀	良好	合格	不及格	P
班级测试赛	男生	7.8±0.5	4(2.1)	7(3.7)	174(92.6)	3(1.6)	0.33
总成绩	男生	7.9±0.6	275(3.6)	369(4.8)	6 955(90.0)	127(1.6)	

---

① 张国华,朱梦云.韩山师范学院大学生体质状况研究[J].韩山师范学院学报,2019,40(3):56-60.

表 7-9(续)

样本		$\bar{X} \pm S$	优秀	良好	合格	不及格	P
班级测试赛	女生	9.6±0.6	0(0)	4(1.0)	364(87.5)	48(11.5)	0.53
总成绩	女生	9.7±0.6	63(0.6)	175(1.7)	8 670(84.1)	1 402(13.6)	

(4)惠州学院体质健康班级测试赛与全体学生立定跳远指标成绩比较分析

立定跳远是跳远项目的一种,是由两脚静止向前方跳出的过程,反映学生的下肢爆发力和身体的协调性。通过表 7-10 可知,在男生中体质健康班级测试赛立定跳远的成绩与全体学生立定跳远的总成绩,P 值<0.05,具有显著性差异。在女生中体质健康班级测试赛立定跳远的成绩与全体学生立定跳远的总成绩,P 值>0.05,不具有显著性差异。在男生和女生中,通过平均值的比较,全体学生立定跳远的总成绩均比体质健康班级测试赛立定跳远的成绩要好。从整体上来看立定跳远的不及格率较高,在班级测试和总成绩中男生占 31.9%和27.9%,女生占 21.7%和17.5%。国家体育总局在 2014 年全国学生体质健康调研结果中显示,全国大学生男生的立定跳远平均成绩为 222.8 cm,女生平均成绩为 165.5 cm。惠州学院班级测试赛和全体学生的总成绩均低于全国大学生的平均值。因此,在体育教学活动中应加强下肢力量的教学,在学生日常运动中应注重运动的全面性和综合性。

表 7-10 立定跳远情况[n(%)]

样本		$\bar{X} \pm S$	优秀	良好	合格	不及格	P
班级测试赛	男生	216.45±21.80	3(1.6)	11(5.9)	114(60.6)	60(31.9)	0.02
总成绩	男生	220.33±23.70	366(4.7)	514(6.7)	4 687(60.7)	2 159(27.9)	
班级测试赛	女生	161.82±17.26	11(2.6)	39(9.4)	276(66.3)	90(21.7)	0.22
总成绩	女生	162.85±16.84	399(3.9)	839(8.1)	7 266(70.5)	1 806(17.5)	

(5)惠州学院体质健康班级测试赛与全体学生坐位体前屈指标成绩比较分析

坐位体前屈是测试学生柔韧性的一种方法,通过表 7-11 可知,在男生中体质健康班级测试赛坐位体前屈的成绩与全体学生立定坐位体前屈的总成绩,P 值<0.05,具有显著性差异。在女生中体质健康班级测试赛坐位体前屈的成绩与全体学生坐位体前屈的总成绩,P 值>0.05,不具有显著性差异。全国大学生男生的坐位体前屈平均成绩为 11.6 cm,女生平均成绩为 14.6 cm。惠州学院班级测试赛和全体学生的总成绩均高于全国大学生的平均值。在男生和女生中,通过平均值的比较,全体学生立定跳远的总成绩均比体质健康班级测试赛坐位体前屈的成绩要好。

表 7-11　坐位体前屈情况[$n(\%)$]

样本		$\bar{X} \pm S$	优秀	良好	合格	不及格	P
班级测试赛	男生	14.78±6.98	32(17.0)	34(18.1)	112(59.6)	10(5.3)	0.007
总成绩	男生	16.20±7.22	1 923(24.9)	1 218(15.8)	4 332(56.1)	253(3.2)	
班级测试赛	女生	19.34±5.96	149(35.8)	70(16.8)	194(46.6)	3(0.8)	0.08
总成绩	女生	19.88±6.28	3 948(38.3)	1 859(18.0)	4 392(42.6)	111(1.1)	

（6）惠州学院体质健康班级测试赛与全体学生 800 m（女）/1 000 m（男）跑指标成绩比较分析

800 m（女）/1 000 m（男）是耐力跑的一项,能够测试学生的有氧和无氧耐力的能力,能够反映呼吸系统和心血管系统的水平,是衡量体质健康的基本要素之一。曲相成在中国矿业大学体质健康测试数据研究中指出全国大学生男生的 1 000 m 跑平均成绩为 261 s,女生 800 m 跑平均成绩为 253 s[1]。通过表 7-12 可知,在男生的 1 000 m 跑中,体质健康班级测试赛的平均值为 256.0 s,全体学生总成绩的平均值为 260.6 s,而在女生 800 m 跑中体质健康班级测试赛的平均值为 244.1 s,全体学生总成绩的平均值为 252.3 s。惠州学院体质健康班级测试赛和全体学生总成绩的平均成绩均比全国大学生高。

表 7-12　800 m/1 000 m 情况[$n(\%)$]

样本		$\bar{X} \pm S$	优秀	良好	合格	不及格	P
班级测试赛	男生	256.0±31.1	9(4.8)	13(6.9)	126(67.0)	40(21.3)	0.04
总成绩	男生	260.6±36.1	134(1.7)	632(8.2)	4 567(59.1)	2 393(31.0)	
班级测试赛	女生	244.1±22.7	16(3.8)	48(11.5)	313(75.2)	39(9.5)	0.00
总成绩	女生	252.3±32.4	448(4.3)	1 109(10.8)	6 757(65.5)	1 996(19.4)	

惠州学院体质健康班级测试赛的及格率和平均值均高于全体学生总成绩的及格率和平均值,P 值均<0.05,具有显著性差异。产生的原因是:耐力跑测试时班级测试赛是以班级为单位进行测试,学生都是相互认识,在测试过程中会相互鼓励,最终发挥出较好的水平。体质健康班级测试赛对耐力跑成绩的提高有积极的作用。要在日常锻炼中增加耐力跑的练习,不断提高自身的心肺

---

① 曲相成.中国矿业大学体质健康测试数据研究[D].徐州:中国矿业大学,2018.

功能。

(7) 惠州学院体质健康班级测试赛与全体学生仰卧起坐(女)/引体向上(男)指标成绩比较分析

通过表 7-13 可知,在仰卧起坐(女)中,体质健康班级测试赛和全体学生总成绩平均值为 35.2 和 33.5,体质健康班级测试赛比全体学生总成绩的平均值要高,并且优良率也高出 3.1%,P 值<0.05,具有显著性差异。国家体育总局在 2014 年全国学生体质健康调研结果中显示,全国大学生仰卧起坐(女)平均成绩为 30.1[①]。惠州学院体质健康班级测试赛和全体学生总成绩的平均成绩均比全国大学生高。仰卧起坐是对女生进行腹部力量和耐力测试的一个项目。有利于减少腹部脂肪的堆积,增加腹直肌、腹外斜肌等肌肉群的力量,在短时间内较为容易提高,而且对其未来生育具有重要作用。因此,要经常进行腹部力量的训练,保持良好的肌肉力量。

表 7-13 仰卧起坐(女)/引体向上(男)情况[n(%)]

样本		$\overline{X}\pm S$	优秀	良好	合格	不及格	P
班级测试赛	男生	4.4±4.0	3(1.6)	1(0.5)	22(11.7)	162(86.2)	0.10
总成绩	男生	5.0±5.2	243(3.1)	185(2.4)	983(12.7)	6 315(81.8)	
班级测试赛	女生	35.2±7.1	6(1.4)	29(7.0)	355(85.3)	26(6.3)	0.04
总成绩	女生	33.5±7.1	161(1.6)	384(3.7)	8 704(84.4)	1 061(10.3)	

在引体向上(男)指标的比较中可以发现,体质健康班级测试赛中的成绩不及格率高于全体学生的总成绩,并且优良率也比全体学生总成绩低 2.4%。从总体上看,两种测试形式的及格率都非常低,并且平均值都没有达到及格水平,P 值>0.05,不具有显著性差异。产生的原因是:在日常的体育锻炼中缺乏上肢力量的训练。国家体育总局在 2014 年全国学生体质健康调研结果中显示,全国大学生引体向上(男)平均成绩为 4.8,惠州学院体质健康班级测试赛平均值低于全国大学生的平均值,而全体学生总成绩高于全国大学生的平均值,但及格率都十分低。因此,在体育课上应增强上肢力量的练习,学生在课外要多进行上肢力量的活动。

3. 影响体质健康测试成绩的因素

(1) 个人因素

① 对体质健康测试和体育运动的重视程度

---

① 国家体育总局.2014 年全国学生体质健康调研结果[J].中国学校卫生,2015,36(12):4.

教育部规定毕业时,学生测试成绩达不到 50 分者按结业处理,大学生只满足于体质健康测试达标的心理,没有正确理解国家每年进行体质健康测试的含义。在体质健康测试时有的学生穿牛仔裤、凉鞋等不符合要求的着装进行测试;身体素质强、运动能力强的学生随意进行测试的行为屡见不鲜。学生思想上的不重视和应付式的行为是影响体质测试成绩的首要条件。

② 缺少体育运动或运动量不足

体质健康测试成绩是学生运动能力和体质健康的缩影,在进行适量的体育运动中必然会提高自身的身体素质。当代大学生由于受就业压力和学业压力的影响,会主动积极参加社会实践活动和文化课程的学习。但大学生并没有意识到身体才是革命的本钱。总是忙于文化课的学习而忽略了自身适量运动的需求,或陷进了运动后感觉疲劳而不再运动的恶性循环,导致自身的身体素质和体质健康水平不断的下滑。

③ 不良的生活习惯。

大学生自身不良的生活行为方式会严重影响着体质健康。随着现代科技水平的提高,电子产品开始走进大学生的生活,熬夜玩游戏、看视频等行为比比皆是。为了控制体重而采取节食,导致营养不良、吸烟、喝酒等行为侵蚀着大学生。不良的作息时间和不良的饮食习惯势必会影响大学生的体质健康。

（2）学校因素

运动场地不足,学校的总人数与运动场地的比例达不到国家标准,学生缺少运动场地进行体育训练,造成身体素质的降低;运动器材管理不完善,学校的运动器材仅仅在学生上体育课的时候能够使用,而课后使用器材较为困难;公共体育课的班级人数超过国家规定的人数,课时数也达不到国家的要求。体育运动的氛围不够浓厚和存在局限性,全校性的体育活动有校运会,而参加校运会的学生基本为各学院运动水平较高的学生;各二级学院有篮球、足球等单项体育活动,然而也是水平较高的学生参加;这样不能保证每名同学都参与到运动中去,促使恶性循环的不断发生。

（3）家庭因素

家庭成员对体育运动的看法,对学生的体质健康会起到关键性作用。特别是年幼时,家长给学生灌输要以文化课为主,而忽略对学生体育运动的关注程度,造成学生体育基础差,对体育运动不感兴趣等,进而造成学生的身体素质处在较低水平。

四、结论

（1）体质健康班级测试赛的成绩与全体学生的总成绩有差异,班级测试赛比全体学生总成绩的平均成绩高 1.42 分。

（2）具有显著性差异：男生的坐位体前屈指标、立定跳远指标和 1 000 m 跑指标；女生的 800 m 跑指标和仰卧起坐指标。

（3）在男生中，班级测试赛平均值高于全体学生总成绩平均值的有：BMI指标，肺活量指标，50 m 跑指标，1 000 m 跑指标。

（4）在女生中，班级测试赛平均值高于全体学生总成绩平均值的有：肺活量指标，50 m 跑指标，800 m 跑指标，仰卧起坐指标。

（5）BMI 指标：男生班级测试赛正常比例为 67.6%，全体学生总成绩为 65.7%；女生班级测试赛正常比例为 64.7%，全体学生总成绩为 67.1%。

（6）肺活量指标：男生班级测试赛良好及以上占 29.2%，全体学生总成绩为 27.5%；女生中班级测试赛良好及以上占 22.1%，全体学生总成绩为 21.6%，总体优良率占比较低。

（7）耐力跑指标：男生班级测试赛的不及格率占 21.3%，全体学生总成绩为 31.0%；女生中班级测试赛的不及格率占 9.5%，全体学生总成绩为19.4%，不及格率较高。

（8）引体向上（男）指标：班级测试赛与全体学生总成绩中引体向上（男）的不及格率均高达 80% 以上。

五、建议

（1）加强学校体育的氛围，成立相关的组织，建立运动打卡制度；加大开展全校性、全院性的体育活动，并进一步改进与创新体质健康测试的形式。学生加强日常的体育锻炼，运动时进行多元化的练习，加强有氧运动，提高呼吸机和心血管的能力。

（2）在体育教学活动中应加强运动的全面性和综合性，特别是核心力量和上肢力量的教学。加大体育课的练习密度，加强身体基础素质、柔韧性、弹跳性、爆发性和无氧运动的练习。

（3）保持良好生活习惯，按时就餐，不暴饮暴食和过度节食，要形成良好的饮食习惯，保证营养的摄入、充足的运动和睡眠。

（4）学校加大资金投入，建造方便学生使用的体育场地、器材和设施，使学校的人数与运动场地的比例达到国家标准并且对学生进行免费使用；加大师资力量的投入，保证体育课的教学质量。

在校大学生体质健康测试成绩的性别比较与分析

——以惠州学院 2020 年的数据为例①

大学生的体质健康问题在每个国家都会被提到,现代社会发展速度快,人民生活质量水平在不断提高,但是人民的体质却呈下降趋势,这是因为人们越来越缺乏锻炼的原因,且在大学这个优渥的环境下,学生的体质健康问题已经是老生常谈。目前我国男、女大学生性别之间体质健康测试成绩的差异,已经引起了国家的重视,并相继出台有关标准,力求体质健康测试成绩规范化、标准化。在段黔冰、王涛《对普通高校学生体质现状、成因及健康对策的研究》②的研究中通过分析普通高校大学生体质测试成绩与广东省大学生体质平均水平发现:男生的形态水平不如女生的好;女生的肌肉力量与耐力水平不如男生;学生身体素质发展平衡已经被男、女生之间的性别和体质健康测试项目差异扰乱③④。可以从男、女生的体质健康测试成绩结果等方面比较,探讨两者的共同之处与差异性,同时指出我国现行测试标准体系的优势以及有待完善之处,提出合理化建议⑤⑥。大学生体质健康测试的性别研究已不再是单一数据对比及分析,已上升到具体成因小范围研究对比。

一、研究对象

以惠州学院 2020 年男女体质测试综合成绩为研究对象。

二、研究方法

(1)文献资料法

通过学校图书馆查阅相关文献资料以及数据库,以体质健康、性别、比较题等为关键词进行查询,整理有关课题研究相关的文献,为本课题的研究调查提供详细的理论支撑。

---

① 本文完成于 2021 年 4 月(张宗国与骆舒婷合作),略有改动。

② 段黔冰,王涛.对普通高校学生体质现状、成因及健康对策的研究[J].成都体育学院学报,2005,31(2):109-111.

③ 栾丽霞,康冰心.《国家学生体质健康标准》执行效力评价研究[J].武汉体育学院学报,2016,50(8):61-67.

④ 王雅薇,金晶,冯祎中,等.大学生体质健康现状研究——基于国家学生体质健康标准(2014 年修订)[J].安徽体育科技,2019,40(5):72-77,90.

⑤ 姜志明,吴昊.中日大学生体质与健康测试标准的比较研究[J].上海体育学院学报,2006,35(07):35-37.

⑥ 中华人民共和国教育部,国家体育总局,学生体质健康标准研究课题组.学生体质健康标准锻炼手册[M].北京:人民出版社,2002.

（2）数理分析法

根据《国家学生体质健康标准》中《大学生体质与健康测试指标评分标准》来评定学生的测试成绩,使用统计软件 SPSS 25.0 对数据进行比对和分析,得出惠州学院 2020 年男、女生体质健康测试各项测试项目的数据,并与 2020 年 9 月广东省体育局发布的 2019 年广东省国民体质监测公报中 20～24 岁的年轻人相对比,得出相应结论。

（3）逻辑分析法

根据体质测试结果得到的数据进行逻辑推理,提炼课题性别差异的测评数据,分析归纳如何提高不同性别大学生的体质健康问题。

三、结果与分析

1. 2020 年惠州学院男女体质测试综合成绩比较与分析

在 SPSS 软件中导入男、女生综合成绩计算得出表 7-14 结果,结果可见,2020 年惠州学院男、女体质测试中男生的总成绩是 67.1 ± 8.9,女生的总成绩为 72.1 ± 7.3,可见女生的体质测试总成绩比男生的体质测试总成绩要高,并在 SPSS 软件中进行方差齐性检验,在检验中,P 为 0.000,小于 0.05,且 $P\leqslant0.01$,可以得知男、女生综合成绩具有非常显著性意义。

表 7-14　男、女体质测试总成绩与等级统计结果

性别	总人数	成绩	优秀率	良好率	及格率	不及格率
男	7 916	67.1 ± 8.9	0.80%	7.1%	76.0% *	16.1% *
女	10 733	72.1 ± 7.3	0.80%	10.3%	84.4%	4.50%

注:* 表示 $P\leqslant0.01$,呈非常显著差异。

在表 7-14 中可以清楚地看到,男生及格率为 76.0%,女生及格率为 84.4%;可以看出在国家学生体质健康标准下,女生及格率比男生高 8.4%（$P\leqslant0.05$）,呈显著差异;男生良好率为 7.1%,女生良好率为 10.3%;男生不及格率为 16.1%,女生不及格率为 4.50%,男生的不合格率比女生不合格率高 11.7%（$P\leqslant0.01$）,呈非常显著差异;男生优秀率为 0.8%,女生优秀率为 0.80%;说明惠州学院女生的测试总成绩比男生测试总成绩高。

惠州学院 2020 年学生体质健康测试数据与 2020 年 9 月 1 日广东省体育局发布的 2019 年广东省国民体质监测公报中 20～24 岁的年轻人相比,广东省 20～24 岁的年轻人中男生平均成绩 70.21,惠州学院男生平均成绩 67.1,说明惠州学院男生平均成绩比广东省 20～24 岁的年轻人中男生平均成绩低,广东省 20～24 岁的年轻人中男生平均成绩优于惠州学院男生平均成绩。广东省 20

～24 岁的年轻人中女生平均成绩 73.93,惠州学院女生平均成绩 72.1,惠州学院女生平均成绩比广东省 20～24 岁的年轻人中女生平均成绩低,说明广东省 20～24 岁的年轻人中女生平均成绩优于惠州学院女生平均成绩。广东省 20～24 岁的年轻人中男生优秀率为 0.80%,惠州学院男生优秀率为 0.81%,说明广东省 20～24 岁的年轻人中男生优秀率与惠州学院男生优秀率相等;广东省 20～24 岁的年轻人中女生优秀率为 0.68%,惠州学院女生优秀率为 0.80%,比广东省 20～24 岁的年轻人中女生优秀率高,说明惠州学院女生优秀率优于广东省 20～24 岁的年轻人中女生优秀率。

　　2. 2020 年惠州学院学生各指标体质健康测试成绩比较与分析

　　(1)男、女体重指数(BMI)比较与分析

　　在 SPSS 软件中导入男女生体重指数成绩计算得出表 7-15 结果,结果可见,2020 年惠州学院男、女体质测试中男生的体重指数成绩是 89±11,女生的体重指数成绩为 92±8,可见女生的体重指数成绩比男生的体重指数成绩要高,并在 SPSS 软件中进行方差齐性检验,在检验中,P 为 0.000,小于 0.05,且 $P \leqslant 0.01$,可以得知男、女生体重指数成绩具有非常显著性意义。

表 7-15　男、女体重指数(BMI)成绩与等级统计结果

性别	总人数	成绩	正常 *	超重/低体重	肥胖
男	7 916	89±11	73.0%	22.0% *	5.0%※
女	10 733	92±8	86.3%	12.1%	1.6%

　　注:※表示 $P \leqslant 0.05$,呈显著差异;* 表示 $P \leqslant 0.01$,呈非常显著差异。

　　从表 7-15 可以看出惠州学院男生正常体重率为 73.0%、超重/低体重率为 22.0%、肥胖率为 4.0%,惠州学院女生正常体重率为 86.3%、超重/低体重率为 12.1%、肥胖率为 1.6%,男生肥胖比女生肥胖高 2.4%($P < 0.05$),呈显著性差异,说明在肥胖率比较下女生优于男生。二者在超重/低体重相比之下,男生比女生多 9.9%($P < 0.01$),呈非常显著性差异,说明女生比男生体重指数健康。从表 2 可以看出惠州学院正常体重率中,女生正常体重率为 86.3%,比男生高 13.3%($P < 0.01$),呈显著性差异,说明正常体重的女生优于正常体重的男生。

　　与广东省 20～24 岁年轻人体重指数(BMI)成绩相比[①],广东省 20～24 岁

---

　　① 中国学生体质与健康调研组.2014 年中国学生体质与健康调研报告[M].北京:北京高等教育出版社,2016.

年轻人男生体重指数（BMI）平均成绩为 90 ± 10，女生为 93 ± 7。惠州学院男生体重指数（BMI）平均成绩为 89 ± 11，女生为 92 ± 8，二者无明显差异。

　　注：BMI 成绩 100 分为正常体重，80 分为低体重或超重，60 分为肥胖。

　　（2）男、女肺活量成绩比较与分析

　　在 SPSS 软件中导入男、女生肺活量成绩计算得出表 7-16 结果，结果可见，2020 年惠州学院男、女体质测试中男生的肺活量成绩是 $4\,007.4\pm642.7$，女生的肺活量成绩为 $2\,692.6\pm441.2$，可见男生的肺活量成绩比女生的肺活量成绩要高，并在 SPSS 软件中进行方差齐性检验，在检验中，P 为 0.000，小于 0.05，且 $P\leqslant0.01$，可以得知男、女生肺活量成绩具有非常显著性意义。

表 7-16　男、女肺活量成绩与等级统计结果

性别	总人数	成绩	优秀率	良好率	及格率	不及格率
男	7 916	$4\,007.4\pm642.7$	10.8%	16.7%＊	66.4%＊	6.1%
女	10 733	$2\,692.6\pm441.2$	8.6%	12.9%	76.0%	2.5%

　　注：＊表示 $P\leqslant0.01$，呈非常显著差异。

　　在表 7-16 中看出 2020 年学生的肺活量情况，男生不及格率为 6.1%，及格率为 66.4%，良好率为 16.7%，优秀率为 10.8%；女生不及格率为 2.5%，及格率为 76.0%，良好率为 12.9%，优秀率为 8.6%。说明男生肺活量的及格率比女生肺活量的及格率低 10.4%（$P\leqslant0.01$），呈非常显著性差异；而男生肺活量的良好率比女生肺活量的良好率高 3.8%（$P\leqslant0.05$），呈显著性差异；说明从男、女肺活量及格率相比中，可以看出女生肺活量的成绩优于男生，且呈非常显著性差异。

　　与广东省 20～24 岁年轻人的肺活量测试成绩相比[1]，广东省 20～24 岁年轻人男生肺活量平均成绩为 $3\,749.8\pm772.4$，广东省 20～24 岁年轻人女生肺活量平均成绩为 $2\,549.6\pm560.1$。惠州学院男生肺活量平均成绩为 $4\,007.4\pm642.7$，女生肺活量平均成绩为 $2\,692.6\pm441.2$。惠州学院男生肺活量平均成绩比广东省 20～24 岁年轻人男生肺活量平均成绩高。惠州学院女生肺活量平均成绩比广东省 20～24 岁年轻人女生肺活量平均成绩高。说明惠州学院大学生肺活量成绩明显好于广东省 20～24 岁年轻人。

　　（3）男、女 50 m 成绩比较与分析

---

　　[1]　中国学生体质与健康调研组.2014 年中国学生体质与健康调研报告［M］.北京:北京高等教育出版社,2016.

　　将男、女生 50 m 成绩在 SPSS 软件中导入,计算得出表 7-17 结果,结果可见,2020 年惠州学院男、女体质测试中男生的 50 m 成绩是 7.8±0.5,女生的 50 m 成绩为 9.6±0.6,可见男生的 50 m 成绩比女生的 50 m 成绩要高,并在 SPSS 软件中进行方差齐性检验,在检验中,P 为 0.000,小于 0.05,且 $P \leqslant 0.01$,可以得知男、女生 50 m 成绩具有非常显著性意义。

表 7-17　男、女 50 m 成绩与等级统计结果

性别	总人数	成绩	优秀率	良好率	及格率	不及格率
男	7 916	7.8±0.5	3.6％ *	4.8％	89.8％ *	1.8％ *
女	10 733	9.6±0.6	0.6％	1.6％	84.4％	13.4％

　　注:* 表示 $P \leqslant 0.01$,呈非常显著差异。

　　在体质健康测试项目中,50 m 赛跑是反映身体运动能力的一种综合素质。从表 7-17 中可以看出,50 m 跑与其他测试项目不同,这个项目大部分学生都取得良好等级以上。男生 50 m 测试成绩不及格率为了 1.8％,女生 50 m 测试成绩不及格率为 13.4％,男生 50 m 不及格率低于女生 11.6％($P \leqslant 0.01$),呈非常显著性差异;男生 50 m 测试成绩及格率为 89.8％,良好率为 4.8％,优秀率为 3.6％;女生 50 m 测试成绩及格率为 84.4％,良好率为 1.6％,优秀率为 0.6％;在男、女 50 m 测试成绩及格率和优秀率相比中,男生 50 m 及格率高于女生 5.5％($P \leqslant 0.01$),男生 50 m 优秀率比女生高出 3％($P \leqslant 0.05$),且呈显著性差异,说明男生 50 m 测试成绩优于女生 50 m 测试成绩。

　　与广东省 20～24 岁年轻人 50 m 测试成绩相比[1],广东省 20～24 岁年轻人男生 50 m 平均成绩为 7.43±0.67,女生 50 m 平均成绩为 9.0±0.74。而惠州学院男生 50 m 平均成绩为 7.8±0.5,女生 50 m 平均成绩为 9.6±0.6。惠州学院男生 50 m 测试成绩比广东省 20～24 岁年轻人男生 50 m 测试成绩快,呈非常显著性差异,说明在男生 50 m 测试平均成绩中,优于广东省男生。但在惠州学院女生 50 m 测试成绩比广东省 20～24 岁年轻人女生 50 m 测试成绩慢,广东省 20～24 岁年轻人女生 50 m 测试平均成绩优于惠州学院女生。

　　(4)男、女坐位体前屈成绩比较与分析

　　在 SPSS 软件中导入男、女生坐位体前屈成绩计算得出表 7-18 结果,结果

---

　　[1]　中国学生体质与健康调研组.2014 年中国学生体质与健康调研报告[M].北京:北京高等教育出版社,2016.

可见,2020 年惠州学院男、女体质测试中男生的坐位体前屈成绩是 16.2±7.2,女生的坐位体前屈成绩为 19.9±6.3,可见女生的坐位体前屈成绩比男生的坐位体前屈成绩要高,并在 SPSS 软件中进行方差齐性检验,在检验中,P 为 0.000,小于于 0.05,且 $P \leqslant 0.01$,可以得知男、女生坐位体前屈成绩具有非常显著性意义。

表 7-18 男、女坐位体前屈成绩与等级统计结果

性别	总人数	成绩	优秀率	良好率	及格率	不及格率
男	7 916	16.2±7.2	24.8% *	15.9%	56.0% *	3.3%
女	10 733	19.9±6.3	38.1%	18.0%	42.8%	1.1%

注:* 表示 $P \leqslant 0.01$,呈非常显著差异。

在同一项目不同标准下不同性别学生体质有所差异。从表 7-18 可以看出,男女柔韧性存在较大显著性差异,惠州学院女生坐位体前屈优秀率为 38.1%、良好率为 18.0%、及格率为 42.8%、不及格率为 1.1%;男生优秀率为 24.8%、良好率为 15.9%、及格率为 56.0%、不及格率为 3.3%,二者在优秀率相比之下,女生高于男生的 13.3%($P<0.01$),说明女生的柔韧性明显优于男生,且呈非常显著性差异。但在坐位体前屈及格率相比中,男生及格率比女生高 13.2%($P \leqslant 0.01$),呈非常显著性差异。

广东省 20~24 岁年轻人男生坐位体前屈平均成绩为 14.1±6.6,而惠州学院男生坐位体前屈平均成绩为 16.2±7.2,二者平均成绩相比,惠州学院男生比广东省 20~24 岁年轻人男生成绩高,说明惠州学院男生的柔韧性比广东省 20~24 岁年轻人男生要强。广东省 20~24 岁年轻人女生坐位体前屈平均成绩为 16.9±6.1,而女生坐位体前屈平均成绩为 19.9±6.3,二者平均成绩相比,惠州学院女生比广东省 20~24 岁年轻人女生成绩高,说明惠州学院大学生柔韧性明显优于广东省 20~24 岁年轻人。

(5)男、女立定跳远成绩比较与分析

在 SPSS 软件中导入男、女生立定跳远成绩计算得出表 7-19 结果,结果可见,2020 年惠州学院男、女体质测试中男生的立定跳远成绩是 220.2±23.6,女生的立定跳远成绩为 162.8±16.8,可见男生的立定跳远成绩比女生的立定跳远成绩要高,并在 SPSS 软件中进行方差齐性检验,在检验中,P 为 0.000,小于 0.05,且 $P \leqslant 0.01$,可以得知男、女生立定跳远成绩具有非常显著性意义。

表 7-19 男、女立定跳远成绩与等级统计结果

性别	总人数	成绩	优秀率	良好率	及格率	不及格率
男	7 916	220.2 ± 23.6	4.7%	6.6% *	60.7% *	28.0% *
女	10 733	162.8 ± 16.8	3.9%	8.2%	70.2%	17.7%

注：* 表示 $P\leqslant0.01$，呈非常显著差异。

立定跳远项目是速度和力量的结合，体现了下肢的灵活性、整体的协调性和腰背部的肌肉力量。从表 7-19 可以看出，惠州学院男生立定跳远测试成绩的优秀率为 4.7%、良好率为 6.6%、及格率为 60.7%、不及格率为 28.0%，而女生立定跳远测试成绩的优秀率为 3.9%、良好率为 8.2%、及格率为 70.2%、不及格率为 17.7%。男生立定跳远优秀率比女生高 0.8%（$P<0.05$），呈显著性差异。而女生的立定跳远良好率高于男生 1.6%（$P<0.05$），呈显著差异，说明在立定跳远的良好率相比之下，女生优于男生。在立定跳远及格率上，女生的立定跳远及格率高于男生 9.5%（$P<0.01$），呈非常显著性差异；说明在立定跳远测试总成绩上女生优于男生。在立定跳远不及格率相比之下，男生的立定跳远不及格率高于女生 10.3%（$P<0.01$），呈非常显著性差异，说明在立定跳远的不及格率上女生优于男生。

与广东省 20～24 岁年轻人立定跳远测试成绩相比，惠州学院男生立定跳远平均成绩是 220.2 ± 23.6，广东省 20～24 岁年轻人男生立定跳远平均成绩为 228.1 ± 22.2，惠州学院男生立定跳远平均成绩比广东省 20～24 岁年轻人男生立定跳远平均成绩低。惠州学院女生立定跳远平均成绩为 162.8 ± 16.8，广东省 20～24 岁年轻人女生立定跳远平均成绩为 169.0 ± 17.1。广东省 20～24 岁年轻人立定跳远平均成绩比惠州学院高。说明惠州学院男、女生在下肢爆发力和身体协调性能力方面明显劣于广东省 20～24 岁年轻人男、女生。

（6）男、女中长跑成绩比较与分析

在 SPSS 软件中导入男 100 m、女生 800 m 成绩计算得出表 7-20 结果，结果可见，2020 年惠州学院男、女体质测试中男生的 1 000 m 成绩是 262 ± 30.2，女生的 800 m 成绩为 258 ± 32.4，可见男生的 1 000 m 成绩比女生的 800 m 成绩要高，并在 SPSS 软件中进行方差齐性检验，在检验中，P 为 0.002，小于 0.05，且 $P\leqslant0.01$，可以得知男 1 000 m、女生 800 m 成绩具有非常显著性意义。

表 7-20　男 1 000 m、女 800 m 成绩与等级统计结果

性别	总人数	成绩	优秀率	良好率	及格率	不及格率
男	7 916	262±30.2	1.8%	8.0%	59.4%	30.8% *
女	10 733	258±32.4	4.3%	10.8%	65.9%	19.0%

注：* 表示 $P \leqslant 0.01$,呈非常显著差异。

由于男生的耐力项目是 1 000 m,女生则是 800 m,因此差异不显著。但从表 7-21 可以看出男生不及格率明显高于女生,女生不及格率只占 19.0%,而男生不及格率达到 30.8%,比女生高于 11.8%($P < 0.01$),说明在中长跑测试成绩的不及格率相比中,女生优于男生,且呈非常显著性差异。但男、女优秀率只有 1.8% 和 4.3%,良好率为 8.0%、10、8%,说明惠州学院 2020 年学生耐力素质处于较低水平。在男生 1 000 m 测试成绩的及格率与女生 800 m 测试成绩的及格率相对于比较高。

惠州学院男大学生比广东省 20～24 岁年轻人中长跑测试成绩相比,广东省 20～24 岁年轻人男生中长跑平均成绩为 254±30.1,女生中长跑平均成绩为 246±24.6。而惠州学院男生中长跑成绩为 262±30.2,女生中长跑平均 257±32.4。广东省 20～24 岁年轻人男、女生中长跑测试成绩比惠州学院男、女生快,说明广东省 20～24 岁年轻人耐力素质方面显著优于惠州学院大学生,惠州学院大学生应多加强中长跑锻炼。

（7）男生一分钟引体向上与女生一分钟仰卧起坐成绩比较与分析

在 SPSS 软件中导入 2020 年惠州学院男生一分钟引体向上与女生一分钟仰卧起坐成绩计算得出表 7-21 结果,结果可见,2020 年惠州学院男生一分钟引体向上与女生一分钟仰卧起坐体质测试中,男生的一分钟引体向上成绩是 5.0±5.1,女生的一分钟仰卧起坐成绩为 33.5±7.1,可见男生的一分钟引体向上成绩比女生的一分钟仰卧起坐成绩要低,并在 SPSS 软件中进行方差齐性检验,在检验中,P 为 0.000,小于 0.05,且 $P \leqslant 0.01$,可以得知男生一分钟引体向上、女生一分钟仰卧起坐成绩具有非常显著性意义。

表 7-21　男生一分钟引体向上与女生一分钟仰卧起坐成绩与等级统计结果

性别	总人数	成绩	优秀率	良好率	及格率	不及格率
男	7 916	5.0±5.1	3.0%	2.3%	14.7% *	80% *
女	10 733	33.5±7.1	1.6%	3.8%	84.4%	10.2%

注：* 表示 $P \leqslant 0.01$,呈非常显著差异。

从表 7-21 可以看,惠州学院男生一分钟引体向上的成绩为 5.0±5.1,女生一分钟仰卧起坐成绩为 33.5±7.1,呈非常显著性差异。从测试统计情况可以看出,男生一分钟引体向上不及格率高达 80%,比女生一分钟仰卧起坐高 71.5%($P<0.01$),呈非常显著性差异;男生一分钟引体向上及格率为 14.7%,而女生一分钟仰卧起坐及格率为 84.4%,比女生低 69.7%($P<0.01$),呈非常显著性差异;说明在力量素质上男生在不及格率占比较大,女生优于男生。

与广东省 20~24 岁年轻人力量测试成绩比较[①],广东省 20~24 岁年轻人男生一分钟引体向上平均成绩为 7.8±4.8,惠州学院男生一分钟引体向上平均成绩为 5±5.1,说明广东省 20~24 岁年轻人男生一分钟引体向上比惠州学院男生一分钟引体向上高,说明广东省 20~24 岁年轻人男生引体向上的成绩优于惠州学院男生引体向上。广东省 20~24 岁年轻人女生一分钟仰卧起坐平均成绩为 35.4±9.2,惠州学院女生一分钟仰卧起坐平均成绩为 33.5±7.1。广东省 20~24 岁年轻人女生比惠州学院女生比高,说明惠州学院女生优于广东省 20~24 岁年轻人女生。广东省 20~24 岁年轻人男生引体向上不及格率为高达 81.38%,惠州学院男生引体向上不及格率也高达 80%,说明在不及格率上广东省 20~24 岁年轻人男生引体向上与惠州学院男生引体向上无明显差异。

四、结论

(1)从 2020 年学生体质测试成绩来看,惠州学院学生总体平均成绩为男生 67.1 分,男生优秀率为 0.8%、良好率为 7.1%、及格率为 76.0%、不及格率为 16.1%,女生 72.1 分,女生优秀率为 0.80、良好率为 10.3、及格率为 84.4%、不及格率为 4.50%,说明惠州学院女生的测试总成绩比男生测试总成绩高。但惠州学院男、女生优秀率不足 1% 说明学生体质有待进一步加强,逐步提高身体素质。

(2)在肺活量、坐位体前屈项目上,惠州学院男、女生都比广东省 20~24 岁年轻人男、女生的成绩都好,且呈非常显著性差异,反映人体肺通气能力、柔韧性比广东省 20~24 岁年轻人男、女生较好。但在速度、耐力、下肢力量的测试项目上,广东省 20~24 岁年轻人男、女生比惠州学院男、女生的成绩都好,且呈非常显著性差异。引体向上和坐位体前屈两者是差异性最大的,反映广东省 20~24 岁年轻人男、女生在速度、爆发力方面都比惠州学院男、女生较好。

(3)男生在肺活量、50 m 跑、立定跳远、肥胖、超重的成绩明显高于女生,但

---

① 中国学生体质与健康调研组.2014 年中国学生体质与健康调研报告[M].北京:北京高等教育出版社,2016.

在柔韧性项目方面相对比较弱；女生在坐位体前屈、一分钟仰卧起坐的成绩明显高于男生，但在速度、力量项目上相对比较差。

五、建议

（1）建议惠州学院积极响应国家政策，按照教育部发布的《高等学校体育工作基本标准》中规定的体质健康测试若低于 50 分，则判定为肄业，所以要加强学生的体育锻炼意识。

（2）建议惠州学院修改公共体育课的模式，可在每次体育课完成正常的教学后，最后 20 min 让体育教师指导学生练习体质健康测试内容，并在体育课期末成绩评价中，对男女生的弱项进行考核评分，在课堂中引导学生积极锻炼，增强学生体质，增进健康。

（3）建议惠州学院多增加与国家体质健康测试内容相关的活动，根据性别不同分别进行，营运体育运动的氛围，在良好的氛围中锻炼身体。

（4）建议惠州学院可根据国家体质健康测试内容与性别差异设立专门考勤评分制度；例如需要提高学生中长跑能力，规定男女生一学期内需要跑够一定次数，一次最少多长距离的跑步，在手机 App 上定位打卡，按跑步的距离和时间来评分，分数可作为学校评奖评优中的一项参考。

第八章　阳光体育与
《国家学生体质健康标准》关联分析

开展阳光体育运动困境探讨①

　　青少年的健康是一个民族健康素质的基础,关系到民族的未来和国家的竞争力,青少年学生的健康状况下滑已经成为一个社会问题。因此,2006 年《教育部 国家体育总局 共青团中央关于开展全国亿万学生阳光体育运动的决定》(以下简称《决定》),就是要进一步提高学生的健康素质,使之养成良好的健身习惯。两年来,全国亿万学生阳光体育运动开展良好,在一定程度上推动了学校体育工作的开展。但是,随着阳光体育运动的不断推进,在实施过程中一些深层面的问题逐渐浮现,使阳光体育的开展出现困境。

一、阳光体育运动的理论困境

　　(1)阳光体育运动概念模糊

　　什么是阳光体育运动,它和一般学校体育工作有什么不同,在学校体育工作中如何开展阳光体育运动,哪些工作属于阳光体育运动的范畴,以及在学校体育工作中对开展阳光体育运动缺乏长远规划等问题未有明确说明。

　　(2)阳光体育运动目标模糊

　　《决定》中指出,开展阳光体育运动,要以"达标争优、强健体魄"为目标,用 3 年时间,使 85％以上的学校能全面实施《学生体质健康标准》,使 85％以上的学生能做到每天锻炼 1 小时,达到《国家学生体质健康标准》及格等级以上,掌握至少 2 项日常锻炼的体育技能,形成良好的体育锻炼习惯,体质健康水平,切实得到提高②。但有关《国家学生体质健康标准》的文件规定③:2007 年开始,各级各类学校要全面实施《标准》,与《决定》要求的 85％以上的学校能全面实施《学生体质健康标准》相矛盾,另外,在学校开展阳光体育运动中,如何量化学生每

---

　　① 本文发表于《惠州学院学报》,2011 年 6 月第 3 期(刘晓辉与邓玉新合作),略有改动。

　　② 中华人民共和国教育部,国家体育总局,共青团中央.关于开展全国亿万学生阳光体育运动的决定[G].教艺体[2006]6 号,2006-12-23.

　　③ 《国家学生体质健康标准》编委会.《国家学生体质健康标准》解读[M].北京:人民教育出版社,2007.

天能够锻炼 1 小时,又如评价学生每天能够锻炼 1 小时的质量与效果,是难于掌控的问题。

(3)缺乏实施《决定》效果评价与监督

各级教育行政部门没有把阳光体育工作开展状况作为评价地方和学校教育质量和办学水平的重要指标,只是树立典型、没有推广经验,对不能保证体育课课时和学生体育活动时间、学生体质健康水平连续下降的地区和学校,没有限制其评为先进单位,领导年终考核也未受影响。由于阳光体育涉及方方面面,活动形式多样,所以控制的难度极大。尽管教育部、国家体育总局、共青团中央和一些省市相继制定和出台了部分关于阳光体育标准控制的规章制度[①],但多数还流于形式,实施有效控制的手段和措施并不优越于已经出台的相关规章制度,在实际中呼声甚高但落实不易是阳光体育评价与监督机制中的一大缺憾。

二、政策之困

提高青少年体质是国家层面的公共问题[②③],伴随着阳光体育运动,政府把青少年体育作为一项公益事业纳入其公共服务体系的职责,从而使学校体育、校外体育、社区和家庭体育成为一个整体,使人们树立科学的教育观、人才观、健康观,为阳光体育创造良好的舆论,并提供相应的组织保障、资金保障和制度保障。但是在实施过程中可以发现如下问题:

1. 政策主题之困

(1)制定政策时主体缺位:参与阳光体育运动决策的主体要有各级党组织、教育主管部门、体育主管部、共青团组织及决策咨询的专家,而在政策执行中扮演重要角色的学校管理者、学生及其家长未被纳入决策体系,因此不容易得到学校及学生的配合。以响应阳光体育运动而自 2007 年开始倡导的冬季长跑活动为例,许多学校由于场地条件、意外受伤、不愿配合等原因开展的并不平衡,甚至有些学校对此不了了之。

(2)政策执行中主体执行不力:各地方的教育主管部门及学校是阳光体育运动的主要执行者,在政策执行过程中,往往善于抓典型,以那些资源丰富的学校代表本地区的成绩,从而造成区域间开展不平衡,难以执行阳光体育运动政策。

① 林顺治,吴冰.我国"阳光体育"长效机制与战略对策[J].河北体育学院学报,2010,24(1):49-53.

② 陈庆云.公共政策分析[M].北京:北京大学出版社,2006.

③ 陈小娅.加强青少年体育是全社会共同的任务[J].求是,2007(12):15-17.

2. 政策客体之困

阳光体育政策的客体一方面包括要解决青少年体质下降的问题;另一方面就是其作用的目标群体——青少年学生在多元化的文化环境之下,网络、电视等占据着青少年的业余生活,也左右着他们的价值判断。在体育没有严重影响整个社会人们的生活方式的情况下,青少年很难认识到体育锻炼的重要性,只是被动地接受这项政策,被动地参与学校组织的活动。学生主体的个人自觉,对于正在实施的阳光体育运动来说,其意义重大。一项关于阳光体育运动开展情况的研究显示:在制约个人参加阳光体育运动的诸种因素中,"自身惰性"居首位。学校缺乏对学生吃苦思想的教育和培养。另一方面,说明家长对学生的生活教育和吃苦精神教育比较欠缺。随着我国社会结构的变迁,当代中学生中独生子女占绝大多数,家长对孩子的过分溺爱,造成了学生怕苦和意志薄弱的性格特征,是制约阳光体育持续开展的一大困境。此外,造成青少年体质下降的原因还包括不良的生活方式、不健康的饮食习惯、环境条件、精神压力等。青少年体质下降的问题并非是单一开展阳光体育运动所能解决的。

3. 法律保障之困

自全国开展亿万学生阳光体育运动以来,中共中央、国务院,共青团中央、中国关心下一代工作委员会等多部委,相继颁布文件和召开会议关注学生体质,充分体现了国家对阳光体育运动的重视程度。但现有的法律法规并没有发挥其最大的保障功效,且部门、学校的体育规章多于国家层次的立法,调整学校体育系统内部关系的法规多于学校体育社会化方面的法规,学校体育管理的立法多于保护学生参与体育权利的立法,导致开展阳光体育运动面临法律之困。

三、教育体制之困

从 20 世纪 70 年代末恢复高考开始,我国逐渐形成了应试教育体制。学生的唯一目标是考好大学。学生的身体状况和体育成绩并不妨碍其成为"三好学生""优秀学生",更不会影响其上大学。学校的教学质量也是根据升学率的高低来评价,而体育又大多不计入考核范围,即使计入所占分数也较低,学校自然在整体投入上会远离体育或忽略考虑,导致阳光体育运动政策难以顺利执行。

四、学校体育之困

1. 体育教育理念偏差

在"重智育轻体育"理念的影响下,学生课业负担过重,体育课往往被其他科目所占用,没有足够时间进行体育活动,体育课成为一种形式;或者出于安全原因而取消一些对抗激烈、认为存在危险的运动项目,但这些项目往往是学生喜爱、热衷参与的活动。体育教学和课外体育活动的内容和形式没有充分考虑学生的能力和兴趣,严重影响了体育教学的效果和学生参与体育活动的积极性。作为体育教师,除要完成全校的体育教学,还要对学生进行体质健康测试、课余体育训练、课外体育指导和竞赛等,无疑加重了体育教师的工作任务。而这些额外的工作又缺乏有效的激励政策和绩效保障措施,无法调动体育教师的工作积极性。

2. 国家体育经费投入不均

长期以来,国家投入到竞技体育领域的资金数额远远超过用于学校体育发展的数量。2006 年 3 月,国家体育总局副局长冯建中表示:2005 年国家为竞技体育项目投入的经费大约为 4.8 亿元人民币。与此形成鲜明对照,据有关部门在 2006 年进行的调查显示,北部某省 15 个贫困县的 401 所初中,平均年体育经费为 5 109 元,其中 4 000 余元用于学校运动会,大部分学校不能利用现有的器材上一节完整的体育课。即使在东部某经济发达省北部 5 市的初中,98.7%的学校也没能按最低要求配备器材,南部某省会城市学校体育器材配齐的仅占17.7%[1],经费投入不足,场地设施严重缺乏,限制了阳光体育运动的有效开展。

3. 学校教师队伍建设落后

我国幅员辽阔,由于不同地区的差异、城乡差异,以及大学、中学、小学之间的差异。目前不少农村中小学体育教师队伍编制缺乏,专业体育教师数量不够,专业水平低,部分学校还存在体育教师兼职的情况,现有教师状况不能满足开展阳光体育运动的人才需求,保证教师资源的合理配备,对阳光体育运动的有效开展至关重要。

4. 学校场地器材相对缺乏

场地器材设施是开展阳光体育运动的物质保障。目前我国学校体育场地器材设施普遍短缺,特别是农村学校的问题更加突出根据《校体育工作基本情况与发展对策》资料汇编结果,贵州省和甘肃省庆阳市中小学校生每年人均体育经费才 1～3 元。而经济发达地区江苏省农村中小学要达到《中小学体育器材设施配备目录》(以下简称《配备目录》)要求的资金缺额也非常巨大(表 8-1)。

表 8-1 江苏省农村中小学达到《配备目录》要求的资金缺额[2]

	学校总数	资金缺额总数/万元	校均资金缺额数/万元
农村小学	3 596	13 000	3.6
农村中学	1 930	11 000	5.6
合计	5 526	24 000	9.2

---

① 施利.人均体育经费不足 3 元,学生体质怎能不下降? [N]中国青年报,2006-09-09(6).

② 体育卫生与教育司.学校体育工作基本情况与发展对策[G].体育卫生与教育司,2006:9-10.

5. 体育教学问题突出

（1）教学模式单一

教师是课堂的负责者，决定教学的内容、进度，学生是知识灌输的对象，成为被动的接受者，由于教师拥有的权利，学生多数是服从者，不管教师是否受到钦佩，但总是处于中心位置，这难免会造成课堂气氛紧张、沉闷，使学生的情感受到压抑和忽略，从而导致教师与学生关系的淡漠，甚至产生某种对立情绪。

（2）教学方法陈旧

在体育教学中，不少教师仍然采用陈旧的教学方法主要体现在"重教法、轻学法，重灌输、轻创新"的现象，比较突出抑制了学生在学习中本应释放的热情，泯灭了学生的创造性，更让学生自我情感体验和学习兴趣的激发得不到很好的展现。教学过程过分强调教师的中心地位而忽略学生的主体性，过分强调运动技能和知识的系统性而忽视学生自学、自练能力的提高，强调动作技术规范的传授而忽视运动过程乐趣的体验，造成厌学现象较为普遍。由教育部、国家体育总局、卫生部、国家民委、科技部共同组织的问卷调查结果显示[1][2][3]：有60.4％的学生"从小没有养成锻炼的习惯"，学生体育锻炼和健康意识淡薄。

（3）课程体系不完善

现阶段体育课程体系造成创新教育的忽视、实践观念的淡薄，使得学生的知识面狭窄，个性发展受到忽视，最终阻碍了学生创造才能的发展。主要表现为：① 课程教学内容陈旧老化，很少涉及体育科学发展前沿，缺乏时代性、新颖性，难以适应瞬息万变的信息社会；② 课程教学内容设置和培养目标不相适应的现象还较严重，达不到体育教学的预期效果；③ 课程教学过于求同，课程内容大多属于定论的东西，不容置疑，缺乏对学生的启发性。

（4）教学评价方法欠佳

目前体育教学评价普遍采用的是定量评价和终结性评价，以统一的标准去衡量所有的学生，忽视了学生间的个别差异，挫伤了部分学生的运动兴趣和学习积极性，从而造成了身体素质强和较强的学生由于能在体育课的学习中得到成功的喜悦和快感而变得更加喜爱体育课，而身体素质一般和差的学生则因不能在体育课中得到喜悦和快感，反而不愿上体育课的两极分化现象。

---

①　朱玉芳.学生体质健康的影响因素与学校体育的应对[J].体育学刊,2006,13(3):141-144.

②　全国学生体质健康调研组.2005年全国学生体质与健康调研结果[J].中国学校体育,2006(10):6-8.

③　陈仁蒙."阳光体育运动"过程中遇到的问题与对策[J].湖北体育科技,2009,28(1):34-36.

五、校外开展之困

1. 家庭方面的原因

由于我国实行计划生育政策，独生子女的家庭较多，父母较多关心子女的物质条件的给予以及智力培养，而忽视对孩子身心健康的全面教育。一方面，父母"望子成龙"，重视各学科的文化辅导；另一方面，父母把关心照顾更多地放在子女的物质生活上，饮食上摄入过多脂肪和热量，造成营养过剩，同时静止性的活动增多，如看电视、上网等。在这样不健康的家庭教育方式下，校外的体育锻炼活动很难开展。

2. 社会方面原因

"重文轻武"的传统思想还在影响着当前学生的受教育方式和成才途径。体育运动对人的全面发展的作用并没有得到正确的认识，以应试教育代替素质教育，以"升学第一"代替"健康第一"，这无形地给学生及家长带上了思想枷锁。随着社会生产力的发展，物质生活水平的提高，人们生活方式发生改变，脑力劳动增多，体力劳动减少。另外，阳光体育运动社会保障机制还不健全，如社会教育保险制度尚不完善，多部门协调配合的联运机制未能完全落到实处，应急反应机制尚未全面推行，在风险问题上对安全估计不足，致使一些学生与家长因担心安全而不愿参加运动等。社会上的体育场馆数量少及开放程度不够，在客观上也影响阳光体育运动开展。

3. 校外场地原因

据全国第五次体育场地普查数据显示：我国现有 850 080 个体育场地，其中分布在校园的有 549 654 个，占全国体育场地总数的 67.70%；分布在机关企事业单位楼院内的有 75 033 个，占 9.2%，其他依次为：乡镇村 66 446 个，占8.18%；居住小区 39 477 个，占 4.86%；厂矿 28 198 个，占 3.47%；公园 5 712个，占 0.7%；广场 4 987 个，占 0.61%。由此可见，学生离开学校后可选择的正规锻炼场所是少之又少。一年有 50 多个双休日、2 个假期，如果此期间的阳光体育运动未有效落实，实现阳光体育运动目标将是一句空话。

综上所述，由于开展阳光体育运动正在面临着多种困境，显然会影响它的可持续性发展。只有在政府重视、领导支持、师资雄厚、场地充足、学生积极主动、家长积极配合的情况下才能提高青少年健康体质，充分体现"每天锻炼一小时，健康工作五十年，幸福生活一辈子"的科学内涵。

广东省大中学校阳光体育运动
实施过程与效果评价比较研究①

2007 年 4 月,《教育部 国家体育总局 共青团中央关于全面启动全国亿万学生阳光体育运动的通知》②发布,广泛深入地开展阳光体育运动,是全面推进素质教育的重要工作,是加强学校体育工作的战略举措③。本研究对广东省大中学校阳光体育运动实施情况进行了调查,分析了在阳光体育运动实施过程中存在的问题,提出了阳光体育运动在各级各类学校持续开展的对策。

一、研究对象

在广东省范围内抽取高校 12 所(211 工程大学 2 所),按粤东、粤西南、粤北三个区域抽取完整中学 24 所(乡镇、城区各通所)。

二、研究方法

(1) 文献资料法。通过期刊网、图书馆查阅有关文献资料。

(2) 问卷调查法。抽取上述每所学校领导(1 名)、班主任或辅导员(3 名)、体育老师(2 名)、学生家长(20 名)、学生(60 名,男、女各 30 名),共计 3 096 名,发放问卷共 3 096 份,回收 2 898 份。其中学校主管领导、班主任或辅导员、体育教师问卷回收率为 100%;高校学生家长问卷回收率为 95%(228 份),中学学生家长为 90%(38 份),高校学生为 90%(648 份),中学学生为 96%(368 份)。有效问卷总计为 2668 份,有效率达到 86.18%。

(3) 数理统计法。对所获得的数据进行统计分析。

三、结果与分析

1. 广东省大中学校实施阳光体育运动情况

(1) 校领导、班主任、体育老师、家长、学生对实施阳光体育运动的态度

由表 8-2 可知,大学与中学学校领导均支持阳光体育运动;高校班主任、体育老师、家长、学生对阳光体育运动开展的支持率均高于中学;在高校对阳光体育运动开展支持率最低的是体育老师,在中学支持率最低的是学生,这一结果出乎笔者的预料。我们通常认为,中学生家长不同意孩子多参加体育活动是因为多数家长对孩子在锻炼与学习问题上存在矛盾心理,可能不支持搞大型体育

---

① 本文发表于《河北体育学院学报》,2012 年 7 月第 4 期(刘晓辉与潘胜合作),略有改动。

② 教育部,国家体育总局,共青团中央. 关于开展全国亿学生阳光体育运动的通知[Z]教体艺[2006]6 号,2006-12-20.

③ 刘江山,刘欣石,王健. 关于构建"阳光体育运动"运行机制的思考[J]. 河北体育学院学报,2009,23(3):54-56.

活动,但事实证明多数家长对孩子健康的重要性都有了正确认识;高校大学生的自主性较强,对统一活动不感兴趣,可能会不支持开展阳光体育运动,而体育老师没有理由不支持阳光体育运动开展,其原因有待研究。

表 8-2　校领导、班主任、体育老师、家长、学生对开展阳光体育运动的态度($n=2\,668$)

调查对象		n	非常支持		一般		不支持	
			n	%	n	%	n	%
高校	学校领导	12	12	100.00	0	0	0	0
	班主任	36	33	91.67	3	8.33	0	0
	体育老师	24	18	75.00	4	25.00	0	0
	家长	228	200	87.72	28	12.28	0	0
	学生	648	500	77.16	140	21.60	8	1.24
中学	学校领导	24	24	100.00	0	0	0	0
	班主任	72	60	83.33	10	13.89	2	2.78
	体育老师	48	32	66.67	10	20.83	6	12.50
	家长	432	320	74.07	96	22.22	16	3.71
	学生	1360	860	63.24	360	26.47	140	10.29

　　(2)实施阳光体育运动的大致措施

　　由表 8-3 可知,城区中学 100% 开展阳光体育运动启动仪式,相比于高校与乡镇中学做得比较到位;75% 的高校保持了阳光体育运动良好开展,明显高于城区与乡镇中学;在有检查时应付开展阳光体育运动方面,城区中学比例较高,说明城区中学更注重面子工程;乡镇中学有一半基本不开展阳光体育运动,反映出乡镇中学对此活动重视程度不够。

表 8-3　实施阳光体育运动的措施调查($n=36$)

选项	高校($n=12$)		城区中学($n=12$)		乡镇中学($n=12$)	
	n	%	n	%	n	%
有启动仪式	10	83.33	12	100.00	10	83.33
保持良好开展	9	75.00	4	33.33	2	16.67
有检查时应付开展	0	0	6	50	2	16.67
基本不开展	2	16.67	2	16.67	6	50.00

　　(3)实施阳光体育运动主要途径

① 正常上课期间实施阳光体育运动的主要途径

青少年学生每天锻炼一小时是实现阳光体育运动目标的主要指标。正常情况下,学校实施阳光体育的主要途径是晨练、课间体育活动、体育课、课外体育活动,抓好这四个时段的体育锻炼是实施青少年阳光体育运动成败的关键。

a. 晨练。由表 8-4 可知,仅有 16.67％的高校有组织地上早操,城区与乡镇中学有组织上早操的比例也只有 50％;大学生不统一组织早操活动有其历史渊源,开展阳光体育运动后,多数学校并未有意改变此局面;城区中学寄宿制学校组织早晨锻炼比较规范,乡镇中学及非寄宿学校有一半未组织早操活动,与其上课时间安排有关;调查还发现,安排早操活动的多数学校认为锻炼效果并不理想,一方面是早操活动内容单调,另一方面学生积极性不高,出工不出力。

表 8-4　实施阳光体育的主要途径($n=36$)

组织形式		高校($n=12$)		城区中学($n=12$)		乡镇中学($n=12$)	
		n	％	n	％	n	％
早操	有组织	2	16.67	6	50.00	6	50.00
	自由活动	2	16.67	6	50.00	6	50.00
大课间体育活动	有组织	10	83.33	6	50.00	6	50.00
	自由活动	0	0.00	12	100.00	12	100.00
体育课	按国家规定	12	100.00	0	0.00	0	0.00
	未按国家规定	12	100.00	6	50.00	12	100.00
	随意挤占	0	0.00	0	0.00	0	0.00
课外体育活动	有组织	6	50.00	4	33.33	8	66.67
	自由活动	6	50.00	2	16.67		

b. 课间体育活动。调查显示,所有的高校均没有开展课间体育活动,这主要是因为学生人数多,各系学生上课地点分散,不利于统一组织活动,这也是普通高校的传统做法;城区与乡镇中学 100％均组织大课间活动,多数学校课间活动内容为广播体操和眼保健操,两所场地条件比较好的学校开展了集体舞,一所学校开展武术活动。说明阳光体育运动的开展提高了学校领导对学生体育锻炼及健康的重视,尽管大多数学校课间体育活动缺乏创新,甚至流于形式,但随着阳光体育运动的进一步开展此局面会逐渐得以改善。

c. 体育课。大中学校均能按照教育部的教学要求进行体育课的教学。80％以上的大学是按选修课的方法进行教学,即大一大二为必选课,每周上一次体育课(2 学时),教学内容根据本校的教学条件、专业分类、师资力量等开设几门不等;大三、大四开设通识选修课或俱乐部上课,学生根据自己的爱好、技术水平、健康状况、经济能力等选择一门到几门不等。中学的体育课教学不容乐观,尽管 100％的城区及乡镇中学按国家规定上体育课,但 66.67％的乡镇中学、33.3％的城区中学存在体育课被随意挤占的情况。上课质量也令人担忧,"放羊式"或"半放羊式"的体育课堂教学司空见惯,许多学校初三体育课基本上是针对中考而专门设计的。这显然与目前的应试教育有关。

d. 课外体育活动。实施阳光体育运动的目的是提高学生体质健康水平,其要求是依法保障学生体育锻炼的权利,保证学生每天锻炼 1 小时,因此仅仅靠每周两节体育课,无法实现这一要求。调查显示,有一半高校统一组织课外体育活动,仅有一所城区中学组织课外体育活动,乡镇中学均未组织课外体育活动。其原因可概括为:

运动场地、器材、设施欠缺,不具备统一组织课外体育活动的条件;体育老师数量较少,难以有效组织;辅导员、班主任工作积极性不高,多半是无偿劳动,难以责任到人;有关部门对体育课的安全问题过度重视,体育活动安全问题成为困扰校领导与体育老师的魔咒;相对于统一组织课外体育活动,学校进行课外自由活动既省事又省力,又无须过分担心安全问题,当然效果难以令人满意。这些问题得不到解决,将会影响到阳光体育运动的可持续发展。

② 离校期间实施阳光体育运动的主要途径

由表 8-5 可知,选择在居住地附近锻炼的大学生比例为 30.71％、乡镇中学学生为 24.41％、城区中学学生为 10.29％;选择社区、单位场地锻炼的大学生比例为 43.36％、城区中学学生为 25.29％、乡镇中学学生仅为 0.53％;选择俱乐部锻炼的大学生比例为 7.10％、中学生为 3.82％。在锻炼时间选择上早晨与下午为主要锻炼时间,但在离校期间不锻炼的大学生、城区中学生、乡镇中学生 66.67％的学生比例依次达到 32.41％,54.41％,67.65％。说明在离校期间大学生参加锻炼状况优于城区中学生,城区中学生优于乡镇中学生,但整体状况并不乐观,尤其是乡镇中学一半以上的学生离校后并不参加锻炼。其原因可能是多方面的,除与锻炼习惯、时间、意识有关外,与锻炼场地缺乏有直接关系。全国第五次体育场地普查数据显示①,我国现有 850 080 个体育场地,其中分布在校园的 549 654 个,占全国体育场地总数的 64.66％;分布在机关企事业单位楼院内的 75 033 个,占 8.83％;其他依次为其他地方 83 573,9.8％;乡(镇)村 66 446 个,7.82％;居住小区 39 477个,4.64％;厂矿 28 198 个,3.32％;公园 5 712 个,0.67％;广场 1 987 个,0.23％。

---

① 第五次全国体育场地普查数据公报[EB/OL]. (2005-02-03)[2011-10-18]. http://sports. sina. cn/s/2005-02-03/0912487307s. shtml.

由此可见,学生离开学校后可选择的正规锻炼场所是少之又少。学生一年有 50 多个双休日、两个假期,5 个多月的时间不在学校,如果此期间的阳光体育运动未有效落实,实现阳光体育运动目标也将是一句空话。

表 8-5　学生离校期间完成阳光体育运动目标的主要途径调查结果($n=2008$)

选项		大学生($n=648$)		城区中学生($n=680$)		乡镇中学生($n=680$)	
		n	%	n	%	n	%
锻炼场所	居住地附近锻炼	199	30.71	70	10.29	166	24.41
	附近社区、单位场地锻炼	281	43.36	172	25.29	4	0.59
	健身俱乐部	46	7.10	26	3.82	0	0
	其他地方锻炼	12	1.85	42	6.18	50	7.35
锻炼时间	晨练	143	22.07	72	10.59	112	16.47
	上午锻炼	60	9.26	30	4.41	10	1.47
	下午锻炼	164	25.31	74	10.88	82	12.06
	晚上锻炼	71	10.96	34	5.00	16	2.35
	不锻炼	210	32.41	370	54.41	460	67.65

(4)实施阳光体育运动学生运动项目选择

由表 8-6 可知,当前大学生在活动项目的选择上呈多元化状态,男生参与前 5 位的项目集中在篮球、足球、乒乓球、羽毛球、游泳;女生参与项目的前 5 位是跑步、乒乓球、羽毛球、健美操、排球。与河南省高校大学生在活动项目的选择上以跑步、篮球、乒乓球、羽毛球、跳绳为主,轮滑、健身器械类、瑜伽和网球选择较少的情况基本一致[①]。在项目选择上,城区与乡镇的中学男生尽管存在差异,但相对集中,前 5 位的分别是跑步、篮球、排球、足球、乒乓球与跑步、篮球、足球、羽毛球、跳绳;城区与乡镇的女生没有差别,项目选择主要集中在跑步、乒乓球、羽毛球、健美操、跳绳上。刘仁愍等报道[②],甘肃省中学生以球类、田径、体操作为前三位锻炼项目,中小学校园集体舞列第四,而野外活动、武术、游泳等项目在中学难以开展。由此可见,跑步、篮球、乒乓球、羽毛球、跳绳等便于开展且对场地器材要求不高的

①　王永强.河南省大学生阳光体育运动开展现状的调查研究[J].体育科技文献通报,2011,18(1):12-13.

②　刘仁愍,郭茹芳.甘肃省农村中小学开展阳光体育运动的现状调查与研究[J].运动,2010,7(3):61-63.

运动项目是中学生的主要选择,而对场地器材和师资水平要求较高的轮滑、跆拳道、瑜伽、游泳等项目中学生练习得较少。这一方面说明高校体育场地、师资力量优于中学,另一方面说明中学对某些健身性强、场地器材要求不高的项目开发不够,如武术项目,尽管要求武术进入中小学体育课堂的呼声很高,但并未有效落实。

表 8-6　学生完成阳光体育运动项目选择($n=2008$,男女生各一半)

项目	高校($n=648$)				城市中学($n=680$)				农村中学($n=680$)			
	男生		女生		男生		女生		男生		女生	
	n	%	n	%	n	%	n	%	n	%	n	%
跑步	49	15.12	125	38.58	68	20.00	56	16.47	90	26.47	96	28.24
篮球	156	48.15	22	6.79	82	24.12	22	6.47	56	16.47	32	9.41
排球	27	8.33	32	9.88	34	10.00	42	12.35	30	8.82	42	12.35
足球	117	36.11	4	1.23	68	20.00	8	2.35	56	16.47	4	1.18
乒乓球	85	26.23	124	38.27	42	12.35	34	10.00	32	9.41	62	18.24
羽毛球	91	28.09	117	36.11	30	8.82	56	16.47	62	18.24	68	20.00
网球	22	6.79	10	3.09	0	0.00	0	0.00	0	0.00	0	0.00
健美操	20	6.17	59	18.21	4	1.18	32	9.41	22	6.47	34	10.00
跳绳	7	2.16	17	5.25	18	5.29	30	8.82	36	10.59	56	16.47
武术	10	3.09	8	2.47	4	1.18	2	0.59	8	2.35	4	1.18
瑜伽	3	0.93	27	8.33	0	0.00	0	0.00	0	0.00	0	0.00
跆拳道	14	4.32	7	2.16	8	2.35	4	1.18	0	0.00	0	0.00
轮滑	17	5.25	8	2.47	8	2.35	6	1.76	0	0.00	0	0.00
游泳	92	28.40	24	7.41	6	1.76	2	0.59	0	0.00	0	0.00
其他项目	7	2.16	11	3.40	10	2.94	22	6.47	22	6.47	30	8.82

2. 广东省大中学校实施阳光体育运动的效果评价

(1) 保证学生每天锻炼一小时的效果评价

调查结果显示(表 8-7),保证每天锻炼的大学生比例男生为 8.33%,女生为 4.94%,城区中学男生为 4.71%、女生为 2.35%,乡镇中学男生为 4.71%、女生为 1.18%,也就是说包括体育课在内,90% 以上的学生不能保证每天锻炼一小时,每周保证锻炼 3 或 4 次的比例最高。聂春丽报道[①],桂林市中学生每周锻炼的频数和锻炼时间上呈现不足,一般都是以 1 周 1 至 2 次,每次 30 min 以上的

---

① 聂春丽.桂林市中学生参与"阳光体育运动"的现状调查与分析[J].运动,2010(8):77-79.

频度为主;以 1 周 3 次以上,每次 30 min 以上为次。王永强报道[①],河南省高校保证每天参加锻炼的学生仅占 2.97%,每周保证 34 次锻炼的学生占 53.42%,均呈现锻炼不足的现象。

表 8-7 各校学生每天锻炼一小时的现状调查结果(n=2 088,男女生各一半)

锻炼频次和时间		大学生(n=648)				城市中学生(n=680)				农村中学生(n=680)			
		男生		女生		男生		女生		男生		女生	
		n	%	n	%	n	%	n	%	n	%	n	%
每周锻炼次数（含体育课）	7 次	27	8.33	16	4.94	16	4.71	8	2.35	16	4.71	4	1.18
	6 次	49	15.12	38	11.73	48	14.12	32	9.41	44	12.94	28	8.24
	5 次	60	18.52	49	15.12	60	17.65	56	16.47	62	18.24	46	13.53
	4 次	75	23.15	80	24.69	68	20.00	66	19.41	70	20.59	70	20.59
	3 次	95	29.32	106	32.72	114	33.53	121	35.59	108	31.76	132	38.82
	≤2 次	18	5.56	35	10.80	34	10.00	56	16.47	40	11.76	60	17.65
每次锻炼时间	>45 min	161	49.69	120	37.04	176	51.76	156	45.88	162	47.65	134	39.41
	<45 min	163	50.31	204	62.96	164	48.24	184	54.12	178	52.35	206	60.59

平均每次锻炼时间在 45 min 以上的大学男生有 49.69%,明显高于女生 37.04% 的比例;城区、乡镇中学男女生每次锻炼时间也呈现相同趋势,最低的为乡镇中学女生仅达到 39.41%。其原因为:① 大学女生考研人数多于男生,学习相对紧张。② 大学女生性格偏静,喜欢运动的少。③ 农村中学的活动场所和体育器材缺乏,限制了学生的体育活动,而城区中学的体育设施大多好于农村中学,特别是省市重点中学。④ 与城区中学的女生相比,农村中学的女生性格更偏安静,体育活动能力偏弱。全国亿万青少年阳光体育活动要求力争用三年的时间使 85% 的学生按照学生体质健康标准,每天锻炼一小时,掌握至少两项体育技能[②]。从目前统计的数据来看,远远达不到标准。

(2) 各校实施《国家学生体质健康标准》(以下简称《标准》)的效果评价

阳光体育运动对 85% 以上的学校 85% 以上的学生锻炼目标是,要力争用 3 年时间,全面实施《国家学生体质健康标准》,做到每天锻炼一小时,达到《标准》及格等级以上,掌握至少两项日常锻炼的体育技能好的体育锻炼习惯,体质

---

① 王永强. 河南省大学生阳光体育运动开展现状的调查研究[J]. 体育科技文献通报,2011,18(1):12-13.

② 王明立. 高校"阳光体育运动"解析及实施策略研究[J]. 河北体育学院学报,2010,24(1):54-56.

健康水平切实得到提高①。实现《标准》是衡量是否完成阳光体育运动目标的标志之一,是促进阳光体育运动开展的具体抓手,也是有关部门对学校进行督促的切入点。调查表明,广东高校均实施了《标准》,城区与乡镇中学实施《标准》的学校分别占比为 83.33％,66.70％,尚未达到阳光体育运动的目标要求(表 8-8)。在测试方式上,高校均采用比较先进的仪器进行智能化测试,城区中学有80％的学校采用仪器测试,乡镇中学仅有一半学校采用智能化测试。在建立完整学生体质健康档案方面,高校达到 66.67％,优于城区中学,城区中学优于乡镇中学。纵艳芳等报道②,在《标准》下发之后,93.3％的安徽省高校实施了标准。然而,各高校在完成测报工作后,诸如建立档案、信息反馈等实施现状却不容乐观,不少高校对于《标准》测试工作仅停留在测报阶段,并未及时进行信息反馈。王宏江等报道③,近三年来四川各地中小学有效地组织了《国家学生体质健康标准》测试,但仅有半数的学校将测试结果予以公告。巫国贵等④调查发现,仅有 30.1％的高校对测试结果进行反馈及科学研究。由此可见,《标准》的实施还有很多问题需要研究与规范,尤其是如何发挥《标准》的反馈功能,及时向学校、社会、学生及学生家长反馈测试结果,提供个性化的身体健康诊断和运动处方指导,使学生能够在准确了解自己健康状况的基础上进行锻炼,对完成阳光体育运动目标具有重要意义。

表 8-8　各校《标准》实施现状的调查结果($n=36$)

调查对象	高校($n=12$)		城市中学($n=12$)		农村中学($n=12$)	
	n	％	n	％	n	％
每年均按要求完成测试	12	100.00	10	83.33	8	66.67
仪器智能测试	12	100.00	8	66.67	4	33.33
测试方式	—	—	—	—	—	—
手动测试	—	—	2	16.67	4	33.33
建立完整学生体质健康档案	8	66.67	4	33.33	2	16.67

① 中华人民共和国教育部,国家体育总局,共青团中央.关于开展全国亿学生阳光体育运动的通知[Z]教体艺[2006]6 号,2006-12-20.

② 纵艳芳,童锦,王红雨.安徽省高校"阳光体育运动"开展现状调查[J].洛阳师范学院学报,2009,29(2):123-124.

③ 王宏江,张五平.四川省中小学阳光体育工程开展现状与达标对策[J].成都体育学院学报,2009,35(9):85-88.

④ 巫国贵,刘定一.高等学校实施《国家学生体质健康标准》的现状分析[J].中北大学学报(社会科学版),2011,26(2):101-104.

四、结论

大中学校领导对阳光体育运动开展均非常支持；在辅导员（班主任）、体育老师、家长、学生对阳光体育运动开展的支持率的调查中，高校高于中学。

在保持阳光体育运动良好开展方面，高校优于城区中学，城区中学优于乡镇中学（表8-9）。

表8-9　各校《标准》测试结果统计($n=36$)

调查对象		达到阳光体育运动目标(《标准》测试结果及格率＞85％)		
		2007 年度	2008 年度	2009 年度
高校(12)	n	7	9	10
	％	58.33	75.00	83.33
城区中学(12)	n	6	8	9
	％	50	66.67	75.00
乡镇中学(12)	n	6	7	9
	％	50	58.33	75.00
合计	n	19	24	28
	％	52.78	66.67	77.78

学生在校期间开展阳光体育运动的主要途径：大学生主要集中在体育课与课外体育活动上，中学生以早操、大课间操、体育课为主。

学生在离校期间完成阳光体育运动目标的整体状况不容乐观，大学生参加锻炼状况优于城区中学生，乡镇中学生较差。

在完成阳光体育运动目标项目选择上，大学生呈多元化状态，中学生则相对集中。

在每天保证锻炼一小时的指标上，大中学生90％以上均未完成，在实施《标准》的指标上，大学明显优于城区中学，乡镇中学较差。

五、建议

进一步加强对阳光体育运动内涵及价值的宣传，真正使学校重视、社会关注、家长与学生受益。

教育主管职能部门要对各级学校阳光体育运动开展情况进行监督、管理和指导，尽快制定出各级学校阳光体育运动的评价指标体系，对阳光体育运动开展比较好的学校要进行大力宣传和推广，重点引导乡镇中学开展阳光体育运动。

各级学校要因地制宜地开展适合本校的体育活动，开发本校的特色体育活动,如开展让武术进入体育课堂的尝试等。有条件的学校可根据自身的特点建立体育俱乐部、社团等,对参加的学生可作为体育成绩量化评价的依据之一。

重视大中学生离校期间体育锻炼问题,在我国现有体育场地布局下,进一步合理科学规划学校的体育场地设施,在不影响教学秩序、正常工作的情况下,定时向社会开放,缓解社区、公园、广场体育场地不足问题。

要鼓励广大体育教师积极参与适合青少年身心特点的健身方式的开发与研究,为青少年参加课外体育锻炼提供科学有趣的练习方法,使他们养成每天锻炼一小时的习惯。

尽快出台《标准》实施情况的奖惩机制及具体办法。

第九章 《国家学生体质健康标准》管理

体质健康管理现状与存在的问题分析

一、对实施《2007 标准》的文件要求口径不统一

2006 年 12 月 20 日,教育部、国家体育总局、共青团中央联合下发了"关于开展全国亿万学生阳光体育运动的决定"(教体艺〔2006〕6 号文)[①]。文件要求从 2007 年开始,结合《国家学生体质健康标准》的全面实施,在全国各级各类学校中广泛、深入地开展全国亿万学生阳光体育运动。用 3 年时间,使 85% 以上的学校能全面实施《国家学生体质健康标准》,使 85% 以上的学生能做到每天锻炼一小时,达到《国家学生体质健康标准》及格等级以上……2007 年 4 月 4 号教育部、国家体育总局发布了关于实施《国家学生体质健康标准》的通知(教体艺〔2007〕8 号文)[②]:自发布之日起在全国各级各类学校全面实施《标准》,确有困难不能在 2007 年实施《标准》的学校,须请示上级教育行政部门,经省级教育行政部门核准同意后可以延期至 2008 年实行。由此看出,这两个几乎出自同一部门的政策性文件,出台时间相差仅 3 月余,但对各级各类学校全面实施《标准》的要求相差很大。地方学校到底执行哪个文件,实在让人费解。

实施《2007 标准》是教育部、国家体育总局积极贯彻落实《中共中央国务院关于深化教育改革全面推进素质教育的决定》以及国务院《关于基础教育改革与发展的决定》《中共中央国务院关于加强青少年体育增强青少年体质的意见》的一项重要举措。2013 年 5 月 7 日教育部发布了修订《标准》的文件(教体艺司函〔2013〕13 号文),该举措对厘清并完善《标准》评价方案具有里程碑意义。建议相关部门修改实施《标准》的政策精神,达到口径统一。

二、测试与数据上报工作积极性不高

截至 2012 年《2007 标准》已实施 6 个年头了,相关文件也发了不少,但有关

---

① 中华人民共和国教育部,国家体育总局,《国家学生体质健康标准解读》编委会. 国家学生体质健康标准解读[M]. 北京:人民教育出版社,2007:2,6.

② 陆勇军. 对高校实施《国家学生体质健康标准》测试工作的思考—基于管理学的视角[J]. 大学教育,2012,1(4):15-17.

测试管理、测试过程的问题也逐渐暴露出来,主要表现为按要求实施《标准》的学校比例较低(表 9-1)。

表 1　2005 与 2008 年全国 31 个省市自治区学校学生体质健康测试上报数据统计①

省市自治区	2005 年百分比(名次)	2008 年百分比(名次)	省市自治区	2005 年百分比(名次)	2008 年百分比(名次)
上海市	42.17%(2)	92.91%(1)	辽宁省	0.99%(21)	17.98%(17)
北京市	43.62%(1)	70.5%(2)	山东省	2.76%(14)	16.78%(18)
浙江省	16.77%(3)	57.65%(3)	安徽省	0.25%(27)	16.75%19)
江苏省	9.70%(5)	51.92%(4)	陕西省	2.99%(11)	15.2%(20)
广西	0.83%(22)	48.01%(5).	重庆市	1.02%(20)	15.09%(21)
宁夏	1.45%(18)	45.04%(6)	湖南省	2.77%(13)	14.9%(22)
广东省	7.87%(6)	33.82%(7)	四川省	1.04%(19)	14.04%(23)
贵州省	4.94%(8)	31.49%(8)	河南省	0.18%(28)	13.98%(24)
青海省	5.62%(7)	26.74%(9)	湖北省	3.36%(9)	13.01%(25)
内蒙古	0.47%(25)	26.51%(10)	福建省	0.17%(29)	10.79%(26)
河北省	2.91%(12)	21.66%(11)	黑龙江省	2.02%(15)	7.01%(27)
天津市	12.46%(4)	21.42%(12)	甘肃省	0.72%(24)	6.22%(28)
吉林省	3.19%(10)	20.93%(13)	云南省	0.44%(26)	5.88%(29)
西藏	无	20.69%(14)	新疆	无	4.84%(30)
山西省	1.79%(17)	19.02%(15)	江西省	1.84%(16)	4,73%(31)
海南省	0.77%(23)	18.26%(16)			
2005 年全国上报率:6.04%			2008 年全国上报率:25.27%		

以 2012 年全国 31 个省市自治区的学校完成《标准》测试上报的数据看出②,一半的省份上报率低于 60%,北京市仅完成 8.60%(表 9-2),令人惊讶。对今后《标准》能否继续实施下去,应该打个问号。

---

　　①　中华人民共和国教育部,国家体育总局,《国家学生体质健康标准解读》编委会.国家学生体质健康标准解读[M].北京:人民教育出版社,2007:2,6.
　　②　王茂琼,张启迪,钟卫刚等.高校《国家学生体质健康标准》实施中存在的问题及对策[J].成都体育学院学报,2009,35(5):82-84.

表 9-2 2012 年度全国各省市自治区完成测试的学校上报情况百分比统计表

省市自治区	上报百分比
上海、海南、浙江	＞90.00％
天津、江苏、安徽、福建	80.00％～89.99％
湖北、宁夏、甘肃	70.00％～79.99％
江西、内蒙古、山西、陕西、山东、河北	60.00％～69.99％
重庆、广西、四川、贵州、广东、青海	50.00％～59.99％
新疆、辽宁、河南、云南、湖南、吉林、西藏、黑龙江	＜40.00％
北京	8.60％

三、已完成测试的学校对相关文件精神执行不到位

主要表现为：① 学生的测试成绩不及时公布或根本不进行反馈；② 不合格学生（总评低于 50 分）未按肄业处理；③ 没有执行各项奖励与降低分数的条款，没有执行测试成绩达到良好及以上者，方可参加三好学生、奖学金评选以及成绩达到优秀者，方可获体育奖学分的要求。

四、测试过程监督不力

① 在测试工作中老师不认真负责，不能有效控制测试现场，甚至随意脱离岗位；对漏测学生不补测，而是编造合格或优秀数据。② 学生弄虚作假。主要表现为，冒名顶替；故意增加或减轻体重；双手或依靠身体测试握力；立定跳远连跳或两名同学协作；台阶实验测试故意放慢节奏或休息等。朱小军[①]对南通市三所高校学生测试过程的监督调查发现，有 39.96％的学生有过代测或违规，测试过程中出现作弊或违规操作并非个别现象。

五、测试的整个时间跨度不统一，难于控制

我国地域辽阔，不同学期、同一学期的不同时段气候差别较大，环境温度对测试结果影响严重，总终数据失去横向比较价值。

六、部分学校虚报测试数据

教育部近几年对高校开展了"本科教学工作水平评估"，其评估指标体系规定：学生《标准》的合格率 97％以上等级为 A。在已经通过教育部评估的 589 所高校中，所有学校的《标准》合格率都超过了 97％，顺利通过了评估。然而在我们考察的 28 所高校中，有 17 所合格率低于 97％，评估时上报的数据是经过人工修改的。按这一比例粗略计算，589 所高校中可能有 357 所高校的数据是不真实的。

---

① 朱小军.南通市高校《国家学生体质健康标准》测试过程比较研究[J].湖北体育科技,2012,31(6):728-729.

七、教育部对上报数据缺少反馈

对未完成测试的学校缺乏约束与责任追究,减弱了未实施《标准》学校及领导的心理压力,导致测试工作边缘化。

八、体质健康测试网站存在着较大的缺陷

刘菁[1]指出,有 27.43％的学生不能查到个人的体质健康测试成绩,即便是能查到个人体质健康测试成绩,72.57％查不到近几年来个人体质测试成绩对比较。39.72％的学生认为体质健康测试网站提出一些简单的日常锻炼作用不大。

九、缺乏对体质弱势群体必要的管理和干预

刘菁[2]指出,大多数高校都缺乏对体质弱势群体必要的管理和干预,而仅仅只将重点放在体质健康评价和测试,在针对学校是否针对体质弱势群体开展专门的课外体育指导的问卷调查时发现 52.22％的学生表示没有指导。

基于此提出如下建议:

(1)加强实施《标准》的法律制度建设,尽管《标准》测试要求已纳入教育法、体育法、学校体育工作条例范畴,但它们均是母法,缺少对实施《标准》的具体法律条例规定,无形中减弱了对实施《标准》诸多具体环节的约束。

(2)对未能完成测试的学校应查明原因,解决问题,对无故不执行《标准》的学校应给与处理与责任追究。

(3)在《标准》中增加对测试学生舞弊行为的具体处理意见或法律条文。

(4)在《标准》中增加对老师、数据管理员修改数据、虚报数据的具体处理意见或条文法律。

(5)严格执行《标准》中规定的各类学生评奖、评优、毕业、体育加分等所应达到的测试结果等级条件。

(6)凡涉及提交《标准》测试结果等级的证明材料,如本科教学水平评估、新增专业评估、高水平运动队申报等应以上报到教育部数据库的最终数据为准。

---

① 刘菁.新形势下高校体质健康测试后续服务与管理研究[J].文体用品与科技,2019(3):192-193.

② 刘菁.新形势下高校体质健康测试后续服务与管理研究[J].文体用品与科技,2019(3):192-193.

我国在校大学生健康管理模式构想

　　健康管理,就是针对健康需求对健康资源进行计划、组织、指挥、协调和控制的过程。主要有 2 个目标,28 个重点领域和 467 项健康指标,2 个主要目标是提高健康生活质量,延长健康寿命、消除健康差距。在 467 项健康指标中,有 10 项是重点健康指标,包括运动、超重及肥胖、烟草使用、精神健康和医疗保健覆盖率等[①]。

　　现代健康管理的理念和实践最早出现在美国,因为当时美国正面临着无法遏制的医疗费用增长和健康对后工业化时代生产力压力的双重挑战[②]。最初,健康管理被应用于保险行业,他们发现有近 80% 的医疗支出用在了治疗那些可以预防的疾病上,这就意味着即使很小的健康改善就可节约大量的直接医疗费用。据有关研究发现,如果在健康管理方面投入 1 元钱,则可减少 3～6 元的医疗费用,且这种回报是持续的。如果再加上工人提升工作效率、学生提高学习效率等方面的回报,则实际效益更大。美国政府对学生健康也十分关注,其学校的健康模式历经了"体育卫生模式—健康教育模式—健康促进模式"三个阶段。体育卫生和健康教育虽然对学生的健康状况有着重要的影响,但由于二者主要是学校内的一种教学活动,学生的健康则受到各种因素的综合影响,如不实现动态的全方位管理,体育卫生和健康教育很难取得应有的成效。在这种背景下,健康促进模式便逐步产生了[③]。

　　健康管理在中国出现较晚,实践应用先行于理论研究。2001 年,国内第一家健康管理公司注册,2005 年,国家职业健康管理师设立,2006 年,以健康管理为主题的各类会议、论坛、培训逐步增多。国家卫生部也颁布了预防性诊疗服务规范,将健康产业(非医疗性服务)的主题定为健康管理,银保监会及劳动和社会保障部都明确了健康管理为医疗保险风险控制的有效策略,这些政策都为开展健康管理服务指明了方向。

　　新中国成立后,党和政府就非常重视青少年的健康问题,并在历次重要会议中强调了健康在增强人民体质、保障社会主义事业建设中的重要作用。《中共中央 国务院关于深化教育改革全面推行素质教育的决定》中也指出:"健康体

---

　　①　黄建始.什么是健康管理[J].中国健康教育,2007,23(4):298-300.
　　②　段志光.医学人文学导论[M].石家庄:河北人民出版社,2008.
　　③　黄建始.美国的健康管理:源自无法遏制的医疗费用增长[J].中华医学杂志,2006,86(15):1011-1013.

魄是青少年为祖国和人民服务的基本前提,是中华民族旺盛生命力的体现。"由此可见,在学校中推行健康管理,以提升学生健康水平是符合我国国情、符合社会发展需要的。但遗憾的是有关这方面的研究较少,如何借鉴国外健康管理经验,探讨符合我国实际的大学生健康管理模式是当务之急,并提出该模式构想为:

一、收集健康信息,建立健康档案

1. 一般身体检查资料档案

(1)生长发育指标:可以从形态、机能方面评判,测定的方法和评价标准可以参考《国家学生体质健康标准》《中国人肥胖指南》。包括身体形态指标:身高、体重、坐高、胸围、身体质量指数、身体成分、躯干和肢体围度等;一般身体机能指标有:安静心率、血压、肺活量、最大心率和最大摄氧量。

(2)一般医学指标检查资料档案:血液指标、尿液指标、胸透、普外检查、五官检查、B超、心电图等检查结果收集。

2. 诊断性检查与特殊疾病筛选档案

(1)高校学生常见疾病诊断与筛选

① 肺结核

肺结核为高传染性疾病,通过接种疫苗及世界免费治疗,该病基本得到控制。文献报道[①],北京某高校 2004—2007 年新发活动性肺结核病例 52 例,年发病率分别为 128.37/10 万、105.45/10 万、99.56/10 万、61.00/10 万,呈降低趋势,但全国感染过肺结核病菌的超过 5 亿人。

② HBV 感染

我国属 HBV 感染高流行区,社会人群中的 HBsAg 中携带率约 10.0%,患者及无症状 HBV 携带者约 1.2 亿[②]。2004 年 4 月,在杭州举行的全国病毒性肝炎防治研讨会上报道我国的 HBV 携带率为 9.75%,大学新生 HBsAg 携带率平均为 4.56%,明显低于某地区有关 9.09% 报道[③],但学校是易感人群集中场所,做好入学新生乙肝疫苗的预防接种和开展乙肝防治工作不可忽视。

③ 心理疾病诊断

针对某些心理障碍的测量,主要量表有艾森克人格问卷(FPQ)、明尼苏达多相人格调查表(MMPI)、卡特尔 16 项人格测验(16PF)等;针对临床疾病诊

① 江新,贺刚,刘玫,等.北京某高校 2004—2007 年大学生肺结核发病状况调查[J].华南预防医学,2009,35(2):75-77.

② 刘萍.卫校在校学生 HBV 感染情况的调查[J].现代医药卫生,2006,22(22):3538-3539.

③ LIANG X F,CHEN Y S,WANG X J,et al. A study on the sero-epidemidojy of hepstitisb in Chinese population agedover 3-yearsdd[J]. Chinese Jorunal of Epidemiology,2005,26(9):655-658.

断,常用的有 H-R 神经心理成套测验及各种精神卫生评定量表,如 90 项症状自评量表(SCL-90)、焦虑自评量表(SASS)、抑郁自评量表(SDS)等。[①]

(2) 亚健康诊断与筛选:根据不同研究者的报道可归纳为以下几种:

a. 慢性疲劳综合征(CFS)症状标准诊断法[②]。其诊断标准有以下具体内容:主要诊断标准:① 持久或反复发作的疲劳,持续在 6 个月以上,充分休息后疲劳症状仍不能缓解;② 根据病史、体征或实验室检查结果,可以排除引起慢性疲劳的各种器质性疾病。体征标准:① 低热;② 咽部充血,但无明确扁桃体炎症;③ 可触及小于 2 cm 的颈部淋巴结肿大或压痛;④ 未发现其他引起疲劳的疾病体征。

b. 心理功能衰退指数(MDI)健康评估法[③]:它包括对心脑血管疾病监测及中风预报、恶性肿瘤征象提示、脏器病变提示、血液及过敏性疾病提示、体内污染测定、内分泌系统检查、肢体损害探测、服药效果探测等躯体性指标以及近年来增加的心理、社交障碍指标等。

c. 亚健康诊断仪[④]:其主要性能是用于诊断受检测者的生命整体情况、精力的储备、人体的反应能力,并对疾病做出预测。

d. 问卷评定量表调查法:这种方法在评价亚健康方面比较常用,现今已有多个针对亚健康进行评估的量表。其中应用比较广泛的有康奈尔医学指数、综合心理评定量表 SCL-90,SF-36 等几个量表。

e. 传统中医诊断:在古老传统的中医文化与现代科技紧密结合基础之上诞生的现代中医诊断技术,以中医整体观和辨证论治原则为指导,以中医四诊(尤其是舌诊、脉诊)的信息化、数字化、标准化研究为主要内容,充分利用计算机、信息采集分析、数据挖掘等现代科技手段进行人体生命复杂信息的采集、分析与处理。

3. 运动能力测试与评价

(1) 一般身体素质测试

它包括力量、耐力、灵敏、柔韧性、协调能力等。国民体质调查方法中成人采用的指标包括 8 项:坐位体前屈、握力、纵跳、闭眼单足立、俯卧撑、一分钟仰

① 陈君石,黄建始.健康管理师[M].北京:中国协和医科大学出版社,2007.

② 陈清光,许家佗亚健康状态及其客观评价与量化诊断的研究概述[J].上海中医药大学学报,2011,25(1):79-82.

③ 江玉华.心理咨询结合运动疗法对大学生心理健康的实验干预研究[J].西南民族大学学报(人文社科版),2009,217(9):254-256.

④ 江玉华.心理咨询结合运动疗法对大学生心理健康的实验干预研究[J].西南民族大学学报(人文社科版),2009,217(9):254-256.

卧起坐、反应时、10 m×4 往返跑。

(2) 运动负荷实验

主要是心肺运动试验[1],它所强调的是人体在运动状态下的反应,通过监测运动时人体的一些生理参数指标,可全面综合地评价心肺、神经骨骼肌肉在运动负荷下的功能情况。

a. 综合反映心肺功能肌肉细胞摄氧能力的指标:① 最大摄氧量(VO_2 max):是指细胞最大的摄氧能力,一般等同于最大运动状态下的 VO_2(VO_2 peak)。凡是影响到血液系统中氧携带能力的(血红蛋白,氧分压等)、心功能循环状态的(心率,每搏输出量等)、组织摄氧能力的(线粒体密度及功能,组织血液灌注等),均可导致 VO_2 max 的下降,以用最大公斤摄氧量(VO_2 max/kg)表示,其正常值为 30~50 mL/(kg·min)。② 无氧阈(anaerobic threshdd,AT):又称乳酸阈或通气阈,是机体细胞需要通过无氧代谢来增加供能开始时的摄氧量,正常应大于 VO_2 max 的 40% 以上。影响因素基本同 VO_2 max 相对 VO_2 max 而言,AT 更能反映肌肉线粒体利用氧的能力。

b. 反映心功能的指标:① 最大心率(HRmax):正常值应大于年龄预计值的 90%(年龄预计值=220-年龄)。② 血压:一般随着运动量的增加而增高,但运动最高时不超过 220/90mmHg,若随着运动量增加反而下降,则往往预示有严重的心功能的障碍。

c. 反映肺功能的指标:① 肺通气功能的指标:常用的有潮气量(VT),极量运动时的分钟通气量(VE-max),呼吸频率(f),通气储备(VR)等,一般在最大通气量时 VT 不超过肺活量(VC)的 60%,f 不超过 60 次/min。VR 则反映最大运动时的呼吸储备能力。② 肺换气的指标:CO_2 通气当量(VE/VCO_2),正常随着运动强度的增加而增加,处于 AT 时应<34,最大运动量时<36;肺泡与动脉氧分差[P(A-a)O_2],休息状态下<10 mmHg,随运动量的增加而增加,但不超过 35 mmHg;呼吸交换率(RER),即为 VCO_2/VO_2 的比值,若大于 1 已表示存在乳酸酸中毒或高通气状态,大于 1.15 则提示已达到最大运动量氧脉(VO_2/HR),反映每搏氧摄取量等。

(3) 运动禁忌提示

a. 绝对禁忌证:心力衰竭;严重心律失常,包括室性、室上性心动过速、多源性早搏;不稳定型、增剧型心绞痛;近期急性心肌梗死;急性心包炎、心肌炎、室壁瘤、主动脉瘤;先天性心脏病等器质性心脏病;严重的未控制的高血压(超过

---

① 周巍,秦慧,李燕芹.心肺运动试验在临床疾病中的应用进展[J].中国康复医学杂志,2007,22(10):956-958.

28.0/14.7 kPa);全身性急性炎症、传染病等。

b. 相对禁忌证:主动脉瓣狭窄或严重阻塞型心肌病、肺动脉高压、心脏明显扩大,并伴有其他心功能不足,完全性房室传导阻滞及高度窦房传导阻滞,频发室性早搏呈联律、应激综合征;严重肝肾疾病、贫血及未控制的糖尿病、甲亢、骨关节问题影响运动时,等等。

4. 生活方式调研

生活方式和体力活动的信息收集可以采用问卷调查,问卷设计依据卫生部内部发行的《生活方式危险因素社区干预手册》。

二、健康需求评估

健康需求评估是综合个人生活行为、社会环境、生理心理诸多因素的前瞻性、个体化的定性与定量相结合的分析[①]。通过评估使求询者能了解自身当前较为全面的健康相关信息。另外,整理评估结果并收入健康档案,可为以后的健康管理提供参考。

(1)生理健康评估:以医学检查所得的各项指标如血压、血糖、肝功能等与正常值进行比较,以此判定个人生理健康程度。

(2)心理健康评估:主要通过症状自评量表(SCL-90)进行评估。SCL-90症状自评量表涉及多方面心理健康问题,包括思维、情感、行为、人际关系等内容,是反映心理健康水平较灵敏、有效性较好的量表[②]。

(3)家庭评估:采用家庭亲密度与适应性量表中文版来评估家庭的亲密度和适应性,该量表主要评价家庭两方面的功能:亲密度,即家庭成员之间的情感联系;适应性,即家庭体系随家庭环境和不同发展阶段而改变的适应能力[③]。

(4)社会适应能力评估:采用社会支持评定量表进行评价,该量表用于测量个体社会关系的 3 个维度:有客观支持(即患者所接受到的实际支持),主观支持(即患者所能体验到的或情感上的支持)和对支持的利用度(支持利用度是反映个体对各种社会支持的主动利用,包括倾诉方式、求助方式和参加活动的情况)3 个分量表[④],总得分和各分量表得分越高,说明社会支持程度越好。

---

① 高鸣,成科扬.大学生网络游戏沉迷分析及有效干预[J].中国高等教育,2007(21):26-29.

② 冯志坚,傅建霞.江苏省大学生体质健康影响因素的 logistic.回归分析[J].体育科研,2010,31(3):92-95.

③ 张晓玲,吕晓华,全立明,等.大学生饮食与运动现状研究[J].现代预防医学,2010,37(5):826-827,830.

④ 晏渠如,龚媲姝.大学生营养知识、态度与膳食行为的调查[J].现代预防医学,2008,35(3):520-524.

三、健康干预措施

1. 健康教育干预

健康教育是通过有计划、有组织、有系统、有评价的教育活动，促使人们自觉地采纳有益于健康的行为方式，消除或减轻影响健康的危险因素，预防疾病，提高健康水平。其目的是提高大学生健康知识的知晓率与健康行为的形成率，促使人们自觉地采纳健康行为。健康教育是解决健康自我管理如何做的问题，作为卫生保健的战略措施，已得到全世界的公认。针对大学生群体的健康教育方法可选择网络平台、QQ 留言、飞信等现代通信手段发送健康知识及信息；也可通过讲座、黑板报、宣传栏、收看电视等传统方式对大学生进行健康知识教育；同时，通过开设通识课使健康教育进入大学生课堂也是大势所趋。其内容以运动学、养生学、运动人体科学、医学、营养学、心理学等为主。

2. 运动干预

（1）运动种类的选择：根据自身身体现状，以选择低强度有氧耐力性运动为主，如：快走、慢跑、自行车、活动平板运动、有氧舞蹈、健美操、太极拳、八段锦、五禽戏、医疗体操、各种养生气功等，此类运动对于改善、提高心血管机能水平，预防心血管疾病，或心血管疾病康复等都有积极作用；以力量、速度等高强度项目为辅，如：各种哑铃、杠铃、弹簧、橡皮筋等阻抗法，短距离冲刺跑、蛙跳、跑跳台阶或楼梯等，此类运动对增强人体各部位肌肉力量以及心血管病人恢复肌力有积极作用。

（2）运动时间的确定：运动时间指每次运动持续的时间，是组成运动量的重要因素。在强度确定的情况下，运动时间过短，对机体产生不了作用，达不到应有的效果；时间过长，又可能超过机体的承受能力，造成疲劳积累而有害身体。应该强调，为获取健康益处所必需的运动时间和强度与获取运动机能能力提高以至达极限水平的运动时间和强度是不同的。对于一般人来说，心血管运动处方较适宜的运动时间至少应在 15 min 以上。库拍研究认为，心率达到 150 次/min 以上时，所持续运动的最少时间必须在 5 min 以上才开始产生效果。据研究，每次运动持续 20～60 min 对于提高心血管系统机能和有氧工作能力较适宜。

（3）运动时间带的确定：运动负荷的时间带是一天中什么时候进行运动（早晨、上午、下午、晚上等），特别是饭间隔时间和运动开始时间的时间带是很重要的。一般认为，饭后 1～2 h 开始运动比较合理，对于健康大学生运动时间带无严格要求，对高血压患者运动的时间带避开早、晚为好，其理由是脑出血的发病有早晚多而白天少的倾向。

（4）运动时间频度的确定：运动的频度通常指每周体育锻炼的次数。体育运动的效果,是在每次运动对人体产生良性作用的逐渐积累中而显示出来的,是一个量变到质变的渐进过程。结果发现,每周锻炼少于 2 次时,最大摄氧量不引起变化;每周锻炼多于 3 次,最大摄氧量增加与每周锻炼 3 次没有明显差别。如果以健身或康复为目的,一般人的运动频度应以每周 3 次以上为适宜,同时还应结合每次运动的强度、持续的时间、个人的身体恢复情况以及对运动的适应能力等因素综合考虑。

3. 生活方式干预

据世界卫生组织报告[1],在慢性病形成的原因中,遗传因素只占 15%,社会因素占 10%,气候因素占 7%,医疗条件占 8%,而个人的生活方式占 60%,这说明不良生活方式是影响人类健康的主要原因。对大学生来讲,建立健康科学的生活习惯至关重要。健康的生活方式包括合理饮食、戒烟限酒、作息规律、适量运动、充足睡眠。合理饮食,要保证三餐(特别是早餐)营养全面均衡,食物多样,限制碳酸类饮料的摄入,增加蔬菜、高蛋白食物比例。适当控制体重,不超过标准体重的 20%,抽烟及过量饮酒对身体危害极大,对大学生进行戒烟限酒教育意义重大。按时作息,少熬夜,保证充足的睡眠,减少网络生活时间。在运动方面,保证不低于每周 3 次,每次持续 30 min 以上的体育锻炼。

4. 心理干预

心理健康是《维多利亚宣言》提出的健康四大基石之一[2],保持良好的心理状态对身体健康有着重要的作用。针对大学生人群易出现的心理状况应进行如下干预:① 对健康麻痹大意心理的干预。多数大学生自以为年纪轻,身体壮,身体不会出现大毛病,即使检查出小毛病也是以漠不关心、无所谓的态度对待。针对大学生这种心理首先要唤起来他们对疾病与健康的重视,使之认识到预防疾病的重要性以及保持健康的重要性,在如何改善和注意事项上给予正确的理论引导,在制定健康计划及实施上给予实践方法上的指导,并配合有效的监督措施。② 大学生焦虑、紧张、恐惧心理的干预。一些大学生,发现自己检查出来具有患病的潜在性或者已经处在某种疾病较严重期,心理上无法应对,终日担心个人的学业、将来工作、家庭、成就等,久而久之产生焦虑、恐惧心理。采取的措施是心理辅导及医学上的答疑解惑,使其注意力从惊慌、恐惧中解脱出来,重新调节机体的生理状况,保持乐观情绪,轻松愉快地接受治疗及有计划的健康锻炼,以达到防病治病、强身健体的目的。

---

① 李甜,郜玉珍.中青年冠心病患者社会支持状况及相关因素的研究[J].中国民康医学,2008,20(9):951-952,954.

② 周艳芳.中年高血压病患者心理辨证护理[J].河北中医,2006,28(3):223.

5. 社会干预

由于大学生生活节奏快、学习压力大、就业困难等因素,造成大学生人群时刻处于精神紧张之中,加之网络、媒体等宣传渠道的生活化,使原本未担当社会角色的大学生,提前融入社会大家庭。部分学生开始筹划未来、规划蓝图,加之本来学业繁重,导致部分人对健康漠不关心、对疾病及预防不予重视,甚至没有时间及精力顾及自己的身体。因此,社会干预对大学生也非常重要。首先,帮助他们建立"身体是革命的本钱""健康需要管理"的理念;其次,提示健康管理是需要时间、精力、方法、医疗等保障作为成本的。提前了解社会、融入社会本身没有错,但能够快乐学习、愉快生活、保持健康的身体也非常重要。

6. 药物干预

针对大学生群体的某些疾病,遵从医嘱,坚持合理、长期用药是必须的,对疾病的控制及将来健康是有帮助的。

四、干预效果评价及反馈

(1) 效果评价:实施干预措施三个月后,可进行医学指标、身体机能指标对比测试(保证测试时间、指标、环境、人员、场地等前后一致),根据测试结果,结合健康需求,给予干预效果的定性或定量评分。

(2) 反馈:根据评价结果,结合干预过程及细节,分析影响干预效果的主要因素,提出针对性反馈意见。据此,修订干预措施及方案,此过程需反复进行,尽量保证措施及方案的科学性。

五、健康管理组织机构设置

(1) 主管领导:一般而言,由分管学生工作的校长(院长)担任。其主要职责是审核工作计划和资金预算,听取健康管理工作情况报告,提供相关政策支持。主管领导应该了解和熟悉大学生健康管理的工作内容及其对大学生身心健康的现实、深远意义,具有较强的决策能力。

(2) 成立执行机构:执行机构是指具体负责操作和运行计划的机构,即大学生健康管理中心。人员组成为:健康管理师、校医院医务人员、学生处工作人员、体育系(部)相关专业人员各一名,以上人员可专职或兼职。另根据需求,可邀请一名第三方健康管理公司业务人员加盟。执行机构的职责是执行健康管理计划中的每项工作,将计划的意图付诸实施,开展活动,实现目标。同时执行机构有责任向主管领导汇报工作情况,听取和接受领导的意见。

(3) 建立部门的合作关系:大学生健康管理是一项系统工作,需要学校多个部门的合作。健康管理师提供整体健康管理工作方案;校医务部门协助收集大学生健康的基本信息及健康需求;体育专业教师研制运动处方及监督实施;第三方健康管理公司协调医院诊治及医疗保险赔付;协同的监督、评价、反馈、修订。

六、保障制度与政策监督

任何健康管理活动的开展及目标,均需要有相关政策的支持。大学生健康管理政策的内容应包括:敦促建立管理型医疗保险制度[①]、学校关于开展大学生健康管理费用的政策;学校保证运动处方的开发、评估及实施所需的仪器、场地等资源政策;大学生开展健身活动效果、评价、监督、奖励政策;学生医疗保险费用及企业赞助费的合理使用政策;学校健康教育的开展渠道及有关专业教师的培训、引进政策;学校制定健康筛查及特殊群体健康跟踪政策;学校对急救规定及相应政策;学校控制急性传染病及实施封闭管理的政策;学校处理偶发事件政策;等等。

以运动为核心的健康管理研究

健康管理是针对健康需求对健康资源进行有计划有组织地指挥、协调和控制的过程。在这里健康需求可以是一种健康风险因素,如高血压、运动不足、生活方式不良、肥胖;也可以是一种健康状态,如糖尿病、高血脂、中风或老年痴呆。健康管理的手段是对健康风险因素进行全面分析及量化评估,或对干预过程进行监督指导[②]。

20世纪70年代,随着美国医疗保险业的发展及医疗模式改革,健康管理作为一门学科和产业在西方国家迅速发展。目前,由美国政府制定的全民健康管理计划已进入了第2个10年阶段,主要有2个目标、28个重点领域和467项健康指标。2个主要目标是提高健康生活质量,延长寿命,消除健康差距。在467项健康指标中,有10项是重点指标,包括运动、超重及肥胖、精神健康和医疗保健覆盖程度等[③]。21世纪初健康管理进入中国,但有关这方面的研究处于刚刚起步阶段,特别是有关运动疗法对大学生健康管理影响的研究成果较少。本文在借鉴美国健康管理内涵及理念的基础上,结合我国大学生健康现状及运动疗法研究成果,对大学生实施以运动为核心的健康管理的必要性、可行性及路径进行了分析和思考。

一、我国大学生实施以运动为核心的健康管理的必要性分析

随着信息产业的快速发展,网络几乎成了大学生课堂与业余生活的重要内

---

① 石祥.关于建立大学生管理型医疗保险制度的思考[J].中国初级卫生保健,2011,25(1):20-22.
② 黄建始.什么是健康管理[J].中国健康教育,2007,23(4):298-300.
③ 黄建始.美国的全民健康管理[J].中国医疗前沿,2007(3):16.

容,长时间上网(尤其是智能手机的推陈出新)导致运动时间不足("过逸")给大学生的身心造成很大的影响,突出表现在以下几个方面:

1. 生活方式不良

(1) 网络成瘾

据有关调查发现,有 55.19% 的高校大学生曾玩过网络游戏,其中男生的比例高于女生,分别为 67.15% 和 34.14%,其中有 17.16% 的学生沉迷网络游戏。其中,每周玩 5～6 次的比例为 16.8%,每周玩 3～4 次的有 17.2%;有半数的角色扮演游戏玩家;每次玩游戏花费 8 小时以上的玩家占 14%[①]。《中国青年报》社会调查中心与新浪校园合作的调查也显示,约有 76% 的大学生网民将网络游戏作为他们生活的组成部分,每天的游戏时间在 3 小时以上的比例占 30%。2005 年新闻出版总署发布了《网络游戏防沉迷系统开发标准(试行)》,以 3 小时作为标尺,累计 3 小时内的游戏时间为"健康游戏时间";超过 3 小时而不到 5 小时的时间为"疲劳时间",而超过 5 小时则为"不健康时间",从政策层面为我们提供了防御系统建设的依据。

(2) 饮食不规律

有学者[②]针对江苏省大学生将单因素 logistic 回归分析筛选有意义的 19 个指标纳入多因素 logistic 回归模型进行分析,总共有 9 个指标进入多因素模型,具体结果为:随着学生年级增加,其体质健康水平有增加的趋势,每增加一级其不及格的风险性为原来的 0.216 倍;女大学生相对男大学生健康,其不及格的风险性为男生的 0.336 倍;经常吃早餐的学生是不吃早餐学生健康危险性的 0.905 倍;无控制节食的是有控制节食健康危险性的 3.536 倍;容易感到孤独的人其健康风险性为不感到孤独的人 1.432 倍;从不受他人攻击虐待其健康风险性是受他人攻击虐待者的 0.160 倍;吸烟天数越长、看电视时间越长其健康风险性越增加;看色情书籍的健康风险性也在增加。对四川大学的调查表明[③]仅 50.8% 的学生每天保证吃早餐;78.4% 的学生不能保证每天都摄入蛋类。肉类和零食的摄入普遍,男生吃肉较女生多,而零食主要集中在女生;29.4% 学生经常饮用碳酸饮料;52.6% 的学生有挑食的习惯[④]。大学生对早餐选择的随意性、简单性及爱吃零食、偏食、挑食等膳食问题已成为影响大学生健康的风险

① 高鸣,成科扬.大学生网络游戏沉迷分析及有效干预[J].中国高等教育,2007(21):26-29.

② 冯志坚,傅建霞.江苏省大学生体质健康影响因素的 logistic 回归分析[J].体育科研,2010,31(3):92-95.

③ 张晓玲,吕晓华,全立明,等.大学生饮食与运动现状研究[J].现代预防医学,2010,37(5):826-827,830.

④ 晏渠如,龚媲姝.大学生营养知识、态度与膳食行为的调查[J].现代预防医学,2008,35(3):250-254.

因素。

2. 运动不足

（1）运动强度不足

张晓玲等[①]针对四川大学 900 名本科生的调查发现：大强度活动的天数均为 1 d 左右，与每周上 1 次体育课对应；男女生一天步行与骑车的时间大致相当；调查对象平均每天的静坐时间约为 4.5 h；男生平均每天静坐的时间长于女生。

（2）锻炼次数、时间较少

对宁波市高校大学生体育锻炼的调查表明[②]，有 39.6％和 28.3％的大学生每周参与课外体育锻炼次数仅为 1 次和 2 次，有 14.7％的大学生不参加课外体育锻炼。王政等[③]对苏州地区肥胖大学生课外体育锻炼行为的调查表明：在肥胖大学生中，每周参加一次课外体育锻炼的占 25.79％，1～2 次的占 45.60％，2～3 次的占 15.41％，3 次以上的占 13.20％。每次锻炼时间在 30 min 以上的占 61.64％，而在 30 min 以下的占 39.36％，从减肥生理机制角度讲，锻炼持续时间较短，难于起到减肥作用。据蒲鹏报道[④]，在被调查者中，不主动参与体育锻炼的占 39％，坚持每周锻炼 3 次以上的仅有 15％，有 54％的被调查者反映平均每次的锻炼时间在 30 min 以内，一般正常的体育运动时间应保持在 60～90 min，而 30 min 仅仅可能完成运动前的热身活动，这也说明学生在参与体育运动的过程中，运动时间过短。

3. 劳损性颈椎、腰椎发病比例增大

北京中医药大学刘刚教授的研究发现，大学生"过劳"与病易被忽视，且发病比例剧增。陈香仙等[⑤]针对 1500 名学生调查，有 842 名大学生为可疑颈椎病患者，占总抽检人数 56.13％，有 410 人患有颈椎病，发病率为 27.33％；病程在 0.5～12 年之间。有学者[⑥]对上海师大学生调查结果显示，大学生颈腰椎发病

---

① 张晓玲,吕晓华,全立明,等.大学生饮食与运动现状研究[J].现代预防医学,2010,37(5):826-827,830.

② 汪晓鸣.宁波市高校大学生课外体育锻炼现状与影响因素研究[J].浙江体育科学,2010,32(1):57-59.

③ 王政,戴福祥.苏州地区肥胖大学生课外体育锻炼行为的调查与分析[J].苏州大学学报(自然科学版),2009,25(1):90-94.

④ 蒲鹏.大学生体育锻炼情况的调查与研究[J].中国科教创新导刊,2009(7):206.

⑤ 陈香仙,余华龙,崇玉萍,等.对大学生颈椎病与运动处方干预研究[J].北京体育大学学报,2008,31(11):1518-1520.

⑥ 冯志坚,傅建霞.江苏省大学生体质健康影响因素的 logistic 回归分析[J].体育科研,2010,31(3):92-95.

率从 1995 年的 4.45％发展到 2001 年的 21.26％,且发病率随年级增长而增长。朱贤英等对 8 000 名学生进行检查,诊断结果有 1 339 例患有颈椎病,占总抽检人数 16.74％。

4. 心理健康问题凸显

1998 年,国家教委对全国 12.6 万大学生进行心理健康抽样测试调查,结果表明[①]:大学生心理疾病患病率达 20.23％;近年来有位教育工作者对北京 16 所高校的调查也表明,在本科生中因精神疾病休学的人数占因病休学总人数的 37.9％;因患心理疾病被迫退学的人数占因病退学总人数的 64.4％,均居首位。杨雪花[②]对 3 744 名大学新生调查,共检出有抑郁症状的学生 113 名,检出率为 3％,轻度抑郁的检出率为 2.2％,中度抑郁检出率为 0.64％,重度抑郁检出率为 0.16％。最近的流行病调查统计结果显示[③],催患抑郁症的大学生达到在校大学生总人数的 35％,抑郁症越来越"偏爱"高学历人群。

5. 大学生肥胖群体快速增长

我国从 1995 年开始,大学生肥胖呈现出快速增长的势头,2005 年,城市及农村组大学生分别达到 20.96％和 13.10％。2005 年的统计数字显示,城市男女生超重及肥胖的比例已接近或达到欧美各国中小学学生 1997 年的水平,同时也接近日本成人 2003 年的水平[④]。倘若从现在起不采取有力预防措施,我国将以比欧美日等发达国家更快的速度出现肥胖和超重的成倍增长,从而影响新一代人的健康和将来的生活质量。李明等[⑤]报道,西安市青少年总超重肥胖率为 17.4％(超重率 11.2％、肥胖率 6.2％),其中男性总超重肥胖率为 20.2％,女性为 14.4％。

6. 亚健康比例居高不下

一项研究[⑥]以整群抽样的方式随机抽取入学新生 1 200 人为研究对象研究发现,亚健康比例为 62.7％,疾病状态的占 25.2％,身体健康的仅占 12.1％。

---

① 谢银儿.论体育运动对大学生心理健康的作用[J].宁波教育学院学报,2003,5(3):52-54.

② 杨雪花.3744 名大学新生抑郁症状的流行病学调查[J].中国健康心理学杂志,2007,15(6):499-501.

③ 尹小俭,季成叶,王树明.我国大学生肥胖流行现状及体质变化趋势[J].成都体育学院学报,2009,35(1):65-68.

④ 尹小俭,季成叶,王树明.我国大学生肥胖流行现状及体质变化趋势[J].成都体育学院学报,2009,35(1):65-68.

⑤ 李明,颜虹,常素英,等.2004 年西安市 11～17 岁青少年超重和肥胖现状及其相关因素[J].中国医学科学院学报,2006,28(2):234-239.

⑥ 刘波,李海乐.普通高校新生亚健康状态影响因素之研究[J].体育科技文献通报,2008,16(8):83-85.

可见在大学新生中,身体处于亚健康和疾病状态的学生占到了绝大多数;邓卫等[①]抽取广东省某医科大学 4 260 名 1～5 年级在校大学生进行亚健康状态的问卷调查,结果表明,63.62％大学生为亚健康状态。岳雨珊等[②]对来自南京大学等 4 所学校的 285 名学生进行问卷调查,发现大学生的亚健康发生率为56.60％。

二、我国大学生实施以运动为核心的健康管理的可行性分析

大学阶段是预防行为的一个关键时期,尽管青少年已经具有为健康行为做出合理决定的认知能力,但他们也面临着一些诱惑。这个时期他们最有可能开始一些不良的生活方式及行为,这些不良的生活方式及行为如果没有得到正确的引导将直接影响到他们未来的生活。2005 年,健康管理作为一个新的概念进入我国,高校对健康管理体系的认识正处于萌芽状态,学校对待健康管理问题的总趋势是从"依赖型"向"自助型"转变,自助型的核心是个人新的生活习惯、运动习惯的培养以及自我保健意识和能力的提高。相信良好的生活方式、运动习惯、心理状况、营养等可以增强体质。因此,通过健康管理提高大学生健康水平是可行的。

1. 实施以运动为核心的健康管理在理论上符合健康管理的宗旨

健康管理的两个主要目标是提高健康生活质量、延长寿命、消除健康差距。在 467 项健康指标中,有 10 项是重点指标,包括运动、超重及肥胖、烟草使用、精神健康和医疗保健覆盖程度等。而运动既是 10 项主要指标之一,又对肥胖、精神健康、生活方式等具有明显干预作用。

2. 运动对健康的干预作用在实践上取得显著成效

(1)运动疗法治疗大学生心理问题已被大家所公认。一项调查表明[③],在1 750 名心理医生中,有 60％的人认为,体育锻炼是治疗焦虑症的有效手段,80％的人认为,体育运动对治疗抑郁症非常有效;江玉华[④]通过对 6 名被试者的焦虑因子测试发现,心理咨询结合运动疗法能有效地降低大学生的就业焦虑水平,促进学生心理健康;宋海燕等[⑤]以抑郁症、焦虑症、强迫症为个案,对 6 名大

---

① 邓卫,于冰琰,陈晶,等.医学专业大学生亚健康状况调查[J].中国公共卫生,2011,27(3):364.

② 岳雨珊,俞君,朱毅.江苏省南京市大学生亚健康状况调查[J].中国健康教育,2011,27(2):130-132,136.

③ 方秀宠,卢景波,刘敬阳,等.大学生抑郁症体育疗法[J].吉林体育学院学报,2008,24(1):93-94.

④ 江玉华.心理咨询结合运动疗法对大学生心理健康的实验干预研究[J].西南民族大学学报(人文社科版),2009,217(9):254-256.

⑤ 宋海燕,李志清,余世和,等.大学生心理障碍(抑郁症、焦虑症、强迫症)的体育干预治疗[J].体育学刊,2010,17(7):51-55.

学生心理障碍患者进行体育疗法干预研究,结果表明:体育疗法干预后,相关焦虑因子均有所降低,被试者的身心健康得到了促进,但体育疗法对于不同程度心理障碍治疗效果不尽相同,对于中度或重度症状的干预效果好于轻度症状;李志清等[1]报道,在控制因素得到保证的前提下,体育疗法干预前后两名被试者的行为观察记录、BDI测试结果、SCL-90测评结果和Lenore Rodloff测评结果是不一致的,其结果提示体育疗法对调适大学生抑郁症能够产生效果。

(2)运动疗法是干预肥胖的有效手段。杨晓林等[2]研究表明,肥胖女大学生经过10个月的有氧锻炼,体重、BMI指数、腰/臀围比等各指标均明显下降,体脂的分布发生了变化,并且在较长的减肥过程中干预组女大学生无明显的厌食、乏力、失眠、头晕等不良反应出现,减肥期间其学习、生活一直处于良好状态;梁来强等[3]随机选择20名肥胖儿童进行为期12周的综合运动训练,测试运动前后的身体形态及机能的多项指标,并与随机选择的20名肥胖儿童(未接受运动处方)的相应指标进行比较,结果表明,运动能有效地降低体脂,增加瘦体重,改善儿童心肺功能和身体素质;尹建峰等[4]选择内脏型肥胖患者60例,施行3个月的有氧运动,结果表明,运动疗法辅以饮食控制,内脏型肥胖患者运动后的腰臀围比、甘油三酯、胆固醇和低密度脂蛋白(LDL)水平明显下降($P<$0.01),体重指数低于运动前($P<0.05$)。

(3)颈椎病的运动疗法效果明显。陈香仙等[5]通过一学年运动处方(颈椎防治操)治疗显示,颈椎防治操能明显改善和防治学生们的颈椎病症状,增强颈部及肩胛带的深纵肌肉的肌力与周围肌肉的协调性,肌肉伸缩功能得到改善。陈茂招等[6]认为,以静态肌力练习来增强颈部肌肉可以增强颈椎的稳定性,从而减轻因不稳定带来的炎症反应,达到治疗和预防的作用;贾连顺等[7]报道,通过颈部有序化运动能强健肌肉、通气活血,对椎体病变有很好的治疗与预防作用;国外研究资料表明,颈肌力量练习在治疗长期颈椎病上可能比非CCC体类抗

---

① 李志清,余世和,覃干超.大学生抑郁症体育疗法个案研究[J].中国运动医学杂志,2010,29(3):340-342.

② 杨晓林,傅兰英.肥胖女大学生减肥干预效果评价[J].中国公共卫生,2010,26(2):151.

③ 梁来强,陆阿明,范旭东.肥胖儿童运动疗法的效果观察[J].哈尔滨体育学院学报,2007,25(1):132-134.

④ 尹建峰,李珠江.有氧运动对内脏型肥胖患者有较好的疗效[J].中国疗养医学,2007,16(1):11-13.

⑤ 陈香仙,余华龙,崇玉萍,等.对大学生颈椎病与运动处方干预研究[J].北京体育大学学报,2008,31(11):1518-1520.

⑥ 陈茂招,黄伟欣,李莉,等.4例与工作者有关的颈、腰椎病报告[J].中国职业医学,2007,34(6):479,481.

⑦ 贾连顺,李家顺.简明颈椎疾病学[M].上海:第二军医大学出版社,1999.

炎药有更好的疗效[1]。陈述荣[2]报道,推拿配合运动疗法组总有效率及痊愈率分别达到98.9%,79.1%,与常规推拿组82.4%,54.9%相比呈显著性差异($P<0.05$)。

(4) 运动对亚健康的影响研究取得突破进展。Greenberg S 等[3]指出,参加有指导的运动项目不仅能有效地提高运动能力和身体机能,也能减轻亚健康症状和提高亚健康者的日常生活质量。Blackwood S K 等[4]研究发现,渐进有氧运动练习对亚健康者的认知和躯体功能有显著的促进作用。Torenbeek M 等[5]通过对 127 名亚健康多年的研究发现,渐增运动的方式干预对改善亚健康状态有实际的意义。Gubler C 等[6]将 14 名 31~60 岁的亚健康者分成两组进行 10 周的干预,一组进行一定距离的步行,一组进行日常劳动。发现有氧运动和一定的体力劳动均能增强亚健康者的体能。刘永峰[7]通过 16 周传统体育养生内容实验教学和课外训练,75 例亚健康人群中有 65 例症状发生不同程度的改善,有效率在 80%以上。谢东北等[8]报道,心理辅导和体育锻炼 4 周和 8 周后心理亚健康大学生抑郁严重程度指数、SAS 标准分和 PSQI 总分均明显下降($P<0.01$),且心理辅导和体育锻炼组的效果好于单纯的心理辅导组($P<0.05$)。

三、我国大学生实施以运动为核心的健康管理的路径选择

1. 成立健康管理组织机构

成立由分管学生或体育工作的校长(院长)为主管领导的大学生健康管理

① AARONM, SMATHERS. Bone density comparison in male competitive road cyclists and untrained controls[J]. Medline and scronce sports and exercise,2009,41:687-692.

② 陈述荣.推拿配合运动疗法与常规推拿治疗颈椎病疗效对照观察[J].按摩与导引,1999,15(6):16-17.

③ GREENBERG S, FRID M. Chronic fatigue syndrome-exercise and physical activity [J]. Honefuch,2006,145(4):276-280,318.

④ BLACKWOOD S K,MACLLALE S M,POWER M J,et al. Effects of exercise on cognitive and motor function in chronic fatigue syndrome and depression[J]. Neurol Neurosurg Psychiatry,1998,65:541-546.

⑤ TORENBEEK M,MES C A,LIORE M J,et al. Favourable results of a rehabilitation programme with cognitive behavioural therapy and graded physical activity in patients with the chronic fatigue syndrome[J]. Ned Tijdschr Geneeskd,2006,150(38):2088-2094.

⑥ GUBLER C, GASKILLS, FCHRERS, et al. Lncreasing physical activity and reducing candiovascular risk using methods of accumulating physical activity[J]. Cardiopulmonary physical therapy jomua1,2007,9:3-10.

⑦ 刘永峰.传统体育养生锻炼对大学生亚健康状态的影响[J].广州体育学院学报,2004,24(2):59-60.

⑧ 谢东北,钟富有.体育锻炼对大学生心理亚健康作用的实验研究[J].中国实用医药,2008,3(30):207-208.

中心.人员组成可暂定为体育系(部)相关专业人员、校医院医务人员、学生处工作人员。随着我国健康管理师队伍的壮大,由专职健康管理师管理其他部门人员参与的模式将是未来的发展趋势。另根据需求,可邀请一名第三方健康管理公司业务人员加盟,进一步充实与完善高校健康管理体系。

2. 收集健康信息

(1)一般身体检查资料档案:① 身体形态指标:身高、体重、坐高、胸围、身体质量指数、身体成分、躯干和肢体围度等。② 一般身体机能指标:安静心率、血压、肺活量、最大心率和最大摄氧量。③ 医学检查指标:血液、尿液、胸透、普外检查、五官检查、B 超、心电图等检查结果收集。

(2)诊断性检查与疾病筛选档案:

a. 高校学生常见疾病诊断与筛选:① 肺结核:文献报道[1],北京某高校2004—2007 年发病率分别为 128.37/10 万、105.45/10 万、99.56/10 万、61.00/10 万;但全国感染过肺结核病菌的超过 5 亿人。② HBV 携带:资料报道我国的 HBV 携带率为 9.75%,大学新生 HBsAg 携带率平均为 4.56%[2][3]。③ 心理疾病诊断:常用的有 H-R 神经心理成套测验及各种精神卫生评定量表,如 90 项症状自评量表(SCL-90)、焦虑自评量表(SAS),抑郁自评量表(SDS)等[4]。

b. 亚健康诊断与筛选:根据不同研究者的报道可归纳为以下几种方法[5][6][7]:① 慢性疲劳综合征(CFS)症状标准诊断法;② 心理功能衰退指数(MDI)健康评估法;③ 亚健康诊断仪;④ 问卷评定量表调查法;⑤ 传统中医诊断。

(3)生活方式调研。生活方式和体力活动的信息收集可以采用问卷调查,问卷设计依据卫生部内部发行的《生活方式危险因素社区干预手册》。

3. 运动能力评价

(1)一般身体素质测试力量、耐力、灵敏、柔韧性、协调能力等,也可参照国

---

① 刘永峰.传统体育养生锻炼对大学生亚健康状态的影响[J].广州体育学院学报,2004,24(2):59-60.

② 刘萍.卫校在校学生 HBV 感染情况的调查[J].现代医药卫生,2006,22(22):3538-3539.

③ LIOUG X F,CHEN Y S,WANG X J,et al. Astudy on the sego-epldemlology of hepatitis B in Chinese population aged over 3-years Old[J]. Zhong llua Liu Xing Bing Xue Za Zhi,2005,26(9):655-658.

④ 陈君石,黄建始.健康管理师[M].北京:中国协和医科大学出版社,2007.

⑤ 张晓玲,吕晓华,全立明,等.大学生饮食与运动现状研究[J].现代预防医学,2010,37(5):826-827,830.

⑥ 江玉华.心理咨询结合运动疗法对大学生心理健康的实验干预研究[J].西南民族大学学报(人文社科版),2009,217(9):254-256.

⑦ 陈清光,许家佗.亚健康状态及其客观评价与量化诊断的研究概述[J].上海中医药大学学报,2011,25(1):79-81.

民体质调查方法中成人采用的 8 项指标。

（2）运动负荷实验主要是心肺运动试验[①]，它所强调的是人体在运动状态下的机能反应，通过监测运动时人体的一些生理参数指标，可全面综合地评价心肺、神经骨骼肌肉在运动负荷下的功能情况。主要指标有：综合反映心肺功能肌肉细胞摄氧能力的指标；反映心功能的指标；反映肺功能的指标。

4. 健康干预措施实施

（1）健康知识教育干预为基础。健康教育的目的是提高大学生健康知识的知晓率与健康行为的形成率，促使人们自觉地采纳健康行为。健康教育是解决健康自我管理如何做的问题，作为卫生保健的战略措施，已得到全世界的公认。针对大学生群体的健康教育方法可选择网络平台、QQ 留言、飞信等现代通信手段发送健康知识及信息；也可通过讲座、黑板报、宣传栏、收看电视等传统方式对大学生进行健康知识教育；同时，通过开设通识课使健康教育进入大学生课堂也是大势所趋。其内容有综合运动学、养生学、运动人体科学、医学、营养学、心理学等有关知识。

（2）运动处方干预为核心。作为大学生群体，运动对其健康的核心影响是毋庸置疑的，而运动处方是保证运动科学化的前提。

a. 运动种类的选择：大学生以选择低强度有氧耐力性运动为主，此类运动对于改善、提高心血管机能水平，预防心血管疾病及康复等都有积极作用；以力量、速度等高强度项目为辅，此类运动对增强大学生各部位肌肉力量以及病后恢复肌力有积极作用。

b. 运动强度的确定：① 以个人的最大摄氧量（VO_2max）作 100%，大学生一般为 $50\% \sim 65\% VO_2max$；② 以个人的最大心率的百分比设定运动，大学生一般为 $55\% \sim 75\%$ 个人最大心率；③ 依靠主观感觉，大学生的运动感觉得分在 $12 \sim 5 min$ 之间比较合理。

c. 运动时间的确定：对于一般大学生来说，心血管运动处方较适宜的运动时间至少应在 15 min 以上。库拍研究认为，心率达到 150 次/min 以上时，所持续运动的最少时间必须在 5 min 以上才开始产生效果，每次运动持续 $20 \sim 60$ min 对于提高心血管系统机能和有氧工作能力较适宜。

d. 运动时间带的确定：对于健康大学生运动时间带无严格要求；对高血压患者运动的时间带避开早、晚为好，其理由是脑出血的发病有早晚多而白天少的倾向。

---

① 周巍，秦慧，李燕芹.心肺运动试验在临床疾病中的应用进展[J].中国康复医学杂志,2007,22(10):956-958.

e. 运动时间频度的确定:大学生的运动频度应以每周三次以上为适宜,同时还应结合每次运动的强度、持续的时间、个人的身体恢复情况以及对运动的适应能力等因素综合考虑。

(3) 生活方式干预为保障。据世界卫生组织报告,在慢性病形成的原因中,遗传因素只占 15%,社会因素占 10%,气候因素占 7%,医疗条件占 8%,而个人的生活方式占 60%,说明不良生活方式是影响人类健康的主要原因[①]。从另一层面讲,生活方式对健康具有保障性作用。对大学生来讲,建立健康科学的生活习惯至关重要。健康的生活方式主要包括合理饮食、戒烟限酒、规律作息、适量运动、睡眠充足。合理饮食,要保证三餐(特别是早餐)营养全面均衡,食物多样,限制碳酸类饮料的摄入,增加蔬菜、高蛋白食物比例。适当控制体重,尽量不超过标准体重的 20%;抽烟及过量饮酒对身体危害极大,对大学生进行戒烟限酒教育意义重大;按时作息,少熬夜,保证充足的睡眠,减少网络生活时间。在运动方面,保证不低于每周 3 次、每次持续 30 min 以上的体育锻炼。

(4) 心理干预措施为辅助。心理健康是《维多利亚宣言》提出的健康四大基石之一[②]。针对大学生人群易出现的心理状况应进行如下干预:对健康麻痹大意心理的干预:多数大学生自以为年纪轻、身体壮,身体不会出现大毛病,即使检查出小毛病也是以漠不关心无所谓的态度对待。针对大学生这种心理,首先要唤起来他们对疾病与健康的重视,在如何改善和注意事项上给予正确的理论引导,在制定健康计划及实施上给予实践方法上的指导,并配合有效的监督措施。大学生焦虑、紧张、恐惧心理的干预:一些大学生,发现自己检查出来具有患病的潜在性或者已经处在某种疾病较严重期,心理上无法应对,终日担心个人的学业、将来工作、家庭、成就等,久而久之产生焦虑、恐惧心理。采取的措施是心理辅导及医学上的答疑解惑,使其注意力从惊慌、恐惧中解脱出来,保持乐观情绪,积极接受治疗及有计划的健康锻炼,以达到防病治病目的。

5. 干预效果评价及反馈

(1) 效果评价。实施干预措施 3 个月后,可进行医学指标、身体机能指标对比测试(保证测试时间、指标、环境、人员、场地等前后一致)。根据测试结果,结合健康需求,给予干预效果的定性或定量评价。

(2) 反馈。根据评价结果,结合干预过程及细节,分析影响干预效果的主要因素,提出针对性反馈意见。据此,修订干预措施及方案,此过程需反复进行,

---

① 李甜,郜玉珍.中青年冠心病患者社会支持状况及相关因素的研究[J].中国民康医学,2008,20(9):951-952,954.

② 周艳芳.中年高血压病患者心理辨证护理[J].河北中医,2006,28(3):223.

尽量保证措施及方案的科学性。

6. 敦促学校建立管理型医疗保险制度

建议学校建立以城镇居民医疗保险为主,商业医疗保险、医疗救助、大病保险等为辅的多层次学生医疗保险制度,既符合国务院有关精神①,又解决了学生的健康保障问题。

①　石祥.关于建立大学生管理型医疗保险制度的思考[J].中国初级卫生保健,2011,25(1):20-22.

第十章　困境与展望

困　　境

　　《国家学生体质健康标准》（以下简称《标准》）的实施，对促进学生参加体育锻炼、养成良好的锻炼习惯、提高体质健康能发挥积极有效的作用。然而在现实情况中，领导对《标准》实施的不重视，体育教师测试手段的不合理以及场地器材的缺乏、甚至为了达到标准而进行的数据造假，还包括学生及其家长对《标准》实施的不理解等[①]，都不利于《标准》的实施，造成一定的困境。

一、《标准》实施主体的职责困境

　　《标准》的实施主体主要是各教育部门、各学校相关领导以及学校的体育教师。在《标准》的实施过程中，不仅是体育教师的责任，而是需要实施各个主体间的相互协调才能更好地完成。《标准》的实施，首先离不开各个学校所归属教育部门的支持，教育部门对于《标准》的实施应当严格把控测试人员的培训以及对所管辖学校体质测试过程的监督[②]。但在实际过程中，教育部门对于《标准》的实施，只是进行文件的下达，并未对各学校测试人员进行严格的培训。在体质测试过程中，也并未进行监督；其次，《标准》实施的成败不在于基层测试的体育教师，而在于学校的主管领导，学校领导对《标准》实施的重视程度直接影响到《标准》实施的好坏。在大部分学校中，学校领导只在乎对学生智育的培养，对《标准》的实施只是简单停留在体质测试上，并未熟读《标准》的内容及其实施方法，对《标准》实施的目的与意义也不了解。这使得主管领导并未按照《标准》实施的要求对学校的相关部门进行任务分配[③④]。《标准》实施的重任压在基层体育教师的肩上，而实际上《标准》的实施不仅仅是体育教师所进行简单的体质

---

　　① 郑小凤，张朋，刘新民.改革开放 40 年我国学生体质测试监督机制的发展与完善[J].武汉体育学院学报，2018，52（12）：74-79.

　　② 张强峰，颜亮，申宝磊，等.公平与质量：《国家学生体质健康标准》中的失衡与发展[J].天津体育学院学报，2018，33（2）：110-114，138.

　　③ 张磊.我国青少年体质健康促进"主体责任"落实困境及其消解[J].体育学刊，2019，26（3）：83-90.

　　④ 张一民.切实提高学生体质健康水平——《国家学生体质健康标准（2014 年修订）》解读[J].体育教学，2014，34（9）：5-10.

测试,还需要学校各个部门的配合。例如:教务部门对体育教师体质测试的课时计算、校医部门对体质测试时突发事故的准备以及各班主任对班级的组织。学校相关领导的重视,才能使《标准》实施分工更加明确,减轻基层体育教师的测试任务,促进《标准》更好地实施。

教育部门主要负责《标准》实施过程中《标准》的解读与测试人员的培训。部分教育部门在《标准》实施过程中未对测试人员进行培训与《标准》的解读,使得学生对项目的不了解,对测试动作标准解读含糊不清,这都影响了《标准》数据的有效性①。各学校相关领导负责监督《标准》在学校的实施过程以及协调好实施过程中所需要配合的相关部门,《标准》在实施过程中会出现体育教师为了省掉烦琐的测试程序,直接使用去年甚至前几年的数据进行上报。这就需要学校的相关领导和教务部门进行严格的查课与巡课,对《标准》的实施进行有效的监督,使之落实到每位学生。在学生体质健康测试过程中容易发生安全事故,学校相关领导应当在测试的时段安排学校医务部门到场。体育教师作为与测试对象直接接触的测试人员,主要负责进行各个项目的测试以及数据上报,测试过程中体育教师应当严格按照正确的测试方法与手段进行测试,并在测试结束后进行真实的数据上报。在实施的具体过程中,部分学校为了隐瞒学校学生体质健康的瑕疵,在上报数据时,进行数据造假②③,这严重影响了数据的真实性。《标准》的实施必须理清各实施主体的职责,各主体在明确自我职责的同时,各尽其责,促进《标准》在学校积极有效地实施。

二、《标准》实施客体的认知困境

《标准》实施的客体为众多的学生。他们作为《标准》的实施对象,应当了解《标准》实施的目的与意义。《标准》作为中国体育促进政策之一,旨在促进中国学生体质健康发展,激励学生养好良好的锻炼习惯,从而为终身体育打好基础。学生们对《标准》实施的态度,直接影响了《标准》的数据结果。在对学生的体质健康素质进行测试的过程中,体育教师具有很强的可操作性,一些不按照标准严格执行的状况是不可避免的。比如,在对学生测试"肺活量"的时候,教师往往并不会对肺活量的意义和提高肺活量的锻炼方法进行讲解,而是强调要求达到规定的标准即可,因而测试只是就事论事,失去了在测试中对学生进行素质

---

① 张劲松.普通高校实施《国家学生体质健康标准》的现状与对策研究[J].西南师范大学学报(自然科学版),2014,39(11):141-146.

② 杨华南.《国家学生体质健康标准》实施研究[J].体育文化导刊,2014(4):127-130.

③ 王凤仙.《国家学生体质健康标准》测试与数据上报存在的主要问题及其解决策略[J].体育学刊,2013,20(3):90-92.

教育机会①。体育教师对于测试结果非常重视，忽视了测试的过程、目的和意义，就会导致学生对自己的体质不重视。《标准》本身所发挥的是激励效应，但是并没有发挥过程性引导作用，更没有实现其教育功能。中国许多学校在《标准》实施之前并未利用体育课及校园例会对《标准》进行解读与宣传。学生在测试之前对准备工作漠不关心，学生只是在体育课中知道体质测试的存在，但对《标准》的目的与意义一无所知，导致学生对体质测试的重视程度不够②。学生对体质测试具体项目和测试方法不够了解，往往在体质测试过程中，体育教师对一个简单的测试过程要解释很久，这就增加了测试的时间。体质测试之前，学生并未受到辅导和针对性的锻炼，这影响了体质测试数据的结果。对于全国的中小学来讲，学校各方面工作的开展离不开学生家长的支持和理解，《标准》的实施更离不开学生家长的支持。学生家长对学生有耳濡目染的作用，家长对学生的教育作用甚至在某一程度上的影响要大于教师，所以加强学生家长对《标准》的认知有利于《标准》的实施。但在实际过程中，中小学学生家长对于《标准》实施目的与意义一无所知，对《标准》实施后的数据更不知如何分析，因此也不知道自己孩子是否达到健康标准③。部分家长还认为《标准》的实施是学校的事情，与家长并无太大关系。这些都是对《标准》实施的认知错误带来的客体认知困境。

现实实施中，学生对体质测试要求不了解，对其不重视，不能主动参与而是被动地去测试，这使得学生在测试过程中产生一种不配合和逆反心理，测试过程中不按照规定的要求测试，在一些强度过高的项目中不尽全力，走走形式，甚至在测试过程中能偷懒就偷懒，进行考试作弊，这些现象都大大影响了数据的真实性和有效性，不能真实地反映出学生体质健康状况。《标准》的实施必须提高学生对《标准》实施的认知力度，使得他们正确认识《标准》实施的目的与意义，这才能促进《标准》实施工作的开展。

三、《标准》实施环境的保障困境

《标准》实施环境主要分为场地设施以及测试仪器两方面。体质测试资源主要分为体质测试场地设施资源与体质测试人力资源。体质测试场地设施资源主要包括测试的场地与仪器设备。体质测试人力资源主要指的是基层的体

---

① 张宗国.影响《国家学生体质健康标准》测试结果的主客观因素分析[J].体育科学,2009,29(09):86-91.

② 张强峰,张一民,颜亮,等.《国家学生体质健康标准》测试结果公示的困境与出路[J].体育学刊,2021,28(01):114-119.

③ 张强峰.身体素养导向的《国家学生体质健康标准》(小学阶段)制订分析与实施研究[D].长沙:湖南师范大学,2019.

育教师,在中国的广大农村中小学中,体育教师实际数量与需求数量不对等,有些学校甚至只有一名体育教师,在进行体质测试时,需要完成整个学校学生的体质测试任务,人力资源不足严重影响了体质测试的工作效率。

首先,《标准》实施的数据结果与场地设施的好坏存在着必然的联系。我国城市与农村学校,东部与西部学校,在场地设施以及测试仪器方面存在很大的差距,部分学校体育设施陈旧简陋,体育设施年久失修,有些设施安全性能不高,严重影响了《标准》实施所得数据的有效性。在没有室内运动场馆的学校,在面对不良天气的影响下,只得暂停体质测试,等待天气转好后再进行。个别地区由于雨季时间或者恶劣天气时间长,国家统一上交数据时,这些地区没有完成按规范要求进行测试,只为了完成在规定的时间内上交数据的任务,大大影响了数据的真实性。教育部每一年要求测试数据结果必须在 9 月 1 日至 12 月 31 日之间产生,各学校也是在这期间进行测试。每所学校由于天气、课程等原因,所以测试时间较短,但测试的样本数量较多,测试仪器使用频率过高,对仪器的精准度造成一定的影响,难以保证测试结果的准确性。一些测试仪器在测试过程中出现故障,但学校没有相关人员对测试仪器进行维修,寄回厂家维修的中间消耗时间太长,部分测试仪器存在故障却还在进行测试,完全不理会数据的真实性。

四、《标准》测试结果的公示困境

《标准》测试结果公示具有健全监督体系、提升执行效果、降低运行成本的价值,但同时面临着权益冲突的风险、功能异化的隐患、责罚软化的危机。教育部体育卫生与艺术教育司在 2018、2019 年连续两年将《标准》测试结果公示作为年度工作要点,并在前期《标准》测试结果公示中率先垂范。如 2004 年学生体质健康监测结果公告,2005、2010、2014 年全国学生体质健康调研结果公告,并对全国《国家学生体质健康标准》测试数据上报中工作先进单位进行表彰[①]。在学校层面,部分学校对学生《国家学生体质健康标准》测试成绩进行了公示,并在此基础上对未达标的毕业生开设培训班,奖励成绩优秀者。在各地纷纷出台措施推行《标准》测试结果公示的同时,2014 年教育部《学生体质健康监测评价办法》指出:"学校和各地在公示体质健康信息时不得泄露学生信息和侵犯其个人隐私。"[②]同时,相比最初 85％以上学生达到《标准》及格等级以上硬性要

---

① 毛振明,杨多多,李海燕.《"健康中国 2030"规划纲要》与学校体育改革施策(2)目标:《国家学生体质健康标准》达标优秀率 25％以上[J].武汉体育学院学报,2018,52(04):75-80.

② 张强峰,孙洪涛,颜亮.核心素养视阈下《国家学生体质健康标准》的问题及发展策略[J].武汉体育学院学报,2017,51(8):68-73.

求,现今国家对学校《标准》测试结果"三年不下降"硬性要求的干预强度要小,与转变政府职能和放松事前管制、强化事后监督的规律不谋而合。尽管如此,《标准》测试结果公示也面临一系列困境。

《标准》测试结果公示中包括公示机关(教育部门和学校)、公示当事方(地区和学校)和社会大众三方主体,其中公示机关和公示当事方是上下级关系(教育部门和辖区学校,学校和学生)或者是同一级关系。因此,更多时候看到的是《标准》成绩结果公示趋于保护,鲜见地区和学校近 3 年《标准》测试成绩的走势、学校不达标人数比例、申请免测人数比例等数据,这种"自己测,自己报"的《标准》测试结果公示制度的独立性就难以保障。《标准》测试结果的关键信息不公开,加剧了教育部门和学校与社会大众之间的信息不对称,这种信息不对称难保教育部门和学校信息发布和社会大众知情权之间不会产生纠纷。此外,公示与被公示之间属于上下级关系或者是同一级关系,上级对下级的公示有时会欠缺审核,使得一些公示夹杂或者隐含着学生体质健康水平和学校教育质量的敏感信息呈现在社会大众面前,会有学校因教育部门公布未经审核的《标准》测试结果排名而使学校和地区声誉及利益受到侵犯,也会有《标准》成绩不及格,特别是体型超重学生因学校毫无保留公示《标准》测试结果后,收到一些健身公司推销减肥产品和健身卡的电话骚扰。例如,有学校连同学生姓名、家庭住址、学籍号、身份证号码、各单项测试成绩及总成绩一同公布,而下级对上级的公示错误总是持一种包容应对的态度。长此以往,难免《标准》成绩公示中学生与学校、学校与教育部门之间发生纠纷。

2019 年,新修订的《政府信息公开条例》进一步强化了信息公开地位。我国地方各级政府、教育部门和学校在纸质公示的同时纷纷设立网上公示平台,促进信息的公开便利化。国家也对《标准》测试结果公示提出越来越明确的要求,以利于社会大众快捷获得想要的信息。但从近几年有关学生《标准》测试结果公示方式看,一些教育部门和学校的做法较为盲目和机械,公示信息越来越多,内容格式化、形式化、"八股化"越来越严重。有些学校《标准》测试结果公示有近百页无关整体结果的信息。有些学校《标准》测试结果公示不仅没有关于学生《标准》测试结果整体状况的科学分类和检索渠道,而且无关紧要的信息源源不断地被披露出来,如学校的组织得当,秩序井然……不是呈现不足,而是报喜不报忧,变相表功,增加了社会大众的搜索成本。有相当数量的教育部门和学校网站只是把有关《标准》测试的一些政策条文搬到网上,实质性的信息数量少,实用性不强。如对 31 个省级教育部门主管网站《标准》测试结果公示的调查发现,8 个省级教育部门主管网站根本查不到有关《标准》实施的具体信息,更谈不上《标准》测试结果公示;7 个省级教育主管部门网站只有《标准》实施情况的公告,名副其实的《标准》作秀工程。对收集的《标准》测试结果公示文件进一步梳理后发现,有的《标准》测试成绩公示存在报喜不报忧的情况;有的《标准》测试结果公示渠道繁多,真假难辨;有的《标准》测试成绩公示"三天打鱼两天晒网"没有连续性;有的《标准》测试成绩公示淹没在近百页的教育质量年度报告中,似乎是一种权力主导下以满足教育行政需要为目的行政活动。在信息超载的当代社会,人类搜索和阅读的精力是有限的,人类的短时记忆和信息加工能力也是有限的,因此《标准》测试结果公示中的各种"不方便"阻挠了社会大众的知情权,而且社会大众也很容易迷失在《标准》测试结果公示的汪洋大海中。这些做法既难以发挥《标准》测试结果公示的溢出效应,也不利于社会大众对《标准》测试的监督,使得《标准》测试结果公示制度后的社会监督变成了一种无目的的围观。

当前《标准》测试结果公示制度的实施存在执行疲软、刚性约束力难以得到有效释放的问题,主要体现在一些相关公示中,更多的是关于测试成绩数据是否如期上报的通报,对先进地区和个人工作优秀的通报等方面。在为数不多的通报批评中,如2014年教育部对全国各级各类学校《国家学生体质健康标准(2014年修订)》测试上报数据进行抽查复核,抽查数据与上报数据的一致性比例方面,小学为38.6%,初中为23.0%,高中为20.2%,大学为14.1%,各级各类学校《标准》测试结果一致性比例总体为29.7%[1]。甚至在部分地方学生《标准》测试抽查复核工作中,存在只抽取身体素质好的学生的违规做法,但并未见到相应责罚处理的报道,变成为社会大众进一步了解《标准》实施情况的阻挠,违背了《标准》测试结果公示制度的初衷。相关专家坦言:即使是造假最严重的学校,也不会有任何人受到处罚。在我国特殊国情与体制下,即使上级教育部门想要如实公布下辖地区和学校的《标准》测试结果,但是区域行政关系、区域人脉关系等都有可能影响到公示结果,不仅对《标准》测试结果公示造成不利影响,也在一定程度上降低了公众对于《标准》测试结果公示的满意程度。

展　　望

一、学生体质健康的关注度将逐步提高

全民健身已纳入国家战略层面,体质健康需要学校、家庭、社会、政府共同参与,学校、家庭、社会体育的互相渗透逐步加深,逐步构建"学校、家庭、社区三

---

① 吕立,李卫国,边宇.《国家学生体质健康标准 2014 年修订版》实施效果评析——以广东高校为例[J].广州体育学院学报,2017,37(2):4-8.

位一体"的立体型的教育资源体系与体育教育理论模型。学生体质健康教育应实现从过去以学校为单一的责任主体转变为政府、学校、家庭、社区和传媒共同参与的多样责任主体，形成政府统一协调、学校主导、家庭配合、社会监督，其各责任主体各尽其能的和谐多主体结构体系。

二、《标准》实施过程中各部门职责将会逐步明确

《标准》的实施是需要各部门各尽其责，各司其职。同时加强教育部门和学校领导对学生体质测试的重视。《标准》的实施主要包括解读、测试人员培训、实施、数据上报以及监督这几个过程。而扮演这些过程的负责人就是教育部门、学校相关领导与体育教师。教育部门与学校可以建立相对应的奖惩机制，在对《标准》实施优秀的单位和部门进行奖励，对不合格的单位和部门进行惩罚，充分调动学校和各部门的积极性。学校体育教师可以将《标准》的数据结果与学生的体育成绩结合起来，提高学生的重视程度。《标准》要切实落实到位，就需要体育教师对该标准的内在含义正确理解，并在对学生的教育中诉诸转到行动中。体育教师要积极学习《国家学生体质健康标准》，正确解读，作为指导思想对学生的学习行为和生活行为进行引导，以提高学生的健康意识。学校按照《标准》对学生进行体能测试的时候，要规范运行，并做好监督管理工作，不可以"心软"，确保能够测试出学生的真实健康水平。

三、实施《标准》的宣传力度逐步加强

《标准》的实施离不开实施主体与客体对《标准》的了解，教育部门可以对《标准》的解读展开多次专项会议，学校也应利用宣传途径进行宣传，例如：学校例会、校园广播、班级黑板报以及各班主题班会等。体育教师则应该利用体育理论课的时间，对《标准》的目的与意义进行宣传，对《标准》的测试项目及要求进行规范，提高学生对《标准》的重视程度，使学生能积极主动地参与到体质测试中来。不同的时代，其教育思想和教育理念都很会有所不同，对于《标准》的运用也要做到科学合理。各个学校要有效落实健康标准，要在教育观念上与时俱进，以现代化的教育视角审视学生的体质健康问题，从提升学生综合素质的角度出发对学生进行体质健康教育，提高学生对体质健康的重视程度。由于每一名学生的体质都有所不同，各自的独特性决定了学生对个体差异。在对学生的健康素质进行测量的过程中，就要坚持测试原则，对《标准》灵活运用，符合学生独特性，以使得测试结果准确、真实。在对学生进行测试的过程中，要让学生认识到测试结果所表达的是健康水平，也起到健康引导的作用，从而要重视体育锻炼，提高身体素质。

四、专项经费的投入将逐步加大

体质测试是一项烦琐的工作任务，国家对测试人员有明确的经费补贴，但在实际过程中,测试人员的经费低于国家标准甚至没有,造成测试人员对《标准》实施的抵触。专项经费的投入是《标准》在各个学校能否有效实施的原因之一。首先,加大各个学校场地设施的建设。其次,购买合格的体质测试仪器设备,并定期进行维修保养。最后,为体育教师设置体质测试经费,便于体育教师能在体育课程之外进行体质测试而不耽误正常的体育课程教学。

五、测试过程管理更加严格、规范

根据教育部文件精神,学生体质健康测试视同国家级考试。对涉及违规、作弊、替考等违纪处理将会逐步严格、规范。

六、《标准》测试结果公示制度将逐步规范

《标准》测试结果公示的义务主体应当为各级教育部门和学校,而不应将《标准》测试结果公示权力让渡给不同人员或不同媒体,以避免《标准》测试结果公示可能存在的滥用情况及无序传播。因此,各级教育部门和学校应明确《标准》测试结果公示部门,统一《标准》测试结果不涉及个人隐私和不涉及社会稳定的认识,指定专人负责《标准》测试结果公示的保密性审核及公式渠道,确保《标准》公示的合法性。其次,赋予电子信息与纸质信息相等地位,通过官方网站和公示栏等正规渠道向社会公示,扩大《标准》测试结果公示范围。此外,各级教育部门可建立统一的《标准》测试结果公示平台,归集教育部门《标准》测试结果公示信息,使得《标准》测试结果公示信息在同一级教育部门之间实现横向集聚共享,在不同教育部门之间实现纵向开放互联,尽最大能力提高公示平台的关注度[1][2]。最后,在国家教育主管部门层面,定期汇总形成全国各地教育部门及学校《标准》测试结果公示报告,开展经验交流和研讨,深入研究《标准》测试结果公示制度,从而确定地方政府、教育部门和学校主动向社会公开的内容和要求,不断提升《标准》测试结果公示质量和水平,使得公示内容能够让社会大众看得到、听得懂,而且还能监督。

七、测试结果的评价功能逐步外延扩张

通过建立从小学到大学电子健康档案,使在校期间的每学段、每年的体质健康测试与档案成绩可作为本学段学业、评优评先、毕业的成绩参考,连贯的体质健康档案基本反映个体在不同年龄阶段的体质健康水平,除作为国家规定的评优评先、毕业条件之外,应逐步将其纳入学业档案,作为将来就业、入职、人才

---

① 栾丽霞,康冰心.《国家学生体质健康标准》执行效力评价研究[J].武汉体育学院学报,2016,50(8):61-67.

② 戴霞,朱琳,谢红光.《国家学生体质健康标准》评价效能的反思与优化——大学生体质健康预警机制的构建[J].中国体育科技,2012,48(3):75-82.

培养与成长的依据。

八、评价方式逐步多元化

随着国家对青少年身体健康的关注,各学段的体质健康水平尽管有所提升,但仍不容乐观。仅靠实施《标准》测试单一方式,很难改善体质健康测试出现的诸多问题。因此,如何通过多元化的评价手段,例如,健康教育进课堂,健康知识素养评价;体育锻炼生活化、体育比赛经常化,体育素养评价;体育锻炼过程考核规范化,锻炼过程评价;生活方式健康化,健康素养评价等,值得进一步研究。

九、与体育中考、体育高考成绩的关联更加紧密

目前,学生体质健康测试成绩已经作为体育中考成绩的过程考核平时成绩,对学生实施《标准》起到很大促进作用。随着高考加试体育的论证与政策落地,学生在校的体质健康测试成绩所占比例有望进一步扩大。